四川省高等教育自学考试教材

• 人力资源管理丛书 •

薪酬管理

附：薪酬管理自学考试大纲
（2022年版）

主编 ■ 姜晓萍　范逢春

图书在版编目（CIP）数据

薪酬管理 / 姜晓萍，范逢春主编 . — 2 版 . — 成都：四川大学出版社，2022.12
（人力资源管理丛书）
ISBN 978-7-5690-5907-6

Ⅰ . ①薪… Ⅱ . ①姜… ②范… Ⅲ . ①工资管理 Ⅳ . ①F244

中国版本图书馆 CIP 数据核字（2022）第 255933 号

书　名：	薪酬管理
	Xinchou Guanli
主　编：	姜晓萍　范逢春
丛 书 名：	人力资源管理丛书

选题策划：梁　胜　陈　纯　傅　奕
责任编辑：陈　纯
责任校对：孙滨蓉
装帧设计：裴菊红
责任印制：王　炜

出版发行：四川大学出版社有限责任公司
　　　　　地　址：成都市一环路南一段 24 号（610065）
　　　　　电　话：（028）85408311（发行部）、85400276（总编室）
　　　　　电子邮箱：scupress@vip.163.com
　　　　　网　址：https://press.scu.edu.cn
印前制作：四川胜翔数码印务设计有限公司
印刷装订：四川盛图彩色印刷有限公司

成品尺寸：185 mm×260 mm
印　　张：17.25
字　　数：351 千字

版　　次：2007 年 9 月 第 1 版
　　　　　2022 年 12 月 第 2 版
印　　次：2022 年 12 月 第 1 次印刷
定　　价：76.00 元

扫码获取数字资源

四川大学出版社
微信公众号

本社图书如有印装质量问题，请联系发行部调换
版权所有　◆ 侵权必究

四川省高等教育自学考试省统考课程系列专业教材编委会

丛书主编：游劲松

丛书副主编：潘霜柏　汪东升

成　员（按姓氏笔画排序）：

王　谦　何　宇　张凤英　王浩浪　钱晓群　顾　绚

田孟良　张必涛　罗　哲　赵启军　姚黎明　张婧怡

四川省高等教育自学考试省统考课程
——《人力资源管理》专业专升本教材编委会

主　编：罗　哲

副主编：张必涛　罗　娜

成　员（按姓氏笔画排序）：

刘智勇　李贤娟　杨　红　吴静汶　沙治慧　范逢春

罗　哲　赵建伟　黄国武　韩　英　蒲晓红

总 序

党的二十大报告从战略全局上对全面建设社会主义现代化国家作出战略擘画部署，充分肯定了新时代中国教育的成就，强调了教育的战略地位，对于加快建设高质量教育体系，办好人民满意的教育进行了详细丰富、深刻完整的论述，报告对学科建设和教材建设问题给予了特别的关注，提出要加强教材建设和管理。教材建设问题，第一次出现在党代会的报告之中，表明了教材建设国家事权的重要属性，凸显了教材工作在党和国家事业发展全局中的重要地位，体现了以习近平同志为核心的党中央对教材工作的高度重视和对"尺寸课本、国之大者"的殷切期望。教材是学校教育教学的基本依据，是育人育才的重要载体，教育思想和理念的贯彻、人才培养目标和要求的实现等，都集中体现在教材中。"十四五"时期，教材建设的首要任务，是深入推进习近平新时代中国特色社会主义思想进课程教材，为学生培根铸魂，培养"四有"新人。

高等教育自学考试制度是我国创立和实行的、富有中国特色的高等教育制度。自学考试是个人自学、社会助学、国家考试相结合的高等教育形式。在满足社会对接受高等教育的巨大需求中，自学考试发挥着不可替代的巨大作用，为我国高等教育从精英化阶段迈入普及化阶段作出了突出贡献！据教育部《2021年全国教育事业发展统计公报》显示，到2021年末，参加全国高等教育自学考试学历教育报考仍有625.78万人次，取得毕业证书48.94万人。高等教育自学考试的教材是实现教育目标的主要载体，是教学大纲的具体化，为自考助学和学生学习提供了关键支撑、基本线索。从一定意义上讲，自学考试人才培养质量取决于自考教材的质量。但是，随着高等教育人才培养质量的不断提高和自学考试改革的不断深化，自学考试教材建设中存在的问题也日益突出。诸如内容陈旧、更新缓慢；体例单一、形式简单；重视不够，缺乏特色等等。专家们纷纷呼吁要顺应新时代自学考试的特点和

发展趋势，及时调整教材建设结构，加快更新陈旧教材，开发自学考试特色教材，形成在线数字学习资源，改革教材运行和评价机制，进一步建设形成高质量自学考试教材体系，促进新时代高等教育自学考试高质量发展。

为全面贯彻党的教育方针，进一步落实立德树人根本任务，适应新形势下我国和四川省高等教育自学考试教学改革和人才培养的需要，在四川省教育考试院的大力支持下，根据《教育部办公厅关于加强高等学历继续教育教材建设与管理的通知》（教职成厅函〔2021〕28号）和《教育部办公厅关于印发〈高等教育自学考试开考专业清单（2021年）〉和〈高等教育自学考试专业基本规范（2021年）的通知〉（教职成厅〔2021〕2号）》等文件要求，四川大学主动承担起高等教育自学考试主考学校的职责，对主考专业进行了规范，对省考课程进行了调整。为及时回应社会关切，加强自考教材建设和管理，四川大学成人继续教育学院设立继续教育教材专项出版基金，并联合电子科技大学、西南交通大学、西南财经大学、四川农业大学等高校成立"四川省高等教育自学考试省统考课程系列专业教材编委会"，组织编写四川省高等教育自学考试省考课程系列教材，进一步增强教材育人功能，为服务高等学历继续教育高质量发展做出有益的探索和实践。

本套系列教材的编写和建设旨在适应新时期高等教育自学考试事业发展和教学手段变革的需要，彰显高等教育自学考试现代教育理念，在继承中创新，在发展中提高，打造符合高等教育自学考试教育教学规律的经典教材。囿于编写者的学术视野、写作水平和对高等教育自学考试的认知能力，本套系列教材肯定还存在一些不足之处，恳切希望学界专家、行业领导和从业者不吝赐教，更希望千千万万的自考学习者在学习中反馈联系我们，以便我们在再版时及时修订，进一步提高教材实效，促进高等教育自学考试质量。

四川省高等教育自学考试省统考课程系列专业教材编委会
2022年12月于成都

前　言

四川省高等教育自学考试教材《人力资源管理丛书》于2007年首次出版至今，在自学考试教学和实践领域发挥了重要作用。2022年，四川省高等教育自学考试省统考课程系列专业教材编委会再次集结熟悉继续教育教学规律和特点，熟悉行业发展和职业岗位要求，有较为扎实学术功底和教学实践、职业经验专家的智慧和力量，修订出版这套教材。

该书是四川省高等教育自学考试人力资源管理专业较权威、系统、完整的考生自学参考书，本次修订着眼新时代的新特征，根据教育部关于"加大学历继续教育教材建设力度，开发适应成人在职学习需要、深度广度与人才培养目标相匹配、满足交互式学习要求，支持学习者自学自测、随学随练的高质量教材"要求，充分考虑到了目前学科的发展，以及我国社会、经济、文化的背景。为了使本教材更好地反映企业人力资源管理及环境的新发展和变化，本次对《人员素质测评理论与方法》《劳动关系与劳动法》《薪酬管理》《人力资源管理》《工作分析》等5本教材进行了修订，并新编《绩效管理》和《培训与开发》2本教材。

在编写和修订教材过程中，力求做到以下几点：

第一，内容时代性强。把握人力资源管理理论发展前沿和实践进展，吸纳国际、国内最新成果。

第二，知识系统性强。知识点突出，内容完整，层次分明，结构合理。

第三，案例具有典型性和启发性。突出理论联系实际，强调应用和解决问题导向。

第四，加强系列化、多样化和立体化教材建设，服务线上教学、混合式教学，更能适应学员在职、业余自学。

这套《人力资源管理丛书》教材在策划、编写和出版过程中，得到四川省教育考试院的大力支持和帮助,谨表深切谢意。我们相信,本书能够惠及广大人力资源管理专业的自考学生,将为促进我国高校继续教育教学质量的提高做出贡献。

四川省高等教育自学考试省统考课程
《人力资源管理》专业专升本教材编委会
2022 年 12 月

目 录

第一篇 基础理论篇

第一章 薪酬与薪酬管理概述 ·· 3
  第一节 薪酬的概念与构成 ·· 3
  第二节 薪酬的功能与分类 ·· 9
  第三节 薪酬管理及其基本内容 ·· 13

第二章 薪酬管理的理论研究与发展 ······································ 26
  第一节 西方薪酬理论概述 ··· 26
  第二节 马克思主义薪酬理论 ·· 39
  第三节 薪酬管理的发展趋势 ·· 46

第三章 薪酬管理的基本原则与法律制度 ································ 51
  第一节 薪酬管理的基本原则 ·· 51
  第二节 薪酬管理的法律制度 ·· 54

第二篇 工作流程篇

第四章 薪酬水平与薪酬市场调查 ·· 77
  第一节 薪酬水平确定 ·· 77
  第二节 薪酬市场调查 ·· 86
  第三节 薪酬满意度调查 ··· 95

第五章 职位评价 ·· 99
  第一节 职位评价概述 ·· 99
  第二节 职位评价的工作程序 ··· 105

第三节　职位评价的主要方法……………………………………… 108

第六章　薪酬结构设计 ……………………………………………… 123
　　第一节　薪酬结构设计概述……………………………………… 123
　　第二节　薪酬结构基本体系设计………………………………… 126
　　第三节　宽带型薪酬结构设计…………………………………… 138

第七章　薪酬控制、薪酬支付与人工成本管理 …………………… 146
　　第一节　薪酬控制概述…………………………………………… 146
　　第二节　薪酬控制的基本程序…………………………………… 152
　　第三节　薪酬支付………………………………………………… 159
　　第四节　人工成本管理…………………………………………… 162

第三篇　设计应用篇

第八章　基本薪酬的制度设计 ……………………………………… 171
　　第一节　基本薪酬概述…………………………………………… 171
　　第二节　基本薪酬的构成要素…………………………………… 176
　　第三节　基本薪酬的主要制度…………………………………… 185

第九章　绩效薪酬的设计 …………………………………………… 196
　　第一节　绩效薪酬概述…………………………………………… 196
　　第二节　个人绩效薪酬制度……………………………………… 199
　　第三节　团队绩效薪酬制度……………………………………… 204
　　第四节　长期绩效激励制度……………………………………… 210

第十章　员工福利的设计与管理 …………………………………… 217
　　第一节　员工福利概述…………………………………………… 217
　　第二节　员工福利管理…………………………………………… 232
　　第三节　"自助餐式"福利制度………………………………… 237

参考文献 …………………………………………………………… 242

附录　薪酬管理自学考试大纲 …………………………………… 246

后　记 ……………………………………………………………… 266

第一篇 基础理论篇

基础理论的学习是从事薪酬管理实践活动必不可少的重要环节。本书第一部分系统阐述了薪酬管理的基础理论，介绍了薪酬的概念与构成，薪酬的功能与分类，薪酬管理及其基本内容；讨论了西方薪酬理论、马克思主义薪酬理论及薪酬管理的发展趋势；分析了薪酬管理的基本原则与法律制度。

第一章　薪酬与薪酬管理概述

本章共分三节，第一节着重介绍薪酬的概念、本质、构成与影响因素；第二节介绍薪酬的功能与分类；第三节阐述薪酬管理的内涵、基本内容，薪酬管理的过程、影响因素，我国薪酬管理存在的问题，以及目前薪酬管理的发展趋势。通过本章的学习，对薪酬及薪酬管理的基本知识有所了解，为后文的理解及今后的学习打下基础。

第一节　薪酬的概念与构成

一、薪酬概念的发展历史

薪酬的概念历史久远。自从国家出现之后就有了薪酬的概念，并随着经济与社会的发展而不断演变。具体而言，薪酬概念的发展大体经历了以下四个阶段。

（一）第一阶段——实物工资阶段

在奴隶社会和封建社会时期，与商品经济社会和市场经济社会都不同，劳动者的报酬大部分是实物。在西方，18世纪工业革命以后，雇佣劳动开始普及，工资问题开始出现。雇主们起初用土豆、面粉等食物代替工资的一部分，剩余部分支付现金，或者是发放票证或债券，劳动者从雇主开设的店铺中领取食物。在我国，实物工资出现得要更早一些，我国古代有规定，官吏领取以"石"等为单位的粮食或田地作为其俸禄，这就是早期的"实物工资制度"。

（二）第二阶段——货币工资阶段

随着商品经济的发展，商品流通越来越快，实物工资自身的缺陷已经难以满足人们的需求，人们便要求一种新的、方便携带和流通的工资代替实物工资。由于货币工资便于员工决定自己在哪里购买物品和购买什么样的物品,货币工资越来越多地取代了实物工资。

(三) 第三阶段——工资和薪水阶段

在西方国家,随着白领阶层与蓝领阶层的分化,出现了不同于传统"工资"概念的"薪水"的概念。"薪水"是指发给白领阶层的劳动报酬,而"工资"则是指付给蓝领阶层的劳动报酬。由此,工资的发展进入了一个工资和薪水共存的阶段。

(四) 第四阶段——薪酬阶段

自第三次工业革命之后,现代工资和薪水制度的内容不断充实并发生变化,以带薪休假和延期支付为特征的附加福利成为现代货币工资的补充形式,逐步形成目前广泛使用的"薪酬"制度的重要内容。现在的"薪酬"已不再是简单的实物工资和货币工资,也不再是工资和薪水的简单分化,它还包括对员工的内在报酬,等等。许多组织正在考虑或正在实行全面薪酬管理"薪酬"已发展到了一个全面概念的阶段。

从上述发展过程看来,"薪酬"的概念经历了从"实物工资"到"货币工资",从"货币工资"再分化为"工资"和"薪水",从纯粹意义上的"工资"直至发展到今天包含内在报酬和外在报酬的"薪酬"概念的出现和使用,这样一个逐渐演变的历史过程。

二、薪酬的概念和本质

(一) 薪酬的概念

薪酬的概念可谓由来已久,最早人们称之为"工资",后来又发展出"薪水"这一提法。目前的叫法也比较多,有人依然叫"工资""薪水",也有人叫作"报酬""薪酬",等等。本书认为,迄今为止最普遍、最科学的应该是"薪酬"这个概念。为了更好地理解这个概念,我们先对"工资""薪水""报酬"的具体含义作一个了解和比较,在此基础上再对本书的基础概念"薪酬"作出一个定义。

工资(Wage),可以狭义地理解为以货币形式付给体力劳动者的报酬。广义的工资从内涵上看,包括劳动者货币形式与非货币形式的报酬;从外延上看,包括劳动者所有的报酬。在我国,通常人们所理解的工资,一般为此广义上的工资。

薪水(Salary)或薪俸、薪金,指脑力劳动者即白领阶层的收入,它并不是根据每天工作几小时就给几小时的钱这样最基本的方式发放,而是组织在每一阶段单位时间（例如一个月）后，一次性支付给员工一个相对固定的报酬数额。

报酬（Reword），指员工从组织那里得到的作为个人贡献回报的他认为有价值的各种东西。报酬通常可以分为内在报酬和外在报酬。内在报酬是指员工由工作本身所获得的心理满足和心理收益。外在报酬则通常指员工所得到的各种货币收入和实物。它包括两种类型，一种是经济报酬，另一种是非经济报酬。经济报酬又可以分为两类，一类是直接报酬，如工资、奖金、津贴、股票、期权和利润分红等；另一类是间接报酬，如各种保险、带薪休假和住房补贴等各种福利。非经济报酬是指各种物质条件，较舒适的办公环境和较充裕的休息时间。

基于上述概念的比较和综合，本书对薪酬作出如下定义：

薪酬（Compensation），从其字面意义即可看出，"薪"即薪水、薪金，"酬"即报酬、酬劳，合起来即为"薪水＋报酬"。具体来说，它可分为广义和狭义两种，广义上的薪酬是指雇主对雇员为组织所提供的劳动或劳务而支付的各种报酬的总和。狭义的薪酬是指员工因为雇佣关系的存在而从雇主那里获得的所有各种形式的经济收入。在企业中，员工的薪酬一般由三个部分组成，一是基本薪酬（固定工资），二是可变薪酬（奖金红利），三是间接薪酬（福利与服务）。

（二）薪酬的本质

薪酬的本质是指企业针对它的员工为企业所做的贡献，包括他们实现的绩效、付出的努力与占用的时间，以及他们的学识、技能、经验与创造，所付给的相应的回报或答谢。尽管围绕薪酬有许多关于其形式、内容、功能等的探讨和争论，但是，薪酬反映了一种付出之后的回报，属于一种交换关系，这是薪酬不变的本质，是员工在向企业让渡其劳动或劳务使用权后获得的报偿。这种交换关系的一方是劳动者，他通过付出自己的辛苦劳动而获得劳动报酬；另一方是企业，或者说是雇主，他在要求员工为其劳动产生经济效益后，理所应当地支付给员工报酬。换一种角度说，雇主只要想让员工为其工作，不交付报酬是不可能的。这种报酬可以表现为多种形式，但是它始终都是员工付出劳动之后所获得的回报。

一般认为，薪酬是劳动或劳务的价格表现。从薪酬的基本层面意义来讲，薪酬直接体现的是岗位的价值、员工工作的价值。从薪酬的高级层面来讲，薪酬最大限度地和员工的自身价值相契合，从而使员工通过在企业的劳动来实现他们的全面发展。

薪酬的本质具有以下特性。

（1）薪酬以劳动关系存在为前提，只有当企业与员工之间存在劳动关系时才可能产生这种交换。

（2）薪酬是企业以法定货币和法定形式定期或不定期支付给员工的劳动报酬。

(3) 薪酬是劳动市场上劳动力供求关系变化的具体反映。

(4) 薪酬数额以国家现行的劳动法规、劳动政策和劳动合同为依据。

三、薪酬的构成和影响因素

(一) 薪酬的构成

1. 基本薪酬

基本薪酬是以员工劳动的熟练程度、复杂程度、责任目标及劳动强度为基准，根据员工所承担或完成的工作本身或者员工所具备的完成工作的技能或能力而向员工支付的稳定性报酬。基本薪酬是员工从企业那里获得的较为稳定的经济报酬，这一薪酬组成部分对员工来说是至关重要的，它既为员工提供了基本生活保障和稳定收入来源，也是确定可变薪酬的一个主要依据。

基本薪酬主要有以下四大特点。

(1) 常规性。基本薪酬是劳动者在法定工作时间内和正常条件下所完成的定额劳动的报酬。在正常情况下员工都能得到基本薪酬。

(2) 相对稳定性。员工的基本薪酬数额以企业所确定的基本薪酬等级标准为依据，等级标准在一定时期内相对稳定，员工的基本薪酬数额也保持相对稳定。

(3) 基准性。所谓基准性包括两层含义：一是基本薪酬是辅助薪酬的计算基准，辅助薪酬的数额、比例及其变动以基本薪酬为基础。二是为保证员工的基本生活需要，国家一般对企业基本薪酬的下限作出强制性的规定。所以，基本薪酬也称标准薪酬。

(4) 导向性。基本薪酬能较全面地反映薪酬的各项职能，其他薪酬形式通常只侧重于某一方面的职能。

2. 可变薪酬

可变薪酬有时也称为奖励薪酬、浮动薪酬或奖金，是对员工超额劳动部分或劳动绩效突出部分所支付的奖励性报酬，旨在鼓励员工提高劳动效率和工作质量。它着眼于正常劳动之外的超额劳动，随劳动绩效的变动而变动，通过增强对员工的激励来促进企业绩效目标的达成。可变薪酬分为短期可变薪酬和长期可变薪酬两种。前者往往基于短期的具体的绩效目标的达成，如月度浮动薪酬、季度浮动薪酬、一次性奖金等；后者则旨在激励员工实现跨年度或长期的绩效目标，以各种形式的股票所有权计划为主。

可变薪酬有以下四个特性。

(1) 补充性。可变薪酬对基本薪酬起补充作用。基本薪酬具有相对稳定和固定的特点，不能及时反映员工实际工作业绩和企业需要的变化，需要浮动薪酬作为其补充形式。

（2）激励性。可变薪酬对于企业绩效目标的实现具有非常积极的作用。它有助于企业激发并强化员工个人、员工群体乃至公司全体员工的优秀绩效，从而达到节约成本、提高产量、改善质量及增加收益等多种目的。

（3）灵活性。根据权变理论我们知道，环境总是处在不断变化之中的，而可变薪酬就具有很强的变通能力，能随着绩效及环境的变化而随时作出调整。

（4）战略性。它有助于企业战略的落实与发展，是为企业战略而服务的。可变薪酬的变通性、灵活性虽然很强，但它依然有一个不变的基本出发点，那就是与企业的经营战略保持高度的一致，帮助企业更好地实现战略目标。因此，它本身也就具备着一定的战略性。

3. 间接薪酬

间接薪酬是劳动的间接回报，即员工福利与服务性的薪酬。它通常并不与劳动者的劳动能力和提供的劳动量等个性特征相关，而是一种源自员工的组织成员身份的福利性薪酬。间接薪酬一般包括带薪休假、各种保险及养老金、为员工提供的服务、住房资助等等。这一部分薪酬对于吸引人才、维持员工队伍的稳定性有其独特的价值。

间接薪酬具有以下几个特性。

（1）普遍性。它不以劳动者个人的能力和劳动为标准，不考虑年龄、种族、性别等因素，所有的员工均享有的一项报酬。

（2）稳定性。通常企业所制定的间接薪酬都是依据国家的劳动法等相关法律所作出的具体规定，是每个企业所必须制定的。当然，不同的企业可以根据自身的情况，在法律规定的基础上做适当的调整。

（二）薪酬的影响因素

影响薪酬的因素有很多，本节从内、外两个方面分析影响薪酬的几个主要因素。

1. 外部因素

（1）供求关系。在市场经济条件下，劳动力市场的供求与薪酬是一种相互作用的关系。在劳动力供不应求时，企业就会提高薪酬以满足企业生产经营对劳动力的需求，这时就会有更多的人愿意进入劳动市场，从而增加劳动力供给；反之，在劳动力供过于求的时候，企业就会降低对劳动力的需求，这时就会压低薪酬。企业的薪酬就是这样一直围绕着劳动力市场供求的变化而变化的。

（2）经济发展水平和劳动生产率。在工资占国民收入比例不变的情况下，国民收入越高，工资水平的绝对值就越高；反之，则低。同时，劳动生产率也对薪酬有着一定的影响。在通常情况下，一个员工的生产率越高，他的薪酬也就越高。根据各种生产率水平，也可以衡量一个企业及一个地区的经济发展水平。不同产业、不同地区的劳动生产率差别，也在薪酬上有着很好的体现。

(3) 各地区的生活水平。各地区的生活水平因该地区经济发展水平的不同而在客观上存在很大差别。尽管每个人对适当生活水平的理解不尽相同，但生活费用的概念确定了薪酬的"下限"。在同等条件下，员工通常不会接受他们认为薪酬低于这一"下限"的工作。雇主在确定薪酬时同样也参照所确定的生活费用下限。各地区组织之间的薪酬差距说明了生活水平对薪酬水平的影响。

(4) 政府的宏观政策。无论是国内还是国外，政府的宏观政策对薪酬水平的影响都是不容忽视的。社会主义市场经济条件下，政府对企业工资水平的调控政策主要有三种方式：一是以建立和完善劳动力市场为中心，用宏观经济政策调节劳动力供求关系，引导市场；二是利用税收政策，通过经济手段制约企业的薪酬水平；三是通过法律形式，用立法来规范企业的薪酬水平及其分配形式。

2. 内部因素

(1) 企业的支付能力。企业效益是影响薪酬水平的内部因素中极为重要的一个因素。企业效益越好，支付薪酬的能力越高；效益越差，支付薪酬的能力越低。利润率使得一些企业有能力支付较多的薪酬，而迫使另一些企业尽可能压低薪酬。这也是为什么经济效益好的企业的薪酬水平高于一般企业的缘故。

(2) 企业的薪酬政策。企业的薪酬政策直接影响和决定了薪酬的总体水平、分配形式、不同职位薪酬的差距水平和各种薪酬内容的构成比例。一个强调以金钱物质来激励员工的企业和一个强调企业文化、员工发展的企业，其薪酬政策一定是不同的。前者在薪酬政策上大多倾向于外在报酬的管理；而后者，其内在薪酬的受重视程度就不低于外在薪酬，甚至较其有过之而无不及。

(3) 职位要求。薪酬水平的另一个决定因素与特定职位的要求有关。需要长期培训才能胜任的职位，其薪酬要比培训时间短或根本不需要培训的职位高，原因主要是为了吸引足够的应聘者接受必要的培训，从而保证雇主能从足够的应聘者中精选雇员。

第二节 薪酬的功能与分类

一、薪酬的功能

本节将从员工、企业及社会三个方面分析薪酬的功能。

（一）薪酬的功能——员工方面

1. 补偿功能

一方面，员工在劳动过程中体力与脑力的消耗必须得到补偿，保证劳动力的再生产，劳动才能得以继续，社会才能不断进步、发展；另一方面，员工为了提高劳动力素质，要进行教育投资，这笔费用也需要得到补偿，否则就没有人愿意对教育投资，劳动力素质就难以提高，进而影响社会发展。因此，对员工来说，通过薪酬的取得，以薪酬换取物质、文化生活资料，是保证劳动力消耗与劳动力生产费用支出的必要补偿。

2. 保障功能

员工及其家庭的生活消费是维持劳动力再生产的必要前提。企业只有将足够的薪酬支付给员工，才能保障员工及其家庭的基本生活，使其不断投入劳动之中。只有在其基本的生活消费有保障的前提下，员工才可能有更大的创造和发挥。因此，补偿人力资本投资的费用，保障新产生的生活消费费用，也是实现薪酬的功能应该考虑的。

3. 激励功能

薪酬是企业人力资源管理的重要工具，管理者可以通过薪酬来评价员工的工作绩效、促进劳动者的工作数量和质量的提高、保护和激励员工的劳动积极性。从企业管理的角度看，激励员工是薪酬的核心作用。

一方面，员工为了提高生活水平，就要通过多劳动来获得更多薪酬，从而获得更强的购买能力和更高的生活质量，这样就能从物质利益上激励员工关心自己劳动力素质的提高和劳动成果的增加，最终使全社会的经济不断发展提高，人民生活不断改善；另一方面，员工的相对薪酬水平高低往往还代表了员工在组织中所处的地位和层次，从而在一定程度上体现出个人价值。正因如此，对于员工为组织作出的劳动贡献以工资、奖金、股权等薪酬形式加以承认和肯定，满足员工在薪酬问题上的心理期望，即有效地发挥了薪酬的激励功能。

4. 社会信号功能

对于员工来说，薪酬所具有的信号传递功能也是一种非常重要的功能。步入21世纪，由于人员在企业之间甚至地区之间频繁流动，因而在相对稳定的传统社会中用来确定一个人的社会地位的那些信号，如家族势力、宗亲关系等，逐渐衰弱，而薪酬作为流动社会中的一种市场信号，则很好地说明了一个人在社会上所处的位置。因此，员工对这种信号的关注，反映了员工对于自身在社会及组织内部的价值关注。从这个意义上来说，社会信号功能是不可忽视的。

（二）薪酬的功能、企业方面

1. 资本增值功能

薪酬在本质上是一种人力资源价格，作为生产过程的投入，薪酬即成为人力成本。企业或投资者支付薪酬的目的是为了带来预期收益，即获得比人力成本价值更大的价值。企业要从事经营和生产，就必须雇佣劳动力，薪酬就是用来购买劳动力所支付的特定成本，是用来交换劳动者劳动的一种手段。一般来说，薪酬的投入是可以为投资者带来预期的大于成本的收益，员工为企业创造的价值大于企业支付的薪酬，而超过薪酬的那部分收益就是企业的利润。这也就是马克思剩余价值理论的重要内容。

2. 桥梁作用

薪酬也是企业合理配置劳动力资源、提高企业效率的杠杆。企业作为一个生产组织，可以通过薪酬水平的变动，将组织目标和管理者意图传递给企业员工，促使员工更好地完成工作任务，在组织与员工之间、管理者与员工之间起到很好的桥梁作用。

3. 控制经营成本的功能

由于企业所制定的薪酬水平高低会直接影响到企业在劳动力市场上的竞争力，企业保持一种相对较高的薪酬水平对于企业吸引和保留员工来说无疑是有利的，但是较高的薪酬水平又会对企业造成成本上的压力，对企业的竞争产生不利的影响。从而，一方面，企业为了获得和保留企业经营过程中不可或缺的人力资源不得不付出一定的代价；另一方面，企业出于对产品或服务市场上的竞争压力的考虑又不能不控制薪酬成本。因此，薪酬就成为企业控制经营成本的重要砝码。

4. 改善经营绩效的功能

薪酬不仅决定了企业可以招聘到的员工的数量和质量，而且还决定了现有员工受到激励的状况，对他们的工作态度、工作行为及工作业绩产生直接的影响，从而必然影响到企业的生产效率和经营绩效。薪酬向员工传递着一种特别强烈的信号，通过这种信号可以让员工了解什么样的行为、态度及业绩是受到鼓励的，是对企业有贡献的，从而引导员工的工作行为和工作态度及最终的业绩朝着企业期望的方向发展。

5. 强化企业文化、支持企业变革的功能

人力资源管理致力于使员工的态度和行为与企业价值观等企业文化内涵相一致，而合理、有效的薪酬政策则有助于促进这种一致性。例如，组织提倡一种团队文化，则可以在可变薪酬上采取群体绩效奖励计划而不是个人绩效奖励计划，以使员工的合作精神和团队意识得到加强；同时，组织还可以通过一定的薪酬政策将组织目标和管理者的意图及时、有效地传递给员工，营造出一种与变革相适应的内部和外部氛围，对企业变革形成有力支持。

6. 人员配置功能

企业内部各类人员、各级职位的薪酬水平是一个重要的导向因素，对于企业内部人员的流动意愿、流动方向形成重要影响。正因如此，薪酬管理需要与其他方面的管理措施相配合，以内部薪酬水平的合理差距，吸引优秀人才到重要岗位，鼓励一般员工到艰苦岗位，以达到人力资源的有效配置。

7. 劳资协调功能

可以说，企业内部大部分的劳资纠纷都是由薪酬及与薪酬有关的问题而引起的。两位专门研究香港工业关系的学者英伦和利雅指出，1946—1950年，香港由于工人长期罢工而损失了大量的工作日，这些罢工大部分都是由于工资问题引起的。由此可见，劳资纠纷与薪酬之间的关系非常密切。随着中国经济步入"新常态"，劳资协商问题不仅仅是资方意愿问题，更是一个社会稳定问题，建立一套有序、高效的劳资协商机制是时代发展的要求。合理、有效地调节和应用薪酬管理这一工具，对协调劳资纠纷往往会产生立竿见影的效果。

（三）薪酬的功能——社会方面

1. 对社会劳动力资源的配置

薪酬作为劳动力价格信号，调节着劳动力的供求和劳动力的流向。当某一地区、部门和某一职业、工种的劳动力供不应求时，薪酬水平就会上升，从而促使劳动力从其他地区、部门、单位及工种向紧缺的区域流动，使流入区域劳动供给增加，逐步趋向平衡，反之亦然。薪酬也影响着人们对于职业和工种的评价，调节着人们择业的愿望和就业的流向。

2. 对国民经济的影响

事实上，在各国的国民生产总值中，大约有60%是以薪酬的形式体现出来的，因而薪酬水平的高低直接影响到国民经济的运行。薪酬也是一国经济和社会发展水平的重要指标，薪酬分配的恰当与否，对经济社会的公平与效率都会产生直接的影响，有时甚至会引发重大的政治和社会问题。

3. 统计与监督职能

薪酬是按劳动数量与质量进行分配的。所以，薪酬可以反映出劳动者向社会提供的劳动量的大小。薪酬是用来按一定价格购买与其劳动支出量相当的消费资料的。所以，薪酬还可以反映出劳动者的消费水平，于是，薪酬就把劳动量与消费量直接联系了起来。因此，对薪酬支付的统计与监督，实际上也是对劳动消耗的统计与监督，进而也是对消费量的统计与监督。这就有助于国家从宏观上考虑合理安排消费品供应量与薪酬增长的关系，以及薪酬增长与劳动生产率增长、国内生产总值增长的比例关系。

二、薪酬的分类

按照不同的分类标准，薪酬可以分为很多种，由于篇幅所限，在此不再一一详细罗列。下面简要介绍几种目前主流的分类方法以供参考。

1. 内在薪酬和外在薪酬

依据薪酬的发生机理，薪酬分为内在薪酬和外在薪酬。内在薪酬是指由于自己努力工作而受到晋升、表扬或受到重视等，从而产生的工作的荣誉感、成就感、责任感等各种心理满足和心理收益。它产生于工作者的工作本身，是指工作者把工作本身当作是一种商品或消费品。以下一些工作内容对一些工作者来说会在不同程度上被看作是商品。

（1）参与决策的权利。

（2）能够发挥潜力的工作机会。

（3）自由自主地安排自己的工作时间。

（4）较多的职权。

（5）较有兴趣的工作。

（6）个人发展的机会。

（7）多元化的活动。

外在薪酬是指员工因受雇佣而获得的各种形式的收入，包括薪水、奖金、福利、津贴、股票期权及以各种间接货币形式支付的福利等货币和实物等方面的收入。

2. 货币性薪酬（直接薪酬）和非货币薪酬（间接薪酬）

按照薪酬是否取得直接的货币收入，可分为货币性薪酬（直接薪酬）和非货币性薪酬（间接薪酬）。货币性薪酬是指对员工所支付的报酬以货币为支付形式，包括工资、奖金、津贴、分红等。由于这是雇员可以直接拿到手的收入，因此也有很多学者将其称作为直接薪酬。非货币性薪酬顾名思义就是不以货币为支付形式，包括为员工提供的保险福利、公司举办的旅游、文体娱乐等。这种薪酬并不直接支付给员工，所以也将其称作为间接薪酬。

3. 技能（能力）薪酬、绩效薪酬、职位（岗位）薪酬

按照薪酬发放的标准可分为技能（能力）薪酬、绩效薪酬、职位（岗位）薪酬。技能（能力）薪酬指以员工自身所掌握的技能水平或所具备的胜任能力为基础向员工支付的工作薪酬。绩效薪酬指在正确评定业绩的基础上按业绩支付的薪酬。职位（岗位）薪酬以员工所从事工作的相对价值为基础，根据工作的重要性、所承担的责任等所支付的薪酬。

4. 计时薪酬和计件薪酬

按照薪酬量的界定可分为计时薪酬、计件薪酬等。计时薪酬是指根据员工的劳动时间来计算薪酬的数额，主要分为小时工资制、日工资制、周工资制和月工资制四种。计件薪酬是指预先规定好计件单价，根据员工生产的合格产品的数量或完成的一定工作量来计量工资的数额。

5. 长期薪酬和短期薪酬

按照薪酬的激励时间长短可分为长期薪酬和短期薪酬。短期薪酬主要指按月或按年获得报酬，薪酬支付可以在短时间之内兑现。所谓"长期薪酬"，即"长期激励"与"短期激励"比较，激励者要获得报酬的时间跨度更长，通常是数年或数十年，目的在于把被激励者的自身利益与企业利益更牢固地结合起来，这种薪酬通常以股票期权为主。

第三节　薪酬管理及其基本内容

一、薪酬管理的发展历史

薪酬管理的变迁大体上经历了以下几个阶段。

1. 第一阶段——专制时期

从世界范围来看，对薪酬乃至于对企业其他方面的专制管理发生在市场经济初始阶段。在这一阶段，由于企业管理者与所有者基本上是合一的，管理者对薪酬的激励作用缺乏必要的了解，以及在传统农业生产部门中存在着大量的剩余劳动力、生产力的水平较低等方面的原因，劳动者的薪酬维系在满足生存需要的水平。因而在这一时期，员工的外在薪酬水平甚至被压低到最低限度。员工的工作条件几乎完

全是由雇主单方面确定的,雇主有时任意地延长员工的工作时间,有些雇主以暴力手段对员工进行管束,有些雇主没有意识到在人格上他与员工应该是平等的,等等。

2. 第二阶段——"温情主义"时期

这一阶段发生在古典市场经济时期。在西欧,这一阶段大致发生在19世纪上半叶,受空想社会主义的影响,薪酬管理中出现了"温情主义"趋势。但其产生的最重要原因还是生产力与生产关系之间的矛盾。这一矛盾促使组织的管理者对薪酬管理的基本理念、基本风格,以及由此延伸的管理方式与方法,作出了更为理性化的调整。雇主对员工推出了较之薪酬管理的第一阶段较为优惠的薪酬措施。"温情主义"的典型代表人物就是欧文,他不仅减少了工人的工作时间,还为他们增加了很多福利。正是由于欧文等人的努力,这一时期员工的外在薪酬渐次提高,并且加进了福利设施等非货币形式的薪酬。此时,雇主与雇员之间的矛盾较之第一阶段已经有了极大的缓和,但是生产率却依然很低。

3. 第三阶段——科学管理时期

从世界范围看,这一阶段大约发生于20世纪的上半叶,基本上是随着泰勒的科学管理理论的发展而发展的。在薪酬管理的这一阶段,企业的管理者开始较为深切地认识到薪酬对激发员工积极性的重要作用,因而管理者开始提高工人的工资,实施科学管理的工资标准,如泰勒设计的计件工资。管理者管理理念的这一变化及其在企业管理实践中的折射,标志着企业正逐步建立起员工薪酬提高和企业发展之间的良性互动机制,有利于提高其生产率。

4. 第四阶段——行为科学时期

随着科学管理的发展,它的弊端也日渐暴露。科学管理一味地把人看得过于机械化,所有的工作皆要按照固定的程序和步骤来完成,仅仅关注生产率的提高而忽视了工人的心理需求。在此基础上,行为科学提出了"社会人"的假设,强调注重满足员工的社交需要、尊重需要和自我实现的需要。行为科学发展的结果使得员工的内在薪酬在这一时期得到了极大的关注和发展。

5. 第五阶段——现代管理时期

这一阶段始于第二次世界大战之后。这一时期管理理论的发展出现了多元化的态势,各种理论并立而行,也有人称这一时期为管理丛林。就在这个时期,薪酬管理也出现了一些令人鼓舞的变化:第一,在较为发达的市场经济国家,薪酬水平的提高甚至有点出乎人们的意料。就中国来说,虽然是个发展中的国家,但改革开放以来员工薪酬水平的提高及人民生活水平的变化,大大出乎人们的意料。第二,员工薪酬形式实现了多样化。当对薪酬的激励作用有了更深切的认识,为了实现人力资源管理的多层面的目标,人们自然会相应的进行薪酬形式的创新。第三,管理者对员工的内在薪酬倾注了更大的关注。企业的管理者希望通过对员工更为周到的关心，使其对企业有更深的认同感，从而更充分地发挥其潜力。

二、薪酬管理的内涵及基本内容

（一）薪酬管理的内涵

薪酬管理是企业与社会的联系纽带，它涉及社会学、经济学等多方面问题，也是企业走向市场的重要环节之一。薪酬管理的核心问题是如何科学、合理地根据"劳动"来确定员工的薪酬差别，即制定公平、公正、公开的薪酬制度。薪酬管理的核心问题是薪酬制度，还包括企业在总体上如何对薪酬进行调查，如何科学地进行职位分析、评价，如何设计出合理的薪酬结构。由于薪酬管理的其他一些内容也涉及人力资源管理中的有关绩效考评的内容，这方面的内容已有许多专著论述，因此本书不再专门介绍。

综上所述，本书对薪酬管理作如下定义：薪酬管理指企业在薪酬方面进行的微观管理，是企业在国家宏观的薪酬政策允许范围之内，在企业自身的经营战略和发展规划的指导下，综合考虑内、外部各种因素的影响，确定自身的薪酬水平、薪酬结构、薪酬体系、薪酬关系和薪酬形式的基本内容，并进行薪酬的预算、调整和控制的整个过程。

（二）薪酬管理的基本内容

1. 薪酬水平

薪酬水平指企业中各职位、各部门及整个企业的平均薪酬水平，它决定了企业薪酬的外部竞争性。如果该企业的薪酬水平较低，其员工可能被其他企业所吸引。因此，企业的薪酬水平会对员工的吸引和保留产生重大影响。

2. 薪酬结构

薪酬结构指薪酬由哪些部分构成，各个构成部分又以怎样的比例结合在一起。例如，薪酬中的基本薪酬和可变薪酬之间，可以有不同的构成比例；基本薪酬又可分为基本工资、津贴等，它们在基本薪酬当中各占多少比例等。在不同的薪酬构成比例下，员工所感受到的激励性和风险性是不同的，所以合理地设计薪酬结构至关重要。

3. 薪酬体系

薪酬体系的选择，即确定员工的基本薪酬以什么为基础。目前，国际通行的薪酬体系主要有以下三种：职位（岗位）薪酬体系，即以员工所从事工作的相对价值为基础；技能（能力）薪酬体系，指以员工自身所掌握的技能水平或所具备的胜任能力为基础；绩效薪酬体系，即在正确评定业绩的基础上按业绩支付薪酬。

4. 薪酬关系

薪酬关系指企业内部不同职位的薪酬水平所形成的相互比较关系。它涉及企业薪酬的内部一致性。在企业总体薪酬水平一定的情况下，员工对于企业内部的薪酬关系是极为关注的，它实际上反映了企业对于职位重要性及职位价值的看法。薪酬关系的合理与否往往会对员工的流动率和工作积极性产生重大影响。

5. 薪酬形式

薪酬形式指计量劳动和支付薪酬的方式。薪酬的各个构成部分有其特定的内容，也有其特定的计量形式。薪酬的形式是多种多样的，有计件工资、计时工资、福利、股票、期权等等。不同的劳动性质和级别有着不同的薪酬，企业管理的多样化就要求有多种薪酬形式与其相适应。

6. 薪酬政策和薪酬制度

薪酬政策是企业管理者对企业薪酬管理运行的目标、任务和手段的选择和组合，是企业在员工薪酬上所采取的方针、策略。基于特定的企业发展战略和人力资源战略，企业在薪酬政策上需要进行合理选择。其主要内容包括：企业薪酬成本投入政策，企业薪酬结构和薪酬水平的确定，薪酬制度的选择，薪酬的支付方式等等。

三、薪酬管理的过程及影响因素

（一）薪酬管理的过程

1. 前期准备阶段

（1）制定企业的薪酬原则和策略。制定企业的薪酬原则与策略，是设计薪酬体系的基础性工作。它包括对员工总体价值的评价、对管理人员和专业人员所起作用的估计、薪酬差距标准的确立、薪酬与福利的分配比例等。确定企业薪酬的原则和策略，为以后的工作提供了依据和方向。

（2）分析影响本企业薪酬管理的因素。企业的薪酬管理会受到很多因素的影响。因此，在一个企业薪酬管理的过程中就必须综合考虑各方面的因素，才能制定出科学、合理的薪酬制度。概括起来主要有以下三类。

第一，外在因素：包括社会、经济、政治、国家法律等。

第二，内在因素：包括企业的财务状况、经营状况、企业管理哲学和文化等。

第三，员工因素：包括员工自身的因素、所处的职位、工作的绩效表现等。

2. 实施阶段

(1) 确立管理目标。根据企业的薪酬原则和战略确定具体的薪酬管理目标。目标会为企业的薪酬管理起到很好的导向作用。执行过程中犯错误并不可怕，可怕的是一开始方向就错了。因此，薪酬管理必须首先确定目标。它包括：建立稳定的员工队伍、吸引高素质的人才、激发员工的积极性、创造高绩效的团队等等。

(2) 职位设计和分析。职位分析也称工作分析，是指对各种工作的性质、任务、责任、相互关系及任职工作人员的知识、技能、条件进行系统调查和研究分析，并作出科学系统的描述和规范化记录的过程。完成了职位分析之后，管理者就可以基于企业的组织结构编写职位说明书。工作分析是企业人力资源管理的基础性工作，对于人力资源管理特别是薪酬管理的科学化、制度化、正规化具有极其重要的作用。

(3) 职位评价。职位评价又称工作评价，是在职位描述的基础上，对工作本身的难易程度和对担当人员的要求作出可比性评价，并据此建立职位等级序列的过程。通过设计评价模型，包括设计岗位评价指标体系和岗位评价标准，可对企业各岗位工作对企业的贡献度进行评估，并对各岗位的评估值统计整理后进行排序，来评价各个岗位价值的高低。

职位评价工作是一项复杂的工作，通过科学的职位评价得出的职位工资级别，不是简单地将工资与行政级别挂钩，而是综合分析与工作有关的各方面因素，确定不同职位间的等级差异。同时，职位评价工作的公平性、公正性和客观性会对整个薪酬系统的质量产生直接影响。因此，企业在进行职位评价时要做好准备工作，并按合理的程序进行。

(4) 薪酬调查与薪酬定位。薪酬调查是指企业通过收集薪酬信息来判断其他企业薪酬水平高低的一个系统过程，主要包括市场调查和满意度调查。薪酬调查在解决薪酬的外部公平性和对外竞争力问题上具有很大的作用。但是，由于薪酬调查的专业性和成本都比较高，因此绝大多数情况下企业都是与外部专业机构合作，及时获取比较准确的市场薪酬信息。国际上，企业与薪酬调查机构之间一般都采用通行会员制，即会员有义务按照咨询机构拟定的调查表提供本企业翔实的数据，同时有权无偿享用全部或大部分分析结果。

在薪酬定位上，企业可以根据调查的结果确定是采取领先策略还是采取跟随策略。虽然，大部分的企业都喜欢采取跟随策略，认为比较稳定和保险，但二者各有千秋。例如，华为在进入高速发展阶段之后，一直采用领先型的薪酬策略，吸引企业所需要的各种人才。华为十年间的快速崛起离不开自身的薪酬战略。此外，很多IT行业的企业一般都采取领先策略。因此，企业可以根据自身的实际情况选择最适合自身发展的薪酬定位策略。

(5) 薪酬结构设计。薪酬结构是指薪酬的各个构成部分及其比重的设计，具体包括下面两个维度。

第一，横向结构维度，指在一个员工的薪酬总额中不同薪酬形式的结合和各自所占的比例关系。

第二，纵向结构维度，指同一组织内部不同职位或不同技能薪酬水平的对比关系。

(6) 薪酬制度的实施、控制和修正。在薪酬管理的实施过程中，及时的沟通、必要的宣传或培训是保证薪酬改革成功的重要因素，但从根本上讲，选择适当的推进方式才是薪酬管理有效实施的最根本保障。在薪酬实施的过程中，难免会出现与设计相违背的地方、偏离设计之处或与客观情况不相适应等状况。因此，在薪酬管理的实施过程中，还必须对其进行一定的控制，发现了问题及时给予修正，从而保证薪酬系统更好地运作，如图1-1所示。

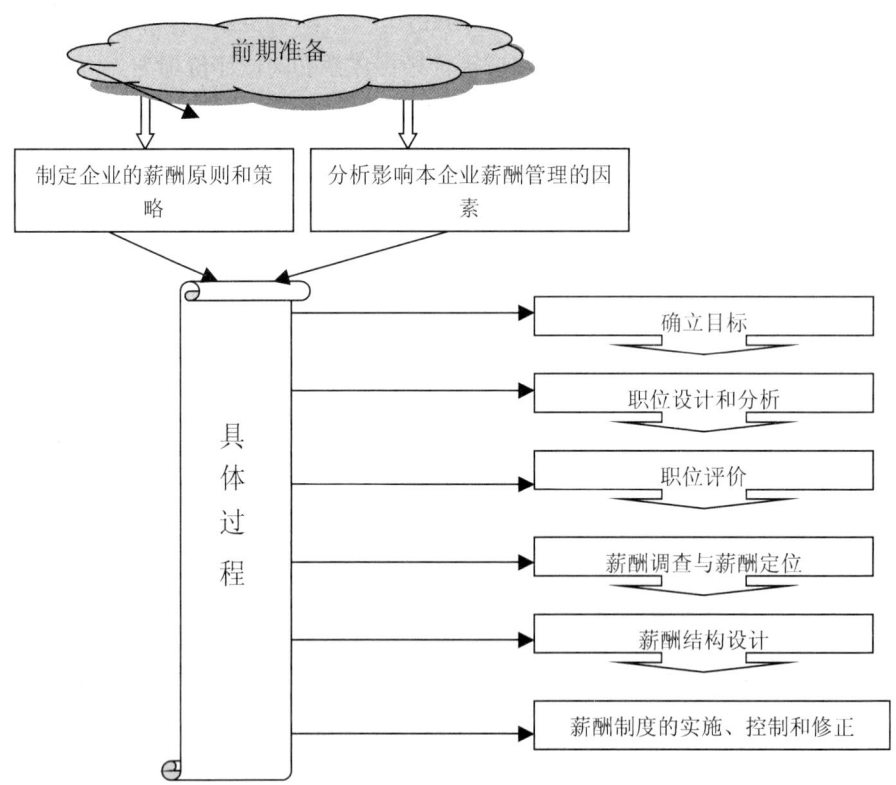

图1-1 薪酬系统动作过程

（二）影响薪酬管理的因素

在市场经济条件下，企业的薪酬管理活动会受到内部、外部多种因素的影响，为了保证薪酬管理的有效实施，必须对这些影响因素有所认识和了解。一般来说，影响企业薪酬管理的因素主要有三类：一是外部因素，二是内部因素，三是员工个人因素。

1. 外部因素

（1）经济环境。经济发展起伏对薪酬管理活动影响深远。薪酬最基本的功能是保障员工的生活，因此对员工来说更有意义的是实际薪酬水平。经济发展得快，对薪酬水平的要求也会随之而提高，薪酬也就必须随着这种发展而不断发展。当整个社会的物价水平上涨时，为了保证员工的生活水平不变，支付给他们的名义薪酬相应的也要增加。此外，经济发达的国家与经济落后的国家，在薪酬上有着很大的差别，单从基本薪酬上就能相差很多倍。2020年，NUMBEO（全球最大的城市生活资源数据分析网站）计算了全球约109个国家/地区的平均月净（税后）工资，统计结果显示，排名前10~20的主要是发达国家或地区，其排名与各国的人均GDP排名基本相当。发达国家或地区的月净工资比落后国家高出几倍甚至几十倍。

（2）政治环境。世界上每个人几乎每天都在直接或间接地与政治打交道，政治对人们的影响是巨大的，政府的指令、政策是企业制定制度的根本前提。今天，各种与人力资源管理包括薪酬管理有关的政策法令逐步健全，劳动者合法权益的保障更加严密、科学，劳动者的权利意识也日益高涨。这种政策环境与社会公益团体的压力日渐升温，使得企业拟定适宜的薪酬政策迫在眉睫。

（3）社会环境。首先，社会的稳定是任何事物发展的大前提，良好的社会环境是各项事物发展的基础平台，所以平台的稳定与否是至关重要的。其次，在组织中，员工的工作心态会随着社会价值观的转变发生很大的变化，同时为适应社会的进步，员工的教育和技能水平也会不断提升。因此，企业在相应的薪酬制度方面必须依赖于社会环境并适应于社会环境。

（4）国家的法律法规。法律法规对于企业的行为具有强制的约束性，一般来说，它规定了企业薪酬管理的最低标准。因此，企业实施薪酬管理时应当首先考虑这一因素，要在法律规定的范围内进行活动。例如，政府的最低工资立法规定了企业支付薪酬的下限，社会保险法律规定了企业必须为员工缴纳一定数额的社会保险费。

2. 内部因素

（1）企业的经营战略。薪酬管理应当服从和服务于企业的经营战略，在不同的经营战略下，企业的薪酬管理也会不同。企业的经营战略是企业的整体航向，企业的任何活动，不管是薪酬管理，还是研发、生产、营销等活动都不能偏离这个大的方向，必须在战略的指导下具体实施和开展。

（2）企业的管理哲学和企业文化。管理哲学和企业文化的核心要素反映的是企业领导对员工本性的态度和认识。那种认为员工是"经纪人"的企业领导与认为员工是"社会人"或"复杂人"的企业领导在薪酬政策上有着明显的不同。前者倾向于认为员工工作的唯一动机就是为了钱，认为物质上的刺激才能让他们努力工作。后者一般认为员工需要有归属感，他们工作的动机不仅仅是物资上的满足，还有心理满足的需要；要想更好地激励员工工作，除了满足他们的物资需要之外，更要注意员工心理上的需要。

（3）企业财务状况。薪酬是企业的一项重要成本开支，因而企业的财务状况会对薪酬管理产生重要的影响，它是薪酬管理各项决策得以实现的物质基础。良好的财务状况可以保证薪酬水平的竞争力和薪酬支付的及时性。没有良好的财务基础，再好的薪酬管理方法都只能是空谈。

3. 员工个人因素

（1）员工自身的因素。由于员工之间的教育程度、年龄、经历、技能等方面的差异，造成了员工在价值观及个体需要上都存在很大的差别。企业必须根据员工自身的特点设计和实施薪酬管理，尽量满足员工的个体需要，才能使其更好地发挥出其潜力。

（2）员工所处的职位。在目前主流的薪酬管理理论中，这是决定员工个人基本薪酬及企业薪酬结构的重要基础，也是内部公平性的主要体现。职位对员工薪酬的影响并不完全来自它的级别，而主要是职位所承担的工作职责及对员工的任职资格要求。

（3）员工的绩效表现。员工的绩效表现是决定其激励薪酬的重要基础。在企业中，激励薪酬往往都与员工的绩效联系在一起，具有正相关的关系。总的来说，员工的绩效越好，其激励薪酬就会越高。

四、我国薪酬管理存在的问题及薪酬管理展望

（一）我国企业薪酬制度的演变过程

对我国企业薪酬制度的演变过程，不同学者给出了不同的阶段划分。本节在综合国内各学者对该问题阐述的基础上，将从新中国成立初期到改革开放时期中国企业薪酬制度的发展过程划分为以下四个阶段。

1. 第一阶段（1949—1952年）——供给制与旧薪酬制度并存时期

这一时期，我国部分企业中供给制与旧薪酬制度并存。新中国成立后，党和政府曾规定在新解放的地区实行"原职原薪"政策；同时在解放较早的东北地区，国有企业、事业单位和国家机关职工实行统一的等级工资制。

2. 第二阶段（1952—1956年）——薪金分制时期

1952年，我国开始对旧的薪酬制度实行改革，在企业中开始实行薪金分制。实行薪金分制主要是因为当时各地物价水平和消费水平差别太大，不利于统一全国的薪酬水平。薪金分制不是一种独立的薪酬制度，是新中国成立初期由供给制向货币工资制转变的一种过渡形式；1954年以前，薪酬工作是在中央统一领导下，由六大行政区和省市进行管理的；1954年以后，撤销了六大行政区，加之社会主义改造的完成，国家对整个国民经济的管理逐步形成了以中央集权为主的管理体制，薪酬的管理权限也逐渐集中到中央。

3. 第三阶段（1956—1978年）——等级薪酬制时期

1955年，国务院发布了《关于国家机关工作人员全部实行薪酬制和改革货币制的命令》。到1959年，经过全国范围的薪酬改革，统一了国家机关、事业单位和国有企业职工的薪酬改革，全国职工的工资计划、工资标准和津贴标准及职工升级等，都由国家统一制定和安排。1956年的工资改革，标志着我国确立了以等级制为主体的货币工资制，初步建立起体现按劳分配原则的工资制度。

4. 第四阶段（1978年至今）——多元化薪酬时期

随着改革开放的推进，薪酬制度日益多元化，除了我国原有的按劳分配原则的工资制度外，还引进了西方一些先进的薪酬体系，如技能工资、绩效工资、股票期权等等，薪酬的形式多种多样。随着社会经济发展、员工需求变化，薪酬制度已不再仅从经济层面体现公平和发挥激励作用，薪酬制度将涵盖更多的企业战略发展和员工个性化需求。

（二）目前我国企业薪酬管理存在的问题

我国的薪酬制度虽然经过多年的不断改革已有了很大的改善，但还是存在着一些问题。

1. 薪酬管理理念落后

国内大多数企业的管理理念较为陈旧，薪酬的形式体现为简单的奖励和扣罚，缺少精神鼓励，不能真正地调动人的积极性。特别是在国有企业中，管理理念较之其他类型的企业尤为落后，有甚者依然采用计划经济时代的薪酬管理理念，平均主义现象还很严重。因此，2020年起，我国开展国企改革三年行动，在薪酬待遇上，鼓励企业综合运用股权激励、岗位分红、超额利润分享等中长期激励方式。目前，在国际上流行的全面薪酬管理，在我国还没有得到充分的认识和发展。

2. 薪酬管理中行政管理痕迹严重

过去政府对企业管得过死，这种痕迹至今仍没有完全消失，很多企业在薪酬管理方面仍然受到政府或者相关行业、部门的制约，企业的灵活性、自主性还不够强，不能及时、合理地调整薪酬方案，员工的薪酬结构也常常与市场变化、企业发展相脱节。这也是我国一些企业在日益激烈的国际市场竞争中失利的深层次原因之一。

3. 薪酬构成不合理

根据赫兹伯格的双因素理论可以将广义的薪酬分为两类：一类是保健性因素，另一类是激励性因素。真正能调动员工工作热情的是激励性因素，即可变薪酬和间接薪酬。目前，企业在设计新的薪酬方案时，考虑到组织的稳定和成员的接受能力，在薪酬的构成上基本薪酬的比例过大，而间接薪酬和可变薪酬比例较小，不能很好地激发员工的积极性。

4. 薪酬制度与企业的战略脱节

如前所述，薪酬制度应当服从和服务于企业的经营战略，企业的经营战略是企业的整体航向。但目前我国很多企业缺乏经营战略的指导，没有科学的战略规划，使得薪酬制度通常也与经营战略脱节。

5. 薪酬计量方法陈旧

企业对员工薪酬的计量，在方法上表现得较为陈旧。在其薪酬管理上，一般根据员工所处的工作岗位、教育背景、工作经验、工作年限等因素，把所有员工划分为不同的等级。按照现代企业薪酬管理的理念和方法，员工的薪酬必须与其绩效相挂钩。相比之下，目前仍有部分企业缺乏与员工薪酬计量直接相关的绩效考核。

6. 缺乏有效的长期激励手段

目前，我国企业中对于经理人和高级管理人员的激励主要存在以下几个方面的问题。

（1）总体收入水平偏低。

（2）薪酬激励方式非市场化，经营者没有真正参与企业的剩余分配。

（3）激励标准不科学，薪酬结构中缺乏中长期激励机制。

总体看来，目前我国企业薪酬管理的普遍问题是收入公开化、货币化程度偏低，缺乏长期的激励手段。

（三）薪酬管理的发展趋势

随着世界经济发展和环境变化，薪酬管理在理念、制度、结构、方法、程序、内容、结果等方面都发生了很多转变，总体而言，薪酬管理的人本性、规范性正逐渐加强，管理上的多元化、透明化、全面化的趋势日益明显。

1. 薪酬管理理念以"人本"及"能本"管理为核心

现代的人性假设理论认为，每个人个性上的差异使其具有不同的偏好集，由此构成了其独特的自我价值判断体系。薪酬设计遵循的原则应当是只有满足了员工个体的需要，才会引起员工的兴趣，也才能达到激励员工的目的。目前，"以人为本"的管理理念已经深入到许多发达国家企业中并日益完善。随着社会发展，人们将不仅仅停留在物质满足的层面上，更多的将是人性及人权的发展，与此相对应，"以人为本"的管理理念将成为薪酬管理的核心思想。

随着知识经济时代的到来，一方面，人的能力特别是创新能力和学习能力已成为人性中最为突出的方面。彼得·圣吉的《第五项修炼》一书就集中阐述了学习能力对组织及员工的重要性；另一方面，能本管理理念日益得到发展，它强调包括薪酬分配在内的一切管理活动都要有利于体现和发展人的能力。这就要求企业应该认识到，在现代薪酬管理体系中，薪酬体系的成本不仅取决于支出，而且更取决于基于能力的效率。薪酬不应仅仅被看作是一种成本支出，更应被看作是一种投入，一种能带来价值回报的投资。企业支付给知识员工的薪酬应该是一种人力资本而非人力成本。而企业要弘扬能本管理的薪酬文化，也必须真正做到以人为本。

2. 薪酬管理制度上日趋多元化、绩效化和透明化

（1）多元化。一方面，现代薪酬理论除了强调传统薪酬理论包含的外在报酬（如工资、奖金、福利及以货币或实物形式支付的劳动报酬）外，还将内在报酬（如员工晋升机会、满意的工作条件、舒适的工作环境、动听的头衔等等）统一起来，作为整体报酬体系来考虑，从而形成了广义的薪酬概念；另一方面，组织之间或同一组织内部的薪酬制度也是多元化的，不存在适用于一切组织一切部门的同一薪酬制度。

（2）绩效化。近年来，西方企业的技能薪酬体系和收益分享体系发展迅速，为了更好地激励员工，大量的企业采用了以业绩为基础的收益分享薪酬体系。绩效薪酬能更好地发挥薪酬的激励作用，强化员工的归属感和团队意识。

（3）透明化。薪酬制度的公开与否，一直备受争议，但越来越多的企业发现，即使采用薪酬保密制度，人们也会对产生的薪酬进行纵向甚至横向的比较，这样非但不利于薪酬发挥出积极作用，反倒产生很多消极作用。现在，让员工监督企业的薪酬的公平性，实行薪酬透明化，不但可以使员工对他们的收入感到满意，而且还有利于增加他们对工作的投入程度，降低员工的流失率，提高员工的忠诚度。

3. 薪酬管理结构由单一薪酬结构向全面薪酬结构转变

过去企业一般将薪酬仅仅理解为经济性报酬，但实际上，员工在工作完成后，更希望得到全面的回报和奖励。目前，发达国家已普遍推行全面薪酬观念，即认为不能把薪酬看作是纯粹的经济性薪酬，更不能看作是单一的工资，除了经济性薪酬以外，它还包括精神方面的激励，如优越的工作条件、良好的工作氛围、晋升机会、培训机会等。美国学者特鲁普曼在其《薪酬方案》一书中将薪酬结构全面地罗列出来，见如下等式：

$$TC = (BP + AP + IP) + (WP + PP) + (OA + OG) + (PI + QL) + X$$

式中，BP 为基本工资，AP 为附加工资，IP 为间接工资，WP 为工作用品补贴，PP 为额外津贴，OA 为晋升机会，OG 为发展机会，PI 为心理收入，QL 为生活质量，X 为私人因素。这也是目前国际上比较流行的全面薪酬概念。

4. 薪酬管理方法由短期激励向长期激励、个体激励向团体激励发展

传统的薪酬制度主要采用工资奖金薪酬形式，其激励机制偏重于短期激励：工资、奖金与员工的工作绩效挂钩而与企业的远期发展目标脱节；员工的经济利益与企业经济效益的变动状况之间的相关性和敏感度较低，且工资又具有能上不能下的刚性。短期性质的薪酬容易导致员工工作行为的短期化，而员工尤其是关键岗位上的优秀员工工作行为的短期化和人才流失，必然会影响企业的可持续发展和长期发展战略的实现。为了留住关键的人才和技术，稳定优秀的员工队伍，必须引导员工将关注重点放在企业发展的长远目标上。近年来，越来越多的企业开始实施包括沉淀薪酬、业绩股票、股票增值权、虚拟股票计划、股票期权等长期激励方式，以提高对员工的长期激励效应。

员工尤其是知识员工的工作一般是以团队为单位开展的，强调团队协作的工作方式越来越流行。有人曾做过调查，80%的《财富》500强企业中，一半或者更高比例的员工在团队中工作。此外，在美国，68%的小型制造企业在其生产管理中采用团队的方式。日本更是以其出色的团队管理而闻名于世，第二次世界大战之后，随着日本经济的迅速崛起，日本企业的管理方式便成为世界瞩目的焦点。威廉·大内的《Z理论》一书系统地介绍了日本的团队管理模式。目前，团队管理已在世界各国的企业中发挥着巨大的作用，而薪酬管理的方法也由个体激励向团体激励转变。

5. 薪酬管理过程向程序化、规范化方向发展

薪酬管理过程是一个复杂的过程。过去的薪酬管理中，管理者的主观意识往往是决定性因素，许多时候仅仅是管理者的头脑一热就对工资进行任意调整、变动。如今，薪酬管理已经发展到严格的程序化，管理者在薪酬变动的时候可以遵循一定的程序，降低了薪酬变动的风险，也增加了薪酬管理的成功性。在西方国家，薪酬管理的程序化已经非常发达，尤其是在美国，大多数企业都有着自己的一套严格薪酬管理程序，并日益完善，薪酬管理程序的规范化也将随着"科学主义"的盛行而不断发展。

6. 薪酬管理结果越来越关注程序公平

以往的许多企业没有给予薪酬沟通等程序性问题以足够的重视，许多员工对自己的薪酬知之甚少。之所以出现这种情况，与这些企业和经营者观念上的误区有关，他们认为薪酬管理只是管理者的事情，与普通员工无关，还没有认识到其工作的一个很重要的职责就是向员工推销企业的薪酬体系。良好的沟通已经成为有效激

励员工的关键要素。对于薪酬，员工对公平的关注已经从关注结果公平转向关注程序公平，即在关注薪酬分配结果的同时，也越来越关注薪酬沟通等这些程序公平的问题。

7. 薪酬管理内容日趋丰富

过去企业薪酬管理的内容比较单调，仅仅聚焦于那么一两个管理点上，如薪酬形式、薪酬政策等。目前，随着市场经济的不断发展，薪酬管理的内容已越来越丰富，不仅包括薪酬的形式、政策，还包括薪酬的水平、结构、关系等多方面内容。

本章小结

薪酬是一个经历了长时间发展过程的概念，而薪酬管理乃是近年才出现的新概念。随着管理理论的发展，薪酬被赋予了新的管理理念，这些新的管理理念使得薪酬发展出全新的内涵，内容得到不断丰富和发展。管理者不再将薪酬定义为简单的工资加福利，人们的心理期望得到了更多的关注；劳动者与雇佣劳动者之间已不再是简单的雇佣与被雇佣的关系，而是一种协作共进的关系，二者的利益与命运已经越来越紧密地联系在一起。此外，薪酬管理过程、方法等均发生了很大改变，尽管如此，薪酬的本质却是始终不变的，它始终都是员工与雇主之间的一种交换关系，也是劳动的价值体现。也正因如此，薪酬对企业、社会、员工个人都发挥着巨大作用。我们必须对薪酬加以管理，以权变观点对影响薪酬及薪酬管理的各项因素加以分析，用实证的方法解决薪酬管理过程中的各种问题。在学习西方国家先进理论和经验的同时，要认清自身存在的问题，制定出适合本国、本企业发展的薪酬制度，让薪酬成为企业发展的"击鼓手"。

思考题：

1. 薪酬与工资、薪水、报酬之间的区别是什么？
2. 薪酬与薪酬管理的区别与联系是什么？
3. 简述薪酬的分类。
4. 试论薪酬管理的实施过程。
5. 目前我国企业薪酬管理存在的问题有哪些？

第二章 薪酬管理的理论研究与发展

本章着重介绍中、西方薪酬管理的相关理论。第一节从经济学和管理学角度对薪酬管理重点理论进行了阐述;第二节着重介绍传统的马克思主义工资理论和社会主义的按劳分配理论;第三节对薪酬管理理论的新发展作了简要的探讨。本章中介绍的各种薪酬管理理论纷繁复杂,但是其中暗含着一条研究主线,即劳动生产率和生产效益的提高,此外,生产力和生产关系也是理论研究的一条线索。

第一节 西方薪酬理论概述

一、西方薪酬理论的经济学研究

西方经济学对薪酬理论的研究有着深厚的历史,本节将其中最重要的理论归为两大类别分别加以介绍。

（一）从生产力的角度进行研究的理论

1. 维持生存薪酬论

这一薪酬理论最初是由古典经济学的创始人威廉·配第提出的。配第把薪酬和生活资料的价值联系起来,提出薪酬是维持工人生活所必需的生活资料的价值。这一见解,后来就成为古典经济学派关于一般薪酬理论的基础。18 世纪初的法国经济学家魁奈和杜尔哥及后来的英国经济学家亚当·斯密和李嘉图、马尔萨斯在此基础上均有所发展。

亚当·斯密发现,随着经济的波动,工人的工资大多在维系生计的水平上。如果将薪酬降低到维持生存水平以下,它不会持续多久,因为劳动力供应将会因疾病、营养不良、出生率下降而减少,薪酬最终会提高到维持生存的水平。亚当·斯密还认为,薪酬决定于经济活动中劳动力的供求关系。在他看来,劳动力供应是有限的,最低人数取决于生活必需品的价格或食物的一般价格。他还认为，劳动力需求决定于一国的剩余资产或国民财富，国民财富增加是决定薪酬水平的最重要的因素。

李嘉图提出，劳动同时具有自然价格和市场价格。自然价格是指在其他条件相同的情况下，可使劳动者大体活下去并不增不减地延续其后代所必需的价格。他认为劳动的自然价格随着生活必需品价格的涨落而升降。市场价格是指根据劳动力供求比例实际付给劳动者的价格。劳动的市场价格可能会与其自然价格偏离，但是，由于工人阶级人口增长率的变化，二者到头来还是会再次趋于平衡。他认为，如果薪酬超过了维持生存的必要量，人口增长速度就会加快，从而超过食品和其他生活必需品的增长速度，结果劳动力供大于求的压力又会使薪酬重新降到仅能维持生存的水平。因此，他认为薪酬的提高只能是暂时的状况。

马尔萨斯从其人口理论出发，对生存工资的变动规律进行了描述。他认为，如果由于某种原因，工资提升到维系生存的水平之上，亦即劳动工资高于自然价格，工人的生活资料的增加，会刺激工人人口的增长。在下一个发展周期，劳动的供给就会增加，从而使劳动的供给超出劳动的需求，从而导致工资的下降。如果由于某种原因，工资下降到维系生存的水平之下，亦即劳动工资低于自然工资，工人获得的必要生活资料就会减少，其直接后果是工人生存环境的恶化、人口的减少，使劳动供给在新的发展周期中短缺，这又会使劳动工资提高。这一规律性的变化如图2-1所示。

在图2-1中，横轴OR表示的是劳动人口的变动，纵轴OW表示的是实际的工资率，坐标中的实线表示的是不随人口、经济社会发展而变动的生存工资率，虚线表示的是伴随着人口、经济社会发展，在一定范围内波动的实际的工资率。

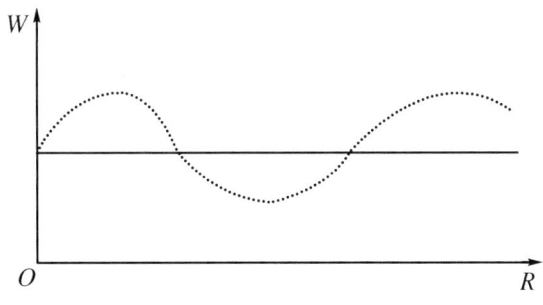

图2-1 生存工资变动规律

现代西方经济学家所持的维持生存的薪酬理论在当时也许可以得到证实，但发展到现在则是过时了。事实上，有些国家的薪酬水平很难说是在生存线上，或者说，生存线也是一个随时代的发展变化而不断变化的量。此外，它也不能解释为什么在同一国家和地区的工人之间的薪酬会有差别。

2. 人力资本理论

人力资本理论不是薪酬决定理论，但是它对薪酬的决定具有相当影响。人力资本理论的渊源可以追溯到古典经济学家亚当·斯密和近代经济学家马歇尔等人，但是他们都未做深入研究。把人力资本理论作为一个完整的理论提出的是美国经济学家西奥多·舒尔茨，后来加以发展的是加里·贝克尔。

西奥多·舒尔茨的人力资本理论的核心观点是：人力、人的知识和技能是资本的一种形态。舒尔茨强调，资本概念既包含物质资本，也包含人力资本，而且人力资本这一资本形态在经济发展中起着决定性的作用。然而，人力、人的技能的取得并不是无代价的，它需要消费资源，需要消耗资本投资。因此，人力，包括人的知识、人的技能的形成乃是投资的结果。并非一切人力资源都是最重要的资源，只有通过一定方式的投资，掌握了一定知识和技能的人力资源，才是一切资源中头等重要的资源。这种资源本质是财富的转化形态，进而在财富的再生产中起着举足轻重的作用。

贝克尔的贡献突出表现在对人力资源的微观分析上，如他对家庭生育行为的经济决策和成本—效用的分析。他提出的孩子的直接成本和间接成本的概念、家庭时间价值和时间配置的概念、家庭中市场活动和非市场活动的概念都令人耳目一新。他在人力资本形成教育、培训和其他人力资本投资过程的研究方面取得的成果也都具有开拓意义。追求效用最大化、市场均衡和稳定偏好是贝克尔理论的主线。

人力资本理论虽然很好地解释了第二次世界大战后一些国家和地区经济飞速发展的原因，但其具有很大的危险性：一旦现代经济学家把人视为通过投资就可以增加的财富，像实物资本一样时，就很容易让人联想到这是把人贬为纯粹的物质财产和要求。这与人们的价值观和信念是相违背的。因此，人力资本理论之于薪酬理论的影响和作用，也就不可避免地存在局限性。

3. 工资基金理论

19世纪上半叶，维持生存的薪酬理论日趋没落，其继承人约翰·斯图亚特·穆勒等人提出了工资基金理论。

这一理论的基本观点是：首先，资本是工资的决定性因素。这是因为，工资也是资本的一个组成部分。工资和补偿机器设备消耗、购买原材料等方面耗费的资本一起组成资本总额。工资作为资本总额的一个部分，一般情况下是相对固定的。这一相对固定的部分即为工资基金或劳动基金。其次，在其他条件一定的情况下，工资的高低首先取决于工资基金总额的大小。在工资基金一定的情况下，工人的工资水平取决于工人人数的多少。工人人数多，工资就低；工人人数少，工资就高。因此，薪酬决定于劳动力人数和用于购买劳动力的资本或其他资金之间的比例，简言之，薪酬决定于资本。

相对于生存工资理论，工资基金理论应该说具有较多的合理成分。它能够解释随着经济社会的发展、资本的增长，薪酬具有的增长趋势，但这一理论也存在很多缺陷，用于支付薪酬的费用在特定的时间内有一个确定的比例，这是不真实的。劳动力数量一成不变也只能是设想。实际上，薪酬基金所占比例和劳动力数量都在发生波动。所以，这一理论遭到其他经济学家的批评，晚年穆勒本人也放弃了这一理论。

4. 边际生产率薪酬理论

这一理论是由美国著名经济学家克拉克提出的。边际生产率是指最后追加的单位劳动所带来的产量的增加。

该理论认为，在充分竞争的静态环境里，生产中的两个决定性因素劳动和资本，将依据自己对生产的实际贡献来公正地获得自己的收入。不过，每一生产要素对生产的实际贡献将按其投入量的多少而不断地变化着。这一变化的基本趋势符合边际收益递减规律。由于存在边际生产率递减的规律，对劳动的雇佣数量并非越多越好，在劳动雇佣量达到某一足够大的量后，劳动的边际生产率为零。根据边际生产率理论，可以逻辑地推演出边际生产率工资理论。边际生产率工资理论的基本观点是，企业将依据劳动的边际生产率，确定工资量的大小。

边际劳动生产率薪酬理论开创了薪酬问题研究的新时代，因为它致力于企业微观层次的分析，建立起薪酬和生产率之间的本质联系。但边际生产率工资理论的不足是，它只是从人力资源的需求方这一角度分析了薪酬量的界定问题。正如我们稍后分析均衡价格工资论时将要指出的，在实际生活中影响薪酬的因素较多，边际生产率工资论的分析较之均衡价格工资论，显然是片面的。

5. 供求均衡薪酬理论

供求均衡薪酬论的创始人是马歇尔，他在其名著《经济学原理》中以均衡价格论为基础，从生产要素的需求与供给两方面来说明薪酬水平的决定。

该理论的基本观点是各种生产要素（劳动、土地、资本等）都可视为商品，而要素收入（薪酬、地租和利息等）都表现为这些商品的价格。作为价格，生产要素取决于市场供求这两方面的均衡力量，如图 2-2 所示。

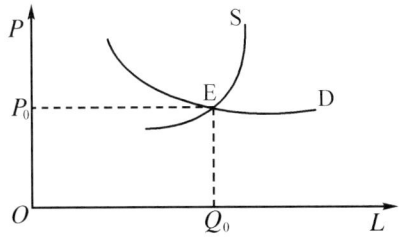

图 2-2 劳动的均衡价格

在图中，横轴 OL 表示劳动的数量，纵轴 OP 表示工资水平，劳动的供给曲线 S 和需求曲线 D 相交，形成了劳动的均衡价格工资。从对劳动的需求方面来看，需求者是从事商品或劳务生产活动的企业。由于与其他生产要素类似的边际生产力递减规律的作用，劳动的需求曲线与劳动的边际生产力曲线一样，都是自左向右逐渐下降的。这表明，随着企业雇佣员工的增加，劳动的边际生产力不断下降，由此决定了企业愿意付出的报酬水平也逐渐下降。

供求均衡薪酬论对薪酬的分析不仅从需求和供给的角度进行分析，而且把这两方面结合了起来，较边际生产率薪酬论大大前进了一步，奠定了现代薪酬理论的基础。

（二）从生产关系出发进行研究的理论

1. 集体谈判的薪酬理论

边际生产率薪酬理论、供求均衡薪酬理论均以劳动力市场买卖双方的完全竞争为假设前提，这个前提很难成立，市场通常都是不完全竞争的市场，并且随着劳动力市场双方组织力量的成长而变化，薪酬分配越来越不取决于市场不同主体力量的对比，而取决于市场均衡之外的交涉和权利斗争。因而，以集体谈判为背景的薪酬理论逐渐发展起来了。这一理论斯密和马克思都曾注意到，但最具代表性的人物应该算是希克斯和庇古。

希克斯为此建立一个模型，如图 2-3 所示，横轴表示的是预期的停产时间，纵轴表示的是工资水平。他认为，谈判开始时，工会提出的新的工资要求为 OH，而雇主方面只同意支付 OZ。虽然双方都希望在不停产的条件下达到自己的初始要求，但双方都把停产作为自己的基本武器。随着预期停产时间的延长，双方对此可能产生损失的感受越来越强烈。雇主方面要考虑到产值和利润的损失，工会方面则要考虑工人失业和工资中断的承受能力。雇主的让步曲线是逐步平稳地向上倾斜的，表明了他们将接受一个高于 OZ 的工资率，而不愿忍受长期停工所付出的损失。预期停工的时间越长，雇主方面为此需要付出的工资代价就越高。同样，工会方面的抵制曲线是向下倾斜的，表明工会方面也愿意接受一个低于 OH 的工资率，而不愿意承担长期停工所必须承担的损失。不过，工会的抵制曲线在谈判初始阶段变化缓慢，差不多坚持其初始要求。经过一段时间以后，为了达成协议，又迅速地降低自己的要求。

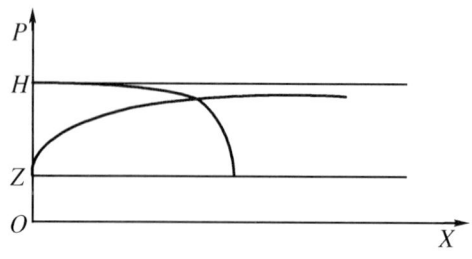

图 2-3　集体谈判的希克斯模式

英国经济学家庇古在《福利经济学》一书中建立了一种短期薪酬决定模型，它讨论了劳资双方可能达成的协议的薪酬上下限。他认为，当薪酬通过集体交涉决定时，薪酬率不再是由劳动供求决定的单一点，而存在一个不确定性范围。劳方最初的薪酬要求是上限（通常高于竞争性薪酬率），雇主最初愿意提供的薪酬是下限（通常低于竞争性薪酬率）。不确定性范围的大小与雇主对劳动者的需求弹性及劳动者对工作的需求弹性有关。在谈判过程中，经过提议、让步和讨价还价一系列过程，劳方逐渐降低其薪酬期望值，雇主也不得不做出让步。但是，双方的退让是有限度的，他们心目中都有一个退让的最大限度，称为最终抵制点。如果双方的抵制点之间有一个重叠区，它便成为可能达成协议的实际交涉区，而最终确定的薪酬率则取决于双方的谈判技巧和谈判实力。

2. 分享经济理论

分享经济理论又称为"利润分享理论"，是由美国麻省理工学院的经济学教授魏茨曼在1984年提出的。

魏茨曼把雇员的报酬制度分为工资制度和分享制度两大类，并认为工资制度和分享制度是造成滞胀等宏观经济问题的根本原因之一。按照传统的微观经济学理论，企业作为利润最大化的追求者根据边际收益等于边际成本的原则确定劳动人数。在工资制度下，由于工资相对固定，一旦总需求萎缩，企业对成本上升的反应必然是降低产量、提高价格，从而导致滞胀的发生；相反，如果实现分享制度，让雇员分享到一定比例的利润，就能够克服这一问题。这是因为，分享制度使得工资水平随利润状况而波动，从而自动地提供一种稳定的机制：在总需求不足的情况下，由于劳动边际成本下降，企业就会雇佣在工资制度下更多的工人并提供更多的就业和产量，以及更低的产品价格。

这种薪酬理论除了具有保持分散化政策的灵活性优点外，还能解决滞胀等宏观经济问题，同时也有助于改善劳资关系、激发工人的积极性，在改善微观人际关系上也有着积极效应。分享制度对如何运用薪酬制度来建立和谐的劳资关系、调动员工的积极性，应该说是提供了一种思路，但它的某些设想无疑带有极强的浪漫色彩。

二、西方薪酬理论的管理学研究

管理学上对薪酬的研究主要是从激励的角度出发展开的一些理论探讨。管理学上将激励理论分为两大类，一类注重研究激励过程，另一类着重从激励的内容上展开研究。本节将就这两大类别的相关理论予以介绍。

（一）过程激励理论

1. 公平理论

公平理论是美国行为学家亚当斯提出的，以一个简单明了的公式，相当圆满地解决了这个问题。亚当斯提出了如下这样一个简易的方程，来表达其公平理论的核心思想：

$$\frac{O_P}{I_P}=\frac{O_R}{I_R}$$

上式中 O 和 I 分别表示有关人物所获"结果"（即收益）和他们所付出的工作"投入"（即贡献）这两种变量，字母 P 和 R 分别代表"当事者"与"参照者"。

公平理论的基本观点是：员工劳动积极性不仅受绝对报酬的影响，更重要的是受相对报酬的影响。当一个人做出了成绩并取得了报酬以后，他不仅关心自己所得报酬的绝对量，而且关心自己所得报酬的相对量。因此，他要进行种种比较来确定自己所获报酬是否合理，比较的结果将直接影响今后工作的积极性。一种比较称为横向比较，即他要将自己获得的"报酬"与自己的"投入"的比值与组织内其他人进行比较，只有相等时，他才认为公平。这里的投入包括所受的教育和训练、经验和技能、资历、工作的努力程度等；报酬包括工资水平、提升机会、奖励、表扬、地位等。除了横向比较之外，人们也经常做纵向比较，即把自己目前投入的努力与目前所获得报酬的比值，同自己过去投入的努力与过去所获报酬的比值进行比较，只有相等时他才认为公平。

公平理论适用于劳动者之间工资、奖金的分配，反映了职工对工资、奖金是否满意的一种心理活动规律，有其客观性和科学性的一面，但其却片面强调个人的利害得失。这种斤斤计较个人得失的观点，与社会主义制度格格不入。在社会主义社会，一方面，在分配问题上强调按劳分配；另一方面，强调正确处理国家、集体、个人三者的关系，以国家、集体利益为重。

2. 期望理论

维克多·弗洛姆在 1964 年出版的《工作与激励》一书中阐述了他的工作激励的期望理论。弗洛姆提出了期望理论的公式：

$$M = f (E \cdot V)$$

公式中的 M 表示激励水平，E 表示期望概率，V 表示效价。所谓激励水平（M）指个体受激励的程度，表明受激励者行为动机的强度和实现目标的努力程度，在实际中反映为受激励者是否选择某种行为，以及行为的积极程度。期望概率（E）指受激励者对自己实现目标的可能性和实现程度的估计，这是一种主观的概率，受个人的个性、经验和动机等因素的影响。效价（V）则指受激励者对目标价值的评价，它包含目标满足受激励者需要的程度、目标对受激励者的吸引力等内容。受激励者对目标价值的评价，受自身价值观、认知水平和兴趣等因素的影响。

这一理论认为，预期的报偿或结果能够刺激行为，但并不需要对特定行为反复给予直接补偿来诱导条件反射式的反应，间接经验和推断、联想同样可以在刺激与行为之间和期望与结果之间建立联系。期望的力量可能以过去的经历（巩固）为基础，但是个人经常会面临新的情形——工作的变换、薪水制度的改变或者是资方施加的工作条件的改变——这样，过去的经历足以使个人判断发生变化。在这样的情况下，动机可能会减退。只有在业绩和结果之间的关系得到清楚的认识而且适用，并且这一结果被看作一种满足需求的手段时，动机才有可能产生。

许多评论家认为期望理论只是一种理想的模式，这种理论只有在个体清楚地意识到个人努力—个人成绩—组织激励—个人需要这一系列的前提下，才能激发一个人内部的潜力，预测一个人可能发生的行为。但在实际工作中，人们做每件事之前往往无法清楚地意识到个人努力—个人成绩—组织激励—个人需要之间的一系列关系。因此，尽管期望理论在理论研究中很有价值，但实际应用确实很有限。

3. 波特—劳勒综合激励模式

波特与劳勒在期望理论的基础上，探讨了努力、绩效和满足感三者之间的关系，在《管理态度和成绩》一书中提出了"波特—劳勒综合激励模式理论"，如图2-4所示。

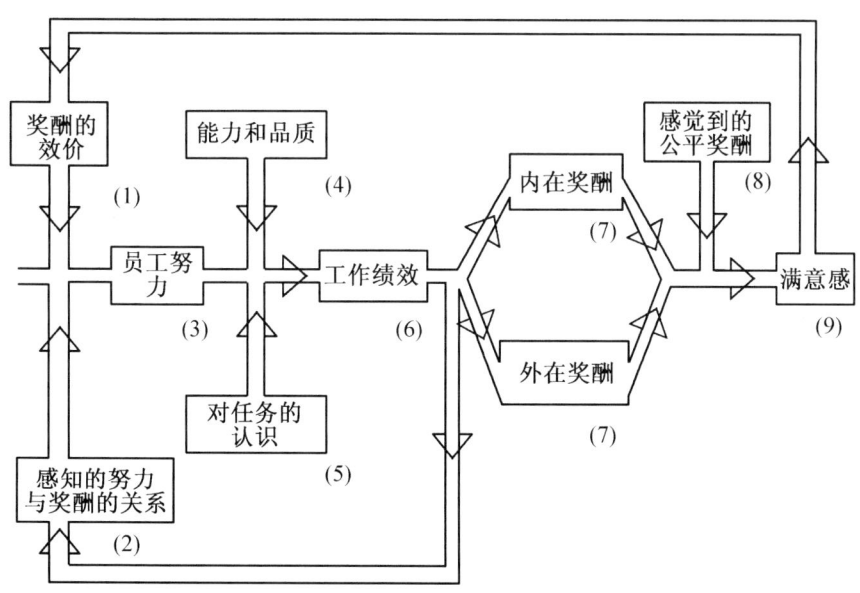

图2-4 劳勒综合激励模式理论

资料来源：甘华鸣：《人力资源：组织和人事》，中国国际广播出版社，2002年版。

波特和劳勒的综合激励理论认为，激励并不是一个简单的因果关系。在整个激励过程中，经历了奖酬目标、努力、绩效、奖酬、满意感及从满意感反馈回努力等多个阶段，整个过程的良性循环受奖酬制度、组织分工、目标设置、管理水平、公平的考核和领导作风等多种因素的综合影响。

对员工的满足与其工作绩效间关联的传统看法是，员工满意后才会有良好的绩效。波特与劳勒认为这一看法是倒因为果，他们主张良好的工作绩效才是员工满足的成因。这也为研究者提供了一个新的思维角度。

4. 目标设置理论

20 世纪 60 年代末，爱德温·洛克就提出，指向一个目标的工作意向是工作激励的主要源泉。

该理论目标是人们行为的最终目的，是人们预先规定的、合乎自己需要的"诱因"，是激励人们的有形的、可以测量的成功标准。达到目标是一种强有力的激励，是完成工作的最直接的动机，也是提高激励水平的重要过程。成长、成就和责任感的需要都要通过目标的达成来满足。从激励的效果看，有目标比没有目标好，有具体的目标比空泛的、号召性的目标好，有能被执行者接受而又有较高难度的目标比随手获得的目标好。重视目标和争取达到目标是激发动机的重要过程。目标设置理论一个基本的主张是：对于一个人的行动而言，具有一个明确而具体的目标比没有目标更能激发人的积极性，从而取得更好的业绩。他探讨了目标的具体性、挑战性和绩效反馈的作用。也就是说，目标设置的具体性、挑战性能影响一个人的行为和业绩，如图 2-5 所示。

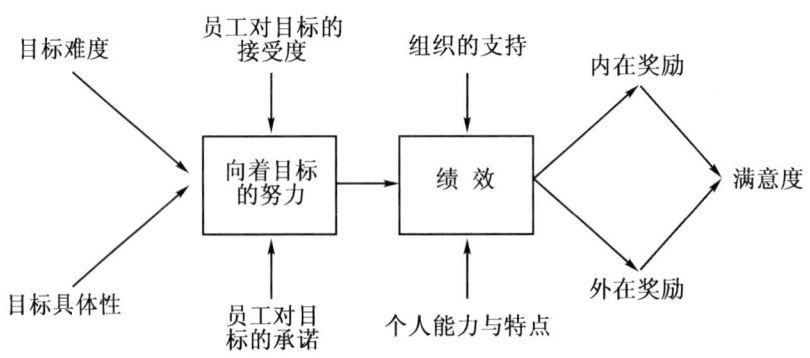

图 2-5　目标设置理论

资料来源：李柏洲：《管理学概论》，哈尔滨工程大学出版社，2002 年版。

此外，目标设置的标准是目标设置理论当中的一个重要内容，要使目标能够影响员工的行为，目标就必须有三个重要的标准，见表 2-1。

表 2－1　目标设置的标准

	具体性	难度	认同
有效的例子	以后的 6 个月中，销售额增长 20%	明年实现市场份额增长 10%	这是我的目标，我个人关心目标的实现。
无效的例子	在以后的一个短期内尽你最大努力增加销售额	明年完成市场份额增长 1%的计划	这个目标不可能达到和超过，看谁去实现目标？反正不是我。

资料来源：休·J·阿诺德等著：《组织行为学》，中国人民大学出版社，1990 年版，第 59 页。

目标设置理论是一种外在的可以得到精确观察和测量的标准，管理者可以直接调整和控制，具有很强的应用性。但是，目标设置的过程和标准均有较大的复杂性，难度较高，因而这种理论具有一定的操作难度。

（二）内容激励理论

1. 需要层次理论

这一理论是由美国社会心理学家、人格理论和比较心理学家马斯洛提出的。图 2－6 能够很好地说明马斯洛的需要层次理论。

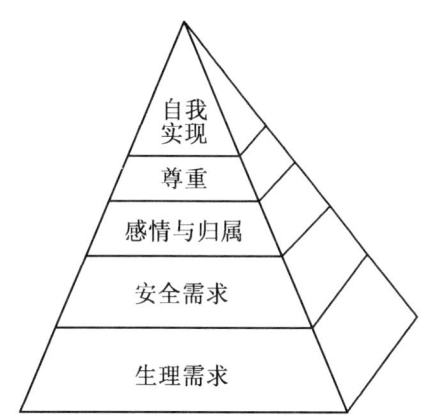

图 2－6　马斯洛需要层次理论

马斯洛认为，人类的需要可以分为以下五个层次。

（1）生理的需要。这是人类最原始的基本需要，人类必须要满足这些需要以维持生命，如饥饿、口渴、睡眠和其他生理机能的需要。在工作环境中，工资的基本目的，就是满足人类的基本需要。

（2）安全需要。这是人类生存的需要，包括健康、人身安全、职业稳定、收入有保障、财产保险、医疗保险、老年的生活保证等。

（3）感情与归属的需要。它包括情感、归属、被接纳和友谊等需要。一方面，要有爱的需要，即人都希望伙伴之间、同事之间的关系融洽或保持友谊和忠诚，希望得到友爱；另一方面，为归属的需要，即人有一种归属感，都有一种需要归属于一个集团或群体的情感，希望成为其中的一员并能相互关心和照顾。

（4）尊重的需要。人们希望自己有稳定的地位，有对名利的欲望，要求个人的能力和成就得到社会的承认、尊重。

（5）自我实现的需要。它包括个人成长、发挥个人潜能、实现个人理想的需要。这是最高一级的需要，是指一个人的技能、能力及潜力得到充分发挥，实现个人的理想和抱负。

概括马斯洛关于人的需要的行为理论，可以把它归结为以下四点。

（1）只有尚未满足的需要才具有激励性。

（2）人的需要具有层次性。

（3）人在每个时期都可能存在多种需要，但其中必有一种需要占支配地位。

（4）各种需要的满足方法可分为直接的和间接的两类。

马斯洛的需要层次理论揭示了人类行为的动力结构，为我们预测和控制人的行为规律提供了科学的根据。因此，它为管理工作，尤其是人力资源的管理工作提供了很好的借鉴，对薪酬管理理论的发展起到积极作用。但是，马斯洛强调人的需要是一个从低级向高级演进的过程，把基本的生存需要置于需要层次结构，以人本主义的哲学立场去看待人的需要，过分强调人的内在价值，夸大了人们对其价值的自我实现，忽略了社会历史条件；而且马斯洛认为，只有满足低一层次的需要之后，才能进入下一个较高层次，如此由低到高，逐级上升，这反映了一种形而上学的机械论的观点。

2. 双因素理论

赫兹伯格及其伙伴于1966年在对203位会计师与工程师的研究中发现，员工在他们对工作的满意与不满意之间，并非呈现"满意多则不满意少、不满意少则满意多"的线性关系，从而提出了著名的双因素理论。

"满意因素"和"不满意因素"都反映了人们在工作中的需求，都是质量愈高愈好。但"不满意因素"与环境条件相关，作用是预防出现不满，所以又称"保健因素"。而"满意因素"可以激发起人们在工作中努力进取、做出成绩的干劲，所以称之为"激励因素"，如图2-7所示。

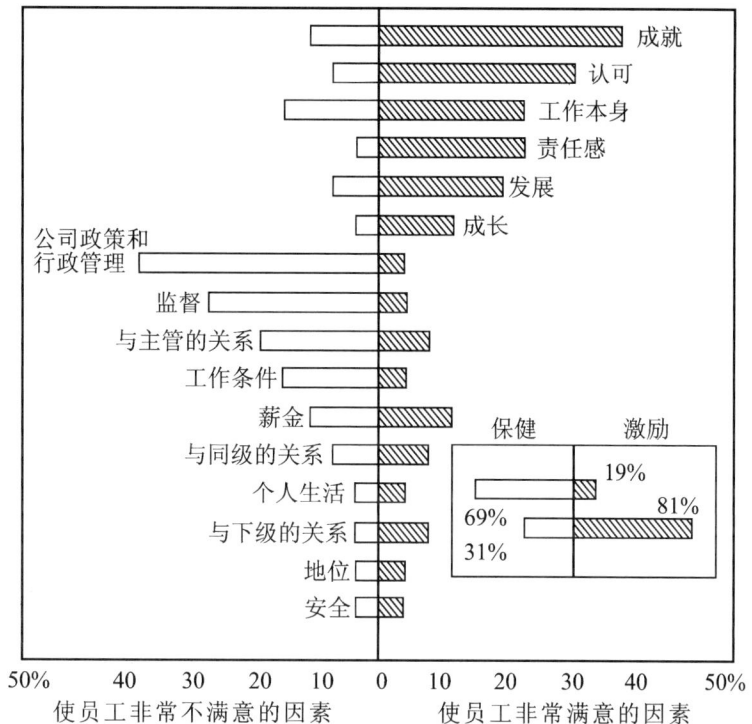

图 2-7 双因素理论

资料来源：周三多：《管理学》，复旦大学出版社，2000 年版。

双因素理论也是一种在管理学界很有影响的激励理论。首先，这一理论之所以能为许多管理者所接受，主要原因就在于他把马斯洛的需要概念应用于实际工作中，但也有很多对这一理论的批评意见，集中表现在保健因素和激励因素分不清楚，有些因素可能既是保健因素又是激励因素；其次，这一理论的建立，在实际调查中受被调查者个人心理影响太多，人们倾向于把工作中的好成果归功于个人，把成绩不佳的原因归罪于环境；最后，双因素理论是一种简化的模型，它的普遍适用性是值得怀疑的。

3. 强化理论

强化理论最早是由著名心理学家斯金纳提出的。这一理论认为，人类的行为可以用过去的经验来解释，人们过去的行为结果对其行为有反作用。当行为的结果有利于个体时，行为就可能重复出现，反之则会消退并终止。这种情形在心理学中被称作"强化"，该理论也因此被称作强化理论。

强化理论基本观点概括起来有以下四点。

（1）人的行为受到正强化会趋向于重复发生，受到负强化则会趋向于减少发生。

（2）激励人们按一定要求和方式去工作，以达到预定的目的，奖励往往比惩罚有效。

（3）反馈是强化的一种重要方式，应该让人们通过某种形式或途径及时了解行为的结果。

（4）为了使某种行为得到加强，奖赏应在行为发生以后尽快提供，延缓奖赏会降低强化作用。

显然，管理者应该基于这样一种理念来设计奖励和惩罚，即有效的工作行为所产生的结果是积极的，而无效的工作行为的结果是消极的或令人不满意的。强化理论并不考虑人的内在心态，而是注重行为及其结果，它仅仅关注一个人采取一定行为时会出现什么结果。由于它没有考虑引发行为的因素，严格来讲并不是一种激励理论，但它确实对控制行为的因素提供了一种分析工具。人们也一般把它当作一种激励理论来讨论。

4. 成就需要理论

成就需要理论是美国哈佛大学麦克利兰教授于20世纪60年代提出来的。一般来讲，行为科学对人们态度转变的心理过程探索比较多，而对态度转变的教育培训研究比较少。麦克利兰及其同事在进行了二三十年深入的观察研究后，将人的需要分成三种，即成就需要、情谊需要和权力需要，并就成就需要理论做了大量的研究，还提出了一套试验、训练方法，为行为科学的研究开拓了新的领域。

成就需要理论的基本要点有以下几点。

（1）具有强烈成就需要的人，把个人的成就看得比金钱更重要。一个人在工作上取得了成功或者攻克了难关，解决了难题，从中得到的乐趣和激奋，会大大超过物质的激励。肯定、承认他的进步和成就，是对他最好的奖酬。

（2）具有高度成就需要的人对企业和国家都有重要的作用。一个公司拥有这类人越多，它的发展越快，获利越多；一个国家拥有这种人越多，越兴旺发达。

（3）高成就需要的人是可以通过教育培养的。

成就需要理论对于企业家队伍建设、人力资源开发、促使员工做出更大的成绩、提高组织成员的整体绩效，具有重要意义。

三、西方薪酬理论存在的问题

第一，纵观西方的薪酬理论，我们不难发现，它们都是从某一角度出发展开研究，要么从生产力的角度，要么是生产关系的角度。这种研究虽然很深刻，但是却具有很大的片面性，几乎都是一经提出就招致来自各方的批评与攻击，并随着时间的发展，理论的弊端也日益增多。

第二，西方的薪酬理论虽然一定程度上促进了劳动效率的提高，增加了企业收益，但是究其本质，它始终都是为资本家服务，始终都没有摆脱对劳动者的剥削，劳资双方的关系永远是剥削与被剥削的关系。这也是西方薪酬理论最根本的问题所在。

第三，不管是从经济学还是管理学角度进行的薪酬理论的研究，西方薪酬理论的出发点都有很大的局限性。西方经济学家研究薪酬管理的基本目标或基本出发点，是为了解决一些"较高层次"的薪酬管理与开发问题，而忽视了微观层面的研究；而管理学家研究人力资源的基本目标都是为了解决组织（主要是微观组织）具体的、日常的人力资源管理问题，又缺乏了宏观的概念。

第四，在理论研究的前提上都因固定的假设而形成了思维的桎梏。管理学家研究薪酬问题时更倾向于把"人"看作是"社会人"；而长期以来，经济学家在研究这个问题，乃至于在研究经济生活中的其他问题时，一般均是将"经济人"作为基本假定。尽管现在有越来越多的经济学家认识到这一假定与经济生活的实际相去甚远，但迄今为止，这一认识并没有在经济学的基本分析框架中得到恰当的体现。到目前，经济学要维系其现在所具有的精确知识形式，它还不能放弃"经济人"这一基本假定。

第五，在研究方法上，无论是经济学还是管理学的研究方法都受实证主义的严重影响，过于强调实证和科学从而忽视了人的主观因素，缺乏人文关怀，导致不能全面系统的分析问题。

第二节 马克思主义薪酬理论

一、传统的马克思主义工资理论

工资理论是马克思政治经济学的重要组成部分，是在批判地继承前人诸家工资学说的基础上形成的。其早期的工资思想主要集中反映在他所撰写的《哲学的贫困》《雇佣劳动与资本》等著作中，这些著作基本上奠定了马克思工资理论的框架和内容。马克思《资本论》的发表意味着马克思工资理论的最终完成。

（一）工资的实质

工资是一个历史的范畴，是资本主义雇佣劳动的产物。马克思认为，科学地区分劳动和劳动力是建立科学工资理论的基本前提。马克思在《工资、价格和利润》

及《资本论》等著作中对劳动和劳动力概念进行了科学的划分,并以"劳动力价值"或"劳动力价格"的概念替代原有的"劳动价值"或"劳动价格"的概念。马克思指出,只有劳动力才能作为商品。正是在这种基础上,马克思证明了工资是劳动力价值的转化形式并进而建立起他的完整的工资理论。

马克思认为,人们之所以错用"劳动价值"和"劳动价格"的概念,其原因在于以下三点:一是客观存在的劳动者之间工资水平的差异;二是工资支付在时间上的滞后;三是由于工资量是劳动量函数这一虚假外观的存在。除此之外,他还指出,雇佣劳动制度与徭役劳动、奴隶劳动相比,具有更大的欺骗性。因为,劳动力价值一旦采取了工资的形式,就掩盖了有酬劳动和无酬劳动的区别,使"无酬劳动"也表现为"有酬劳动"。马克思关于工资实质的分析,在工资理论的发展史上第一次科学地阐明了工资这一经济范畴的性质。

(二) 工资形式

在工资理论中,马克思分析了计时和计件两种工资形式。他认为,计时工资是劳动力日价值、周价值和月价值的货币表现,研究计时工资有必要把工资总额与劳动价格进行区别。所谓"劳动价格",是用来表示工人每小时劳动的价格,它是劳动力日价值的增函数,又是工作日长度的减函数。马克思认为,在劳动力价值、工作日长度和劳动价格三者之间存在着下列关系:"如果日劳动、周劳动等等的量已定,那么日工资或周工资就决定于劳动价格,而劳动价格本身要么是随着劳动力的价值而变化,要么是随着劳动力的价格与其价值的偏离而变化。反之,如果劳动价格已定,那么日工资或周工资就决定于日劳动或周劳动的量。"由此不难推断:当劳动力价值已定时,劳动价格越低,工作日就越长,较低的劳动价格成了资本家延长工时的手段;劳动时间的延长又会导致劳动价格的降低。此外,马克思还认为,计时工资形式更适宜于资本家任意调整工人的劳动时间,从而使工人不是就业不足就是劳动过度。

总之,马克思认为,在资本主义条件下,计时工资不只是劳动报酬的支付形式,它还是资本家用以剥削工人剩余劳动的一种手段。单纯的工资数量的变化并不能完全说明资本对劳动的剥削强度,只有结合劳动价格的变动,才能揭示问题的实质。

马克思在分析计件工资的时候提出,计件工资是计时工资的转化形式,是最适合资本主义生产方式的工资形式。其原因是:

(1) 计件工资具有更大的欺骗性。在计件工资条件下,工资直接成了产量的函数,从而强化了工资是劳动的价格这一虚幻的观念。

(2) 计件工资有利于降低资本的管理费用并使以层层剥削和压迫为特征的家庭

劳动获得了广泛的发展。

（3）计件工资更易于克扣工人的工资。

（4）计件工资是资本家延长劳动时间和提高劳动强度的重要手段；反之，工时和劳动强度的提高又为资本家进一步提高劳动定额和压低计件单价提供了现实基础。

马克思关于工资形式的分析，进一步阐明了资本主义工资的实质。

（三）工资水平

马克思指出，工资水平的决定受多种社会因素和多重经济规律的制约。

首先，工资水平决定于劳动力的价值。马克思的短期工资水平理论是在批判前人的"维持生存工资说""集体交涉工资说"的基础上形成的。其下限在于维持劳动者及其家庭基本生存所需资料的价值，其上限则被限制在"使资本主义制度的基础不被侵犯，而且还保证资本主义制度的规模扩大的再生产"。在这个区间内，工资的实际水平"只是通过资本与劳动之间的不断斗争来确定"。与此同时，从较长时期看，工资是与劳动力的价值相适应的。不论劳动力市场价格如何涨跌，也不论工人如何行动，斗争进行得多么有成效，他们所得的工资，平均起来只能是劳动力的价值。在这个基础上，受价值规律内在的量的规定性的制约，作为商品的劳动力，其价值同生产该商品的社会必要劳动时间成正比，同社会劳动生产率的变动成反比。因此，随着劳动生产率的提高，工资会相应的下降，而剩余价值则相应的上升。

其次，工资水平同资本的积累进程有着密切的联系。在资本主义发展的初期，受社会生产力条件的制约，资本积累一般表现为 C/V 不变条件下的扩大再生产。这样，随着资本积累的扩大，其进程的短期加速往往造成劳动力供给的相对不足，促使工资水平上升。但是，这种表面上工人工资的增加和生活的改善，丝毫不会改变雇佣劳动的性质，当然也不会威胁到资本主义制度本身。这是因为：

（1）工资水平的提高不会改变劳动对资本的从属关系。

（2）如果工资继续提高，利润就会下降，这样就会造成资本积累规模的调整，从而使劳动力市场的非均衡状态趋于缓和，使工资重新回归到适合资本增值需要的水平。

随着资本主义的发展，提高资本有机构成便成为资本积累最强有力的杠杆。资本积累进程的这种变化必然会影响工资水平的发展趋向。马克思认为，对劳动的需求与其说是总资本的函数，倒不如说是可变资本的函数。资本有机构成的提高不仅意味着新增资本对劳动力需求量的相对减少，在人口增长速度不变时，无法满足新增劳动力充分就业的需要，而且伴随 C/V 提高而带来的固定资本的重置更新，会产生巨大的离心力把更多的现役雇佣工人抛向街头。除此之外，资本有机构成提高使生产操作过程日益简化，从而使大量的妇女、儿童和成年男工一样成为廉价的劳动力。所有这些都会造成资本主义社会所特有的人口相对过剩，为资本家压低工资创造了条件。因此，工资的一般变动不是由工人人口绝对数的变动决定的，而是"仅仅由同工业周期各个时期的更替相适应的产业后备军的膨胀和收缩来调节"。

随着资本积累的增加，产业后备军的存在及劳动生产率的提高，资本主义生产的总趋势必将使平均工资水平降低。因此，工人阶级不能仅以经济斗争为己任，只有消灭雇佣劳动制度，工人才能从根本上改变受奴役、受剥削的地位。显然，马克思的工资理论具有十分重要的革命意义。

二、社会主义按劳分配理论

对于"按劳分配"这一专门用语，马克思并没有使用过。这里所说的马克思关于社会主义按劳分配理论，是指马克思对共产主义社会第一阶段（即列宁后来所称的"社会主义社会"）个人消费品的分配原则的一系列论述的总称。

19世纪40年代初，马克思就已涉及未来社会分配原则的问题。当时，马克思对空想社会主义者提出的按能力分配收入的观点持否定态度。马克思认为，对于共产主义而言，按能力计报酬这一原理应当变为按需分配这样一个原理。他已经意识到共产主义社会存在着与资本主义社会完全对立的分配制度，但当时他只是从一般意义上提及共产主义将实行"各取所需"的分配方式。

19世纪50年代后半期，随着唯物史观的创立，马克思对社会经济制度中分配的性质及其基本内容有了较为深刻的理解，为后来建立按劳分配理论奠定了基础。此后，马克思从社会经济运行总体上，分析了生产和分配、交换、消费之间的一般关系。在论及分配的结构及其性质时，他指出，"分配的结构完全决定于生产的结构，分配本身是生产的产物，不仅就对象说是如此，而且就形式说也是如此"。马克思的这一论述指明，分配结构及其性质是社会经济中占主导地位的生产关系发展的结果。因此，不管他所创造的或协助创造的产品的特殊物质形式如何，他用自己的劳动所购买的是共同生产中的一定份额。这时，建立起来的是某种以单个人参与共同消费为结果的劳动组织。这种以生产的社会性为前提的、以社会劳动为直接尺度的分配原则，包含了马克思后来的按劳分配理论的基本思想。

1867年，马克思在《资本论》中对按劳分配理论的这些基本思想作了进一步的发展。马克思设想，在一个与资本主义商品经济制度相对立的"自由人联合体"中，生产者用公共的生产资料进行劳动，并且自觉地把他们许多个人劳动力当作一个社会劳动力使用。这就是说，用于个人分配的只是社会总产品中扣除生产资料之后剩余的部分。马克思认为，这种分配的方式会随着社会生产机体本身的特殊方式和随着生产者的相应的历史发展程度而改变。在这一既定的分配方式中，每个生产者在生活资料中得到的份额是由他的劳动时间决定的。这时，劳动时间起着"双重作用"：劳动时间是社会的有计划的分配，调节着各种劳动职能同各种需要的适当的比例；劳动时间又是计量生产者个人在共同劳动中所占份额的尺度，因而也是计量生产者个人在共同产品的个人消费部分中所占份额的尺度。可见，在《资本论》中，马克思已经提出了社会主义按劳分配理论的基本内容。

马克思在1872年开始校订的《资本论》中，对前面所提出的"自由人联合体"中的分配方式作了补充论述，强调了"自由人联合体"中生产的计划性，认为它是按照预先商定的计划进行生产的，劳动时间精确地调节着各种职能同各种需要的比例；强调了生产者的劳动时间和他取得的生活消费品之间的量的比例关系，提出了"每个劳动者得到的份额同他的劳动时间成正比"的设想；更为简要地表述了分配方式据以产生和发生变化的前提条件，强调分配方式会随着社会机体和劳动者的历史发展过程而改变"。1872年《资本论》的这些重要补充，成了马克思几年后进一步完善按劳分配理论的重要契机。

1875年，马克思在《哥达纲领批判》中，对社会主义按劳分配理论作了最为详尽的论述。其重点有以下几点。

（1）马克思在经过科学论证的共产主义社会发展阶段理论的基础上，明确地把按劳分配看作是共产主义社会第一阶段，即社会主义社会特有的个人消费品分配原则。

（2）马克思认为，旧的社会分工仍然存在，生产者的劳动还仅仅是谋生的手段，还没有成为生活的第一需要，同时生产力也没得到全面的发展，集体财富也没达到极大丰富的程度。这些经济条件决定了社会主义按劳分配原则存在的必然性。

（3）马克思以科学的社会再生产理论为依据，说明用于按劳分配的个人消费品，实质上是作了各项必要的扣除之后剩余的社会总产品部分。

（4）马克思认为，在按劳分配中，个人的劳动不再经过迂回曲折的道路，而是直接作为总劳动的组成部分存在着。劳动时间就是实行按劳分配的直接尺度。

（5）马克思强调，消费资料的任何一种分配，都不过是生产条件本身分配的结果；而生产条件的分配，则表现生产方式本身的性质。

马克思在《哥达纲领批判》中详尽论述的按劳分配理论，是在对共产主义社会第一阶段的生产力发展状况、生产关系性质、生产机能和劳动者发展状况等因素进行科学分析的基础上提出来的。但是，应该指出，马克思在提出按劳分配理论时，世界上还不存在用以检验这一理论的社会主义经济实践。马克思设想的按劳分配的实现过程和实现方式，是以他所理解的共产主义社会第一阶段的一般经济条件为前提的。这些经济条件主要包括：建立了全社会范围内的统一的生产资料公有制；实行了全社会严格的计划经济，商品生产和商品交换已不复存在；个别劳动直接成为社会劳动的组成部分，劳动时间成为社会生产和分配的直接尺度。尽管当代社会主义经济发展的具体情况与马克思所设想的那些经济条件不尽相同，然而，马克思关于按劳分配的基本原理对当代社会主义经济实践仍然具有重要的指导意义，按劳分配是社会主义经济制度的本质特征之一。

三、我国社会主义薪酬理论的新发展

由于社会现实和马克思设想的有了很大差别，按照马克思的生产决定分配的理论，有什么样的生产条件就有什么样的分配结构。因此，新中国第三代中央领导集体把马克思分配理论与现实进行了结合，与时俱进地发展了马克思主义。

（一）突破了以往单一的按劳分配制度的局限，提出了按劳分配与按生产要素分配相结合的分配制度

1. 实行按生产要素分配是社会主义市场经济的必然要求

在社会主义市场经济条件下，国家宏观调控下的市场成为资源配置的基本手段，具有完善的市场体系，生产要素的配置基本通过市场来实现。由于所有权的独占性和生产要素的稀缺性，使得生产要素成为一种特殊的商品。根据商品交换的基本原则，对于这种商品的所有者而言，它们有权要求获得与其提供的生产要素的数量、质量相一致的收入；而对于这种商品的使用者而言，他们必须付出相应的代价。这不仅能激励生产要素的所有者将其生产要素投入生产经营活动，使这些生产要素得到充分利用，从而有利于社会经济的发展；而且能促使生产要素的使用者合理使用生产要素，减少浪费，提高生产要素的使用效率。

在生产要素市场中，正是通过竞争、价格、供求等市场机制，使生产要素得以在生产要素市场通过合理配置实现自己的价格。生产要素市场要素配置的过程和结果即实现了按生产要素分配。因此，按生产要素分配是市场机制在生产要素市场作用下的必然结果，是市场经济的必然要求。这一点，资本主义市场经济如此，社会主义市场经济也是如此。

2. 社会主义市场经济条件下生产资料所有制结构的多元化是实行按生产要素分配的决定因素

生产决定分配是马克思主义政治经济学的基本观点之一。生产资料所有制的性质及其形式如何，构成了一个社会的基本经济制度。这个基本经济制度决定着各个社会成员在生产及收入分配中的关系。因此，有什么样的生产资料所有制性质及其

形式，就要求有什么样的分配制度与之相适应。按生产要素分配的实质是按生产要素的所有权分配，这正是生产决定分配这一客观规律的具体体现。

3. 突破了单一的按劳分配的传统分配理论，创立了按生产要素分配的新理论

马克思设想的按劳分配理论是以任何人除了拥有自身劳动能力外，不占有任何生产资料为前提的，因此，分配方式只能是单一的按劳分配方式。而现实的社会主义初级阶段是以公有制为主体多种所有制经济并存，此时单一的按劳分配方式是行不通的。

按生产要素分配在理论上完全突破了传统的社会主义分配理论，它已超越了按劳分配的范畴，不是对按劳分配本身的完善，是与按劳分配并列的分配观。这一观点在20世纪80年代中期以前随着改革的推进出现了萌芽，但理论界大多数人不予认可。20世纪80年代中期以后，随着理论界的不断探讨，实践中个体经济、私营经济、外资经济等迅速发展，这一观点逐步被接受。把按劳分配和按生产要素分配相结合的分配制度在党的十五大得以正式确立。

（二）利用政府手段调节收入差距，突出了宏观调控的作用，发展了马克思的分配理论

1. 通过宏观调控对不同程度的高收入者实行征收税负的税收制度，其目的是按高收入者的收入程度调节高收入者与低收入者的差距

征税的关键既要能体现公平原则，又不能损伤社会成员的生产经营积极性。一般来说，所有法人和自然人的收入状况都清楚地反映在社会公共簿记及会计的账上，税收征收机构能够及时了解所有法人和自然人的收入状况，而这些又要求按照市场经济运行规则，建立起一整套财政金融制度和会计审计制度。我国由于长期以来实行的是集权式计划经济模式，分配直接由国家掌握，建立了"大锅饭"式的平均主义分配制度，因而没有调节高收入的所得税制度。改革开放以来，打破了平均主义分配制度，促进了生产的发展。但是由于没有及时建立起与新制度相联系的所得税制度，所以出现了收入差距过于悬殊的倾向，严重影响了社会公平。因此，我们必须尽快建立和完善旨在维护社会公平的所得税制度，并相应建立与此相关的其他宏观监督制度。

2. 从体制调节上看，与所得税制度相对应的是收入保障制度

收入保障制度是通过增加低收入者的收入而缩小过于悬殊的收入差距，从而实现社会公平。收入保障制度包括社会保障制度、社会救济制度、社会福利制度、社会保险制度等等，它们对低收入者的收入保障内容是不同的。社会保障是对由通货膨胀等宏观因素及劳动技能减退或丧失劳动能力的因素而引起的收入降低进行保障。社会救济制度主要是对非常规性因素所引起的收入降低进行保障。社会福利是

通过扩大公共消费的形式增加低收入者的实际收入。社会保险是对常规性因素所引起的收入降低进行保障。社会保障制度、社会救济制度、社会福利制度、社会保险制度通过各个方面增加低收入者的收入，缩小收入差距，有利于实现社会公平。随着最低生活保障制度的建立与完善，城乡最低生活保障的范围不断扩大，国家的财政投入不断增加。根据民政部公布的《民政事业发展统计公报》显示，2012年年底，全国共有城市低保对象1114.9万户、2143.5万人，全年各级财政共支出城市低保资金674.3亿元。截至2021年年底，全国共有城市低保对象454.9万户、737.8万人，全年支出农村低保资金1349.0亿元。不可否认，无论是实际情况还是制度设计，我国的收入保障制度仍然存在许多不完善的地方，跟其他领域一样，面临着发展不平衡不充分的问题。党的十九大报告指出，"促进收入分配更合理、更有序"，"缩小收入分配差距"。目前，我国关于收入保障制度的改革正在进入"深水区"，如何构建完善科学、合理的收入再分配机制，保障低收入者收入，具有其现实性和紧迫性。因此，我国必须尽快完善收入保障制度。

3. 就宏观调控的健全程度来说，所得税制度和收入保障制度从限制高收入和增加低收入两个方面消除收入差距悬殊的状况

贯彻公平原则作用的发挥，利益关系已基本理顺和整个经济体制已基本完善这两个基本条件。中国特色社会主义进入新时代，我国社会主要矛盾已经转化为人民日益增长的美好生活需要和不平衡不充分的发展之间的矛盾。我国目前存在的不同经济成分之间、产业之间、企业之间、地区之间、脑力体力劳动之间的收入分配不公平，属于体制性收入分配不公平，是我国社会主义初级阶段的主要矛盾决定的，是所得税制度和收入保障制度无法解决的，应该通过进一步深化体制改革来消除。收入分配不公分为常规性和体制性两种，前者可以通过正常的收入调节机制来解决，而后者则只有通过体制改革来消除。

第三节　薪酬管理的发展趋势

一、当代薪酬管理的研究主题

随着社会政治、经济的发展，薪酬管理的研究主题已发生了重大的转变，以往薪酬管理的主题特别是西方社会对此的研究主要是围绕如何提高劳动生产率、增加企业效益和雇主收入而展开的，而当代的薪酬管理主要是研究如何更好地满足员工的需求并促进员工的发展，说明了当代薪酬管理的研究主题已转为人本与能本

研究。

随着"人本管理"及第三代管理理论"能力人"与"能本管理"的兴起,包括价值观、创造性、个性、才能、潜能在内的人的因素在生产经营活动中越来越显现出重要的作用和影响,从而使学界对人的因素的重视与研究达到前所未有的程度。正是在这个背景下,人本管理及能本管理成为当代薪酬管理的研究主题。

人本管理的西方管理理论,源于日本企业的实践。第二次世界大战后,日本经济迅速崛起,增长率为美国的400%,引起国际社会的广泛关注。通过对美、日经济管理的对比研究,人们认识到,不同管理模式的背后是文化的差异,文化对管理具有重要的促进作用。人们通过对日本管理思想独特性的研究发现:日本管理的理论基点是以人为本,重视人性;以"和"为基础,以忠诚为先;奉行集体主义,重视培育团队精神;汲取中庸之道的积极方面,善于学习各家之长等。这是日本管理者对人性的深刻理解与再认识。他们认为:人类是"伟大的王者",要承认并尊重人类的个性,要以礼的精神对待员工,并要善用众人的智慧;员工的忠诚和信任感是公司的巨大财富,强调自下而上地参与管理;集体决策和工人在自己的工作中对全部负总责;极力推崇团队精神;不鼓励个人唱独角戏;博采各国管理精华,等等。从日本管理经验不难看出:企业不再单纯是一种经济组织,人不单纯是创造财富的工具,人是企业最大的财富、资本和资源,是企业的主体。人的积极性和创造性的充分发挥,是现代管理活动成功的保证。因此,一切管理工作均应以调动人的积极性、做好人的工作为根本。因此,人本管理不仅成为当代薪酬管理的一个主要的研究主题,也是管理上一个研究的核心主题。

随着人才的紧缺,以及个人能力要求的不断上升,对人的能本管理也日益成为当代企业薪酬管理中一个重要的主题。"能力人"假设的主要观点是:随着信息经济和知识经济的发展,人们对物质方面的兴趣开始逐渐淡薄,而对自身创造能力的开发与挖掘日益关注;人的最高需要是自我实现;人群中广泛存在着高度的凝聚力、智谋和创造力,而一般人的潜力只发挥了一部分,等等。因此,与此观点对应的管理理论便形成了以"不断激发人的能力"为主要内容的"能本管理"。其主要特点是加大人力资本的投入力度,大力开发人力资源;尊重人的价值和能力,管理方式从"刚"到"柔"。以"柔"为核心的现代管理,强调用柔的方法,通过激励人、关心人、尊重人的价值和能力,以感情联络来调动人的积极性、主动性和创造性;构建优秀的企业文化,营造一个能充分调动人的智力潜能的环境和氛围,等等。其实质就是实行以"能力"开发为基础和前提的"能本"管理。现如今,能本管理不仅是企业薪酬管理研究的主题,更是企业人力资源管理的一个核心内容。

二、未来薪酬管理的发展趋势

薪酬制度对于企业来说是一把"双刃剑",使用得当能够吸引、留住和激励人才,而使用不当则可能给企业带来危机。在社会政治、经济各方面发展的同时,薪酬管理也必将随着社会的发展而不断变化,与传统薪酬管理相比较,现代薪酬管理呈现出以下发展趋势。

1. 薪酬信息日益得到重视

当今社会是一个信息的社会,谁掌握了更多更准确的信息,谁就拥有了成功的绝好机会,因此,薪酬管理也必将越来越重视薪酬信息。薪酬信息包括外部信息和内部信息两大类。

外部信息:指相同地区和行业,相似性质、规模的企业的薪酬水平、薪酬结构、薪酬价值取向等。外部信息主要是通过薪酬调查获得,能够使企业在制定和调整薪酬方案时,有可以参考的资料。

内部信息:主要是指员工满意度调查和员工合理化建议。满意度调查的功能并不一定在于了解有多少员工对薪酬是满意的,而是了解员工对薪酬管理的建议及不满到底是在哪些方面,进而为制定新的薪酬制度打下基础。

2. 薪酬与绩效挂钩

单纯的高薪并不能起到激励作用,这是每一本薪酬设计方面的教科书和资料反复强调的观点,只有与绩效紧密结合的薪酬才能够充分调动员工的积极性。而从薪酬结构上看,绩效工资的出现丰富了薪酬的内涵,过去的那种单一的僵硬的薪酬制度已经越来越少,取而代之的是与个人绩效和团队绩效紧密挂钩的灵活的薪酬体系。

3. 全面薪酬制度

如前所述,薪酬既不是单一的工资,也不是纯粹的货币形式的报酬,它还包括精神方面的激励,如优越的工作条件、良好的工作氛围、培训机会、晋升机会等,这些形式正逐渐为人们所认识,逐渐融入到薪酬体系中去。随着社会的发展,人的需求不断发生变化,在物质条件日益得到满足的时候,企业就必须追求对员工其他方面的满足,从而使薪酬的激励作用得以不断的发挥。

4. 重视薪酬与团队的关系

以团队为基础开展项目,强调团队内协作的工作方式正越来越流行,与之相适应,针对团队设计专门的激励方案和薪酬计划,其激励效果比简单的单人激励效果好。团队奖励计划尤其适合人数较少、强调协作的组织。

5. 薪酬制度的透明化

关于薪酬的支付方式到底应该保密还是透明，这个问题一直存在比较大的争议。从最近的资料来看，支持透明化的呼声越来越高，因为保密的薪酬制度使薪酬应有的激励作用大打折扣。而且，实行保密薪酬制的企业经常出现这样的现象：强烈的好奇心理使得员工通过各种渠道打听同事的工资额，使得刚制定的保密薪酬很快就变成透明的了，既使制定严格的保密制度也很难防止这种现象。因此，现代企业管理层越来越倾向于实行透明的薪酬制度。

6. 有弹性、可选择的福利制度

公司在福利方面的投入在总的薪酬成本里所占的比例是比较高的，但这一部分的支出往往被员工忽视，认为不如货币形式的薪酬实在，有一种吃力不讨好的感觉。而且，随着劳动力市场的不断发展变化，员工的个性化差异也越来越明显，员工在福利方面的偏好也是因人而异和个性化的。因此，越来越多的企业将采用选择性福利，即让员工在规定的范围内选择自己喜欢的福利组合。

7. 数字化、信息化管理

数字化时代的到来就是为了提高工作效率、经济效率、决策效率，尤其是对我们这个幅员辽阔、人口众多的发展中国家而言，赶上"数字化"这列发展快车意义更为重大。伴随着数字化管理理念的深入，旧有的薪酬管理模式将被彻底打破，有利于提高薪酬管理的效率，提高决策的透明度、科学性和合理性。促进数字化、信息化的薪酬管理对实现"扁平化管理"改革具有重要意义。

本章小结

本章第一节中对经济学和管理学的薪酬理论作了简要介绍。从经济学角度进行研究，主要的薪酬理论可分为二大类别：一是从生产力角度出发进行研究的维持生存薪酬论、人力资本理论、工资基金理论、边际生产率薪酬理论、供求均衡薪酬理论；二是从生产关系角度出发进行探索的集体谈判薪酬理论、分享经济论。管理学上的关于薪酬管理的理论主要是一些激励理论：一是过程型激励理论，包括公平理论、期望理论、波特—劳勒综合激励模式、目标设置理论；二是内容型激励理论，包括需要理论、双因素理论、成就需要理论、强化理论。第二节对马克思主义传统工资理论的工资的实质、形式和水平作了介绍，并阐述了社会主义的按劳分配工资理论和我国薪酬理论的新发展。第三节介绍当代薪酬管理的人本及能本管理的研究主题及未来薪酬管理的发展趋势。

思考题：

1. 简述西方经济学和管理学主要的薪酬理论及其基本观点。

2. 西方薪酬理论有哪些优缺点？
3. 为什么现阶段我国必须实行按劳分配与按生产要素分配相结合的分配方式？
4. 实践中如何将"以人为本"的理念应用到薪酬管理的具体工作中？
5. 简述未来薪酬管理的发展趋势。

第三章 薪酬管理的基本原则与法律制度

本章着重阐述薪酬管理基本原则和相关的法律制度。其中,第一节对薪酬管理的公平性、竞争性、合法性、激励性、补偿性、透明性、经济性原则进行了简要说明;第二节则系统介绍了与薪酬管理相关的劳动工资立法、劳动合同制度、工资集体协商制度及工资指导线制度等法律法规体系。本章将为薪酬管理的具体实施提供原则性和合法性指导。

第一节 薪酬管理的基本原则

本书第一章中提到,薪酬管理的核心问题是如何科学、合理地根据"劳动"来确定员工的薪酬差别,即制定公平、公正、公开的薪酬制度。因此,在薪酬管理的过程中,需要明确薪酬管理的一些基本原则,在此基础上以薪酬制度为依据,实行有效的薪酬管理,以实现薪酬设计的目的。

1. 公平性原则

薪酬的本质是一种交换关系,这个交换关系中就暗含着公平性的问题。这个问题处理不好,将对薪酬管理产生重大的影响。公平性原则是薪酬管理首先要考虑的最根本的原则,其中又包括机会公平、程序公平及互动公平三个方面。

(1) 机会公平。亚当斯研究的公平强调结果,而机会公平更关注起点。机会公平就像田径赛跑中的起跑线,作为公平实践的起点,是公平中最显著的也是最重要的公平。由于机会公平比结果公平更加难以把握,所以常常被管理者忽略,但机会的不公平一旦出现也特别的显眼。例如,在组织中,成员所得与他(她)的能力、知识、技能和贡献无关,而靠"关系"、靠认识谁来决定,这就是典型的机会不公平。另外,由于各级管理人员拥有对员工的工作安排的权利,对某些员工给予更多的关照,使他们获得更多的机会,能够更好地表现自己,而另外一些人却并不是因为能力等方面的原因而没有获得这些机会,这也是典型的机会不公平。

（2）程序公平。程序公平是由美国学者瑟保特（Thibaut）和沃尔克（Walker）在研究法律诉讼程序时提出的，他们认为，在资源分配过程中所使用的程序及过程也有公平之分。有研究表明，程序公平更容易影响员工的组织承诺、对上司的信任和流动。在组织的薪酬管理中，实现程序公平首先应使成员对现有的薪酬及福利制度有充分的了解，接受他们的监督，并赋予他们对政策和程序发表意见的权利；其次，进一步修改完善有关薪酬的各项规章制度，对还未实行或正在草拟的管理制度，应及时吸纳成员或成员代表参与制定，听取合理化建议，给予他们一定的"发言权"。此外，在薪酬管理中也要注意引入民主机制、沟通机制和有效的监督制度。

（3）互动公平。由毕斯（Bies）和牟格（Moag）提出的互动公平关注的是在制度被执行时人际处理方式对公平感的影响。他们认为，在执行决策或程序的时候，领导对下属是否有礼貌、是否尊重对方及是否耐心讲解、说服都对组织公平感有影响。鉴于此，管理者不能高高在上，而应多走动管理，一方面，将正确的奖酬信息传达给其下属成员，包括为什么要采用某种特定的分配方式，其依据的制度及有哪些具体的程序等；另一方面，倾听下属成员的呼声，让他们有机会发表自己对薪酬的意见和建议，并及时地反馈。反馈是加强组织与成员之间的有效沟通，改善管理者与被管理者之间相互关系的重要机制。有效的反馈机制能减少信息传递过程中的失真现象，避免猜疑与误解，在组织中建立相互信任的关系、营造和谐融洽的氛围。

实际工作中，员工的公平感受来自于以下四个方面：第一，是与外部其他类似企业（或类似工作岗位）相比较而产生的感受；第二，是员工对本企业薪酬系统分配机制和人才价值取向的感受；第三，是将个人薪酬与公司其他类似职位的薪酬相比较所产生的感受；第四，是对企业薪酬制度执行过程的严格性、公正性和公开性所产生的感受。所以，在进行薪酬分配时，一定要全面考虑员工的能力、绩效及劳动强度和责任等因素，考虑到外部竞争性和内部一致性的要求，达到薪酬的外部公平、内部公平和个人公平。

2. 竞争性原则

竞争性原则指的是若一个组织的薪酬水平高，那么它在吸引人才方面将比其他组织更具有竞争性。竞争性原则包含着以下两重意思：第一，工资水平必须高到可以吸引和留住雇员。如果本公司的工资与其他公司中同等情况相比不平等的话，不仅无法雇佣到员工，而且在很大程度上会导致本公司职员离职。第二，如果人工成本在公司的总成本中所占比例较大，它们就会直接影响这个公司的产品价格——公司将会把成本转嫁到商品或服务上去。人工成本必须保持在公司所能允许的提高生产产品和劳务效力的最大限度上。组织的薪酬水平如果缺乏吸引力，就会只留住那些仅仅希望保住自己职位和薪酬的平庸员工,而那些素质较高、能力出众的优秀员工则难以留住。从这种意义上说,实现富有特色、具有吸引力而且成本可控的有效的薪酬管理才是真正把握了竞争性原则。

3. 合法性原则

薪酬管理活动毫无疑问要受到法律法规的约束。组织的薪酬制度与管理方法,必须符合政府的有关法律、法规、政策、制度。这其中包括国家劳动法、地方劳动法规、劳动行政部门颁布的管理规定等,如有关国家的最低工资标准的规定、有关员工加班加点的工资支付的规定等,企业必须优先考虑、遵照执行。也就是说,企业在制定自己的薪酬政策时必须要以不违背国家的法律法规为基本前提,理解并掌握劳动法规。例如,《中华人民共和国宪法》《中华人民共和国工资法》《中华人民共和国劳动法》《中华人民共和国合同法》等和有关最低工资标准、薪酬支付行为规范等方面的规定,是对人力资源管理者特别是薪酬制定者的基本要求。

薪酬管理必须能够承受周围环境中来自社会、竞争及法律法规等各方面的压力,这样才能支持企业的经营战略,使企业赢得并保持竞争优势。

4. 激励性原则

一个科学合理的薪酬系统对员工的激励是最持久也是最根本的。有效的薪酬管理应该能够刺激员工努力工作,多作贡献,从而有助于实现吸引、保持和激励雇员。因为薪酬系统解决了人力资源管理中最核心的问题——分配问题。有效的薪酬系统应该是努力越多,回报也越多的机制。薪酬管理系统的重点就在于创立这样一种系统,即将组织支出的费用变为激励员工取得良好绩效的诱因。有些企业重视绩效,如阿斯特拉默克公司的薪酬目标是"只为绩效庆功"。有些企业重视资历,如日本的大企业长久以来实施的"年功序列制"。这些都直接影响到雇员的工作态度和表现,进而也影响了所有的薪酬目标。什么样的薪酬系统才是最具有吸引力的呢?薪酬制度发展到今天已经表明,单一的工资制度刺激日渐乏力,灵活多元化的薪酬系统则越来越受到人们的青睐。

5. 补偿性原则

补偿人力资源再生产的费用,是薪酬的一大基本原则。薪酬管理必需能够有效地体现薪酬的功能。薪酬应保障员工收入能够补偿劳动力再生产费用,不但包括员工恢复精力所必须的衣食住行的费用,而且还应包括员工为活动工作能力、获取知识及谋求自身发展的费用。

6. 透明性原则

薪酬方案应当公开,而且必须是清晰易用的,它必须能够让员工清楚地了解自己从中得到的全部利益,了解其薪酬收入与其能力、表现、绩效及贡献之间的关系,从而充分发挥物质利益的激励作用。清晰的薪酬方案还能够增加员工的公平感,增强员工的满意度。薪酬方案必须是易于操作的，如果过于复杂，不但使员工难以理解，而且会增加管理人员执行的难度和人工成本费用，甚至产生不必要的矛盾。

许多公司采取薪酬发放不公开的保密工资制度，员工很难判断在报酬与绩效之间是否存在联系。这种封闭式的制度难以给人平等的感觉，员工对管理层的信任度降低，因此，即使是保密性质的薪酬，不对员工个人外的同事们公开，但也必须使员工清楚地了解其薪酬收入与其能力、表现、绩效及贡献之间的紧密联系。

7. 经济性原则

薪酬是产品成本的重要组成部分，薪酬标准设计过高，虽然具有竞争性和激励性，但会不可避免地带来人工成本的上升，从而会影响组织经济效益的提高。所以，在设计薪酬方案时，应该进行薪酬成本核算。在企业支付能力范围内，保证薪酬方案的最优化。

第二节　薪酬管理的法律制度

从全球来看，薪酬立法是伴随着劳动立法的产生而产生的，其确立发展过程渗透于劳动法的发展历程之中，并被纳入劳动法的体系。宏观层面，薪酬问题是劳动关系问题，影响国家的长治久安、经济的持续发展和社会的和谐有序。微观层面，它是普通员工的主要收入来源，为员工及其家庭提供了基本的物质保障，直接关系到劳动者报酬权益的保护和实现。因此，企业应该了解薪酬管理的法律制度，并用以规范和指导企业内部的薪酬管理。

一、劳动工资立法

劳动法体系是指在一个国家内，按照不同的分类标准将不同层次的劳动法律法规组合而成的法律系统。在整个劳动法体系中，各法律法规履行着不同的职能，共同执行调节企业劳动关系的任务。

相较于英法美较为完备的劳动法体系，我国的劳动法律体系正随着国家法制化、现代化的进程不断完善。1994年7月，《中华人民共和国劳动法》正式颁布，这是新中国建立以来第一部以维护劳动者合法权益为宗旨，全面规范调整劳动关系的基本法律，在我国劳动法制建设史上具有里程碑的意义。此后20余年，分别在2009年和2018年对《中华人民共和国劳动法》进行调整。"法典化是法律体系稳定、成熟的象征，更是高质量建设劳动法治的标志。"2020年5月28日，《中华人民共和国民法典》正式表决通过，其虽没有对劳动关系做出明确的规范性要求，但是部分内容涉及报酬的基本原则,成为薪酬管理制度规范的依据。

但因劳动关系日益复杂化,劳动领域的新问题也层出不穷,劳动法治建设滞后导致的不良效应日益突显,进而对完备的劳动法律体系建设提出了新要求。中共中央印发的《法治中国建设规划(2020－2025年)》提出,到2035年,法治国家、法治政府、法治社会基本建成,国家治理体系和治理能力现代化基本实现。基于上述目标导向和劳动领域治理的迫切需要,加快完善我国劳动法律体系客观上具有必要性、重要性、紧迫性。

劳动法律体系分类标准具有不唯一性,归纳如下。

从效力上可以分为：

(1) 全国人大及其常委员会制定的法律：如《中华人民共和国劳动法》《中华人民共和国劳动合同法》《中华人民共和国社会保险法》《中华人民共和国就业促进法》《中华人民共和国工会法》等。

(2) 国务院制定的行政法规：如《工伤保险条例》《劳动保障监察条例》《国务院关于完善企业职工基本养老保险制度的决定》《职工带薪年休假条例》等。

(3) 部门规章：如国家人力资源和社会保障部制定的《关于贯彻执行〈中华人民共和国劳动法〉若干问题的意见》《女职工劳动保护规定》《工伤认定办法》《工资支付暂行规定》等。

(4) 司法解释：如最高人民法院制定的《关于审理劳动争议案件适用法律若干问题的解释》(一)、(二)等。

(5) 地方法规：如《四川省工伤保险协议机构管理办法》《四川省查处侵害社会保险基金行为管理办法》《四川省在建工程项目落实保障农民工工资支付制度指引》等。

从具体内容来看可以分为：

(1) 劳动就业法,涉及内容主要是劳动者、用人单位、政府与劳动就业、禁止就业歧视、就业服务、劳务派遣、职业教育等,如《中华人民共和国就业促进法》。

(2) 劳动合同法,为了完善劳动合同制度,明确劳动合同双方当事人的权利和义务,保护劳动者的合法权益,构建和发展和谐稳定的劳动关系,制定的法律制度。

(3) 集体合同法,集体合同法是市场经济条件下,规范和调整劳动关系的重要手段,是职工和企业自主协商解决劳动关系问题,维护双方合法权益的有效法律制度。

(4) 劳动基准法,又称劳动条件基本法,主要由以实现劳动关系中劳动条件基准化为基本职能的劳动法律制度所构成,是有关劳动报酬和劳动条件最低标准的法律规范的总称,用人单位可以采用高于但不能低于基准法所规定的标准。

（5）劳动权利救济法，我国法律在维护劳动者权益方面做出了较多向劳动者倾斜的规定。具体而言，在劳动仲裁和民事诉讼的相关法律规范上做出明确说明，如《中华人民共和国劳动争议调解仲裁法》。

（6）社会保险法，是为了规范社会保险关系，维护公民参加社会保险和享受社会保险待遇的合法权益，使公民共享发展成果，促进社会和谐稳定，根据宪法制定的相关法律制度。

（7）其他，上述内容之外有关劳动的法律法规制度。

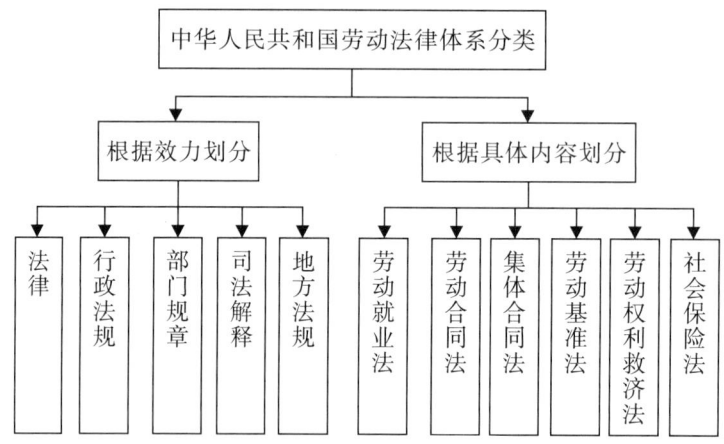

中华人民共和国劳动法律体系

以下我们对与薪酬管理关系密切的部分法律制度作简要介绍。

（一）工资支付保障制度

1. 工资支付的概念和原则

（1）工资支付的概念。工资支付，就是工资的具体发放办法，主要包括工资支付项目、工资支付形式、工资支付对象、工资支付时间、工资支付水平及特殊情况下的支付。

工资支付保障制度的作用是通过法律效力保障企业员工获得全部应得工资及其工资支配权。这是对企业工资支付行为的一种规范和法律约束。在我国的计划经济体制时期，国家对企业的工资支付的所有细节都做了比较详细的规定，企业只要按照国家的规定执行即可，基本上不需要另外制定企业的工资支付制度。在现行的市场经济条件下，国家从保护劳动者的角度出发，只以立法的形式对企业工资支付的若干原则作出了规定，这样就需要企业在国家法律规定的范围内根据本企业的实际确定内部工资支付制度。

（2）工资支付的原则。工资支付保障制度的主要内容规定了工资支付的一些主要原则。

①货币支付的原则。《中华人民共和国劳动法》第五十条规定，工资应当以法定货币形式按月支付给劳动者本人。货币是工资支付的唯一合法形式，以实物及有价证券替代货币支付工资是违法的。工资之所以要以货币形式支付，一方面，可以更好地反映劳动者个人实际支付的劳动量与劳动报酬的关系，实现按劳分配，也便于劳动者之间进行比较，有利于贯彻同工同酬原则；另一方面，有利于充分实现劳动者的消费愿望，保障劳动者的基本权益。与此同时，以货币作为支付工资的基本形式，符合国际通行的做法，可以加强对工资分配的管理，使劳动者个人收入货币化、规范化，有利于建立个人收入申报制度，强化个人所得税调节收入分配的功能，也有利于清理各种工资性收入，提高收入分配的透明度，加强对用人单位收入分配的宏观调控和财务监督，抑制工资外收入扩张。

②直接支付的原则。用人单位应该将工资支付给劳动者本人，员工因故不能领取工资时可由其家属或委托他人代领，或由企业委托银行等金融机构代发工资。这是保证劳动者获得劳动报酬权利的重要内容，是实现劳动者使用个人工资自主权的先决条件，是防止用人单位以各种借口克扣劳动者工资的必要措施之一。支付工资时，必须附上详细工资单，列明支付劳动者工资的数额，以供员工核算工资数额是否正确。员工在工资单上签字并不等于他接受了薪酬数额，仅表明他收到的薪金与工资单上薪金的数额相等，员工认为雇主支付不公平时，还有权利争取。

③定期支付的原则。工资必须在固定的时间内支付，我国规定必须在企业与职工约定的时间支付，如遇节假日或休息日，应提前在最近的工作日支付，工资至少每月支付一次。《中华人民共和国劳动法》规定按月支付劳动者工资，是从工资支付时间上保护劳动者的合法权益。《中华人民共和国劳动法》规定工资按月支付，主要是考虑工资制度和社会习惯两方面的因素。我国企业基本上是实行月薪制，工资标准是以月为单位确定的，劳动者的生活也是按月安排的。月支付是工资支付的最小时间单位，实行周、日、小时工资制的可按周、日、小时支付。对完成一次性临时劳动和具体劳动的工资，在完工后一次性付清。

④同工同酬原则。《中华人民共和国劳动法》第四十六条规定："工资分配应当遵循按劳分配原则，实行同工同酬。"同工同酬原则要求在同一分配单位中，从事同类工作，同样熟练程度的劳动者，无论性别、年龄、民族、种族等非劳动力因素的差别，一律按其等量劳动获得等量劳动报酬。实行同工同酬是根据劳动贡献决定劳动报酬，充分体现了我国公民在法律面前一律平等，也是按劳分配原则的具体体现，但同工同酬原则并不等于平均主义。

⑤全额支付的原则。法定和约定支付给员工的工资项目和数额，必须全部支付，不得克扣。

⑥优先和紧急支付原则。企业破产和依法清算时，员工的工资必须作为优先受偿的债权；职工因紧急情况而不能维持生活时，企业必须向本人预支可得工资的相当部分。

2. 各种特殊情况下的工资支付

所谓特殊情况下的工资支付指在非正常情况下对工资支付的法律规定。工资支付的正常情况是指企业员工在正常工作时间内履行劳动给付义务而被支付的工资，其他情况则为非正常情况下的工作支付。正常支付与非正常支付，以法律、法规和集体合同为依据。按照我国的劳动法规，在下列特殊情况下，企业和雇主需要按照有关法律、法规和集体合同规定支付员工的工资。

（1）劳动者依法享受年休假、探亲假、婚嫁、丧假期间，企业或用人单位应按劳动合同规定的标准支付劳动者工资。

（2）劳动者在法定工作时间内依法参加社会活动，企业应视同其提供了正常劳动而支付工资。社会活动包括：行使选举权；当选代表，出席政府、党派、工会、妇联等组织召开的一定级别的会议，如我国规定员工参加区（县）级以上的会议，担任法庭的陪审员、证明人及辩护人；出席劳动模范、先进工作者大会，以及参加工会基层会议等。在这些情况下，不得克扣工资。

（3）非因劳动者个人原因造成的停工、停产，在一个工资支付周期内，应按合同规定的标准支付工资；超过一个工资支付周期的，若职工提供了正常劳动，则支付的劳动报酬不得低于当地最低工资标准；若员工未提供正常劳动，应按有关法律、法规办理。这主要是指企业遇到非人力所能抗拒的自然灾害等客观原因或确因生产经营困难而全面停产，无法继续为职工提供正常的劳动机会。企业根据生产的实际需要停产检修设备，是企业生产管理的重要内容，是正常的生产经营活动。在此期间，企业一般应安排职工从事其他劳动或组织开展职业培训等活动，并根据劳动合同约定支付劳动报酬。

（4）劳动者正常性工作调动、脱产学习、错判在押、服刑期间，企业或用人单位应按有关法律、法规支付工资。

（5）劳动者公派出国进修和学习期间，其国内工资按国家规定的标准支付。

（6）劳动者受行政处分后仍在原单位工作或受刑事处分后重新就业的，主要由用人单位根据具体情况自主确定其工资报酬；新就业复员军人、学徒工、熟练工、大中专毕业生在学徒期、熟练期、见习期、试用期及转正定级后的工资待遇均由企业或用人单位自主确定。

（7）军队转业干部分配到企业，其工资、津贴、补贴、奖金及其他生活福利待遇，均按照国家有关规定执行。

3. 禁止克扣工资法

用人单位不得克扣或者无故拖欠劳动者工资，但在有些情况下，用人单位代扣劳动者工资却是合法的，这就是合法扣减工资。我国法律对合法扣减工资和非法克扣工资做了如下规定。

(1) 合法扣减工资。合法扣减工资的情况为：用人单位代缴的个人所得税；用人单位代缴的应由劳动者个人负担的各项社会保险费用；法院判决、裁定中要求代扣的抚养费、赡养费；法律、法规规定可以从劳动者工资中扣除的其他费用。

除此之外，以下减发工资的情况也不属于克扣：国家的法律、法规中有明确规定的情况；用人单位依法制定并经职代会批准的厂规、厂纪中有明确规定的情况；依法签订的劳动合同中有明确规定的情况；企业工资总额与经济效益相联系，经济效益下滑时，工资必须下滑的情况；因劳动者请事假等原因相应减发的工资的情况等。

(2) 非法克扣工资。企业或用人单位没有正当理由扣减员工工资的行为，属于克扣行为。"克扣"的明确含义是，在正常劳动的前提下，劳动者已经提供了劳动，但是用人单位没有按照劳动合同规定的标准支付劳动者全部或部分劳动报酬。"克扣"有两层含义：其一，劳动者提供了正常劳动；其二，用人单位无正当理由。

所以，只有在法定允许扣除工资的情况下，企业才可以扣除员工工资，而且扣除的工资额也必须符合法律规定。对此，许多国家都有明确规定，比如，工资在一定范围内，不得克扣；对工人不得科以过多的不合理的罚款，如必须科以罚金，也在一定的限度之内，法国为日工资的 1/4，瑞士为日工资的 1/2。美国的法律规定除了工人故意或怠工造成雇主财产损失之外，不得科以罚金。

4. 欠薪支付保障法

(1) 合法拖欠与非法拖欠。《中华人民共和国劳动法》规定企业和雇主不得无故拖欠员工工资，合法拖欠的工资，必须依法保障支付。视理由正当与否，拖欠工资可分为合法拖欠和非法拖欠两种。合法拖欠即有正当理由的拖欠，有下述两种情况：第一，用人单位遇到非人力所能抗拒的自然灾害、战争等，无法按时支付工资；第二，用人单位确因生产经营困难、资金周转受到影响，在征得本单位工会等员工组织同意后，可暂时延缓支付劳动者工资，延期的最长期限可由各省、自治区、直辖市劳动行政部门根据各地情况确定。凡不符合上述两种情况的，均属非法拖欠，即无故拖欠。

(2) 欠薪索赔制度。欠薪索赔制度是指劳动者依法享有的对欠薪雇主就其欠薪优先索赔的权利的制度。法律规定，即使合理拖欠，也有相应的欠薪索赔特权制度和欠薪保障基金制度。法律赋予并保护劳动者欠薪索赔特权，旨在保障劳动者能够优先于其他债权人从欠薪雇主的财产（尤其是破产财产）中优先得到所欠薪金。其

基本内容有:

第一,受特权保护的工资范围。一些国家的法律规定,享受此项特权的工资只在一定的限度内,或只限于一些类型的工资,如基本工资、津贴等,其他工资类别不能享受。

第二,受特权保护的劳动者范围。所有劳动者原则上都享有这一权利,但有一些国家规定,公务员、国有企业员工例外;有的国家规定,企业的高级员工、持本企业股份的员工及雇主亲属等不赋予此项特权。

第三,特权的等级。欠薪索赔特权分为一般性特权和专门性特权两种。专门性特权优先于一般性特权。这种优先性表现在:对欠薪雇主的某项财产,享有优先特权的欠薪可以从该项财产中优先得到赔偿,有余额时,才能赔偿一般性欠薪。作为一般性欠薪处理的雇主财产,有的包括动产和不动产,有的只包括后者。作为特殊性欠薪处理的雇主财产,法律上有专门规定,如建造、改造建筑物、水渠及其他工程的工人对建造财产的工资支付有专门特权。

第四,欠薪索赔特权的加速偿付。欠薪索赔具有维持基本生活的目的,在许多国家的法律中,都有关于加速欠薪索赔的规定。一般规定,欠薪索赔一旦查实,必须立即进行,不与破产程序和破产争议发生冲突,甚至一些法律规定,劳工法院可直接扣押和变卖已破产欠薪者的财产偿付欠薪。

(3)欠薪保障基金。欠薪保障基金,指的是特定机构依法筹资建立的专门用于雇主由于无力或故意欠薪时,向劳动者垫付欠薪的基金。其基本内容包括:

第一,基金来源。大多数立法规定,欠款保障基金全部来自雇主捐款;有的法律规定由政府拨款和社会各方面捐款组成,或只由雇主和员工捐款组成。雇主捐款一般具有强制性。

第二,基金的受益对象。原则上所有的劳动者都可以享受基金,但一些法律规定,赔偿企业的高级雇员、雇主的亲属及已享受其他形式保障的人不能从基金中受益。

第三,基金保障的欠薪范围。一般法律规定,此基金只支付企业破产、雇主逃匿或资产被扣押等特殊情况下的欠薪,仅为短期维持基本生活的收入部分或者基本工资和津贴。

第四,基金的管理机构。基金一般由具有法人资格的机构单独管理,有时也可由劳动行政机构或社会保障机构管理。

第五,基金支付的程序。各种法律对基金支付都有严格的法律程序。一般为:劳动者向基金管理机构或雇主提出索赔请求,得到雇主的认可或劳动争议部门的支持,在雇主无力偿付的诉讼程序已经开始并且索赔的正当性已经查实的情况下,方可受理。

（二）最低工资保障制度

1. 最低工资保障制度的概念与作用

最低工资保障制度是指国家通过法律手段强制规定用人单位（雇主）支付给劳动者的工资下限以满足劳动者自身及其家庭成员基本生活需要的法律制度。它是国家对劳动力市场的运行进行干预的一种重要手段。《中华人民共和国劳动法》第四十八条规定："国家实行最低工资保障制度。最低工资的具体标准由省、自治区、直辖市人民政府规定，报国务院备案。"

最低工资保障制度的作用包括：

（1）劳动关系双方不得在劳动合同中签订在最低工资额度以下的工资。

（2）只要员工按法定工作时间履行劳动给付义务，或者被合法免予劳动义务，企业或雇主向员工支付的工资就不得少于法定的最低工资标准。

2. 最低工资标准的确定

在我国，《最低工资规定》所称最低工资标准，指劳动者在法定工作时间或依法签订的劳动合同约定的工作时间内提供了正常劳动的前提下，用人单位依法应支付的最低劳动报酬。《最低工资规定》所指的正常劳动，指劳动者按依法签订的劳动合同约定，在法定工作时间或劳动合同约定的工作时间内从事的劳动。劳动者依法享受带薪年休假、探亲假、婚丧假、生育（产）假、节育手术假等国家规定的假期间，以及法定工作时间内依法参加社会活动期间，视为提供了正常劳动。"法定工作时间"是法定工时，我国把每天工作 8 小时，每周工作 40 小时作为法定工作时间。劳动者如果没有完成劳动合同规定的劳动任务，或者劳动者违反了劳动纪律，如迟到、早退等，该劳动者将不能得到最低工资的保护，用人单位可以按照国家和本企业的有关规定扣减该工人的工资。

按照国家统计局的规定，工资一般由计时工资、计件工资、奖金、津贴和补贴、加班加点工资和其他工资构成。计时工资和计件工资统称为基本工资。根据人力资源和社会保障部发布的《最低工资规定》的最新要求，在劳动者提供正常劳动的情况下，用人单位应支付给劳动者的工资在剔除下列各项以后，不得低于当地最低工资标准：①延长工作时间工资；②中班、夜班、高温、低温、井下、有毒有害等特殊工作环境、条件下的津贴；③法律、法规和国家规定的劳动者福利待遇等。需要注意以下两点：第一，实行计件工资或提成工资等工资形式的用人单位，在科学合理的劳动定额基础上，其支付劳动者的工资不得低于相应的最低工资标准。第二，劳动者由于本人原因造成在法定工作时间内或依法签订的劳动合同约定的工作时间内未提供正常劳动的，不适用于此规定。

此外，在最低工资标准的确定中，还要注意以下问题：比如，在最低工资标准制定上应反映出地区间经济发展的不平衡问题；最低工资标准应随物价的变动加以调整；最低工资标准不应超出企业支付能力；最低工资标准应综合考虑城镇居民生活费用支出、职工个人缴纳社会保险费、住房公积金、职工平均工资、失业率、经济发展水平等因素，通用的计算方法为比重法和恩格尔系数法。

3. 企业在最低工资保障制度执行中的责任

企业是最低工资保障制度的最终实施者，企业在最低工资保障制度中的责任包括以下两部分。

（1）使企业员工明确了解自己所适用的最低工资标准及最低工资保障制度的有关规定。对于这方面，国外一般都有非常具体的办法，如雇主必须将政府对最低工资的规定以书面形式张贴于工作场所和工资发放地点；对没有阅读能力的劳动者，雇主必须以口头方式向劳动者明确无误地解释政府关于最低工资的有关规定。

（2）严格执行最低工资保障制度的规定。这具体包括：第一，用人单位支付劳动者工资不得低于当地最低工资标准；第二，不得把排除最低工资组成部分之外的项目列入最低工资之内；第三，实行计件工资或非计时工资形式的企业，各种工资形式必须进行合理折算，其相当的折算额不得低于相应最低工资标准；第四，必须以法定货币支付工资，不得以实物充抵劳动者的基本工资，必须按时支付给劳动者本人，至少每月支付一次，不得非法扣除或延期支付；第五，劳动者因探亲、结婚等按规定休假及依法参加国家和社会活动期间，应视为提供了正常劳动，其工资不得无理克扣，而应依照法律、法规规定支付工资。

4. 我国最低工资的适用范围

根据《中华人民共和国劳动法》的规定，我国的最低工资保障制度主要适用于在中华人民共和国境内的企业、民办非企业单位、有雇工的个体工商户（以下统称用人单位）和与之形成劳动关系的劳动者。国家机关、事业单位、社会团体和与之建立劳动合同关系的劳动者，依照规定执行。同时《最低工资规定》第五条强调，月最低工资标准适用于全日制就业劳动者，小时最低工资标准适用于非全日制就业劳动者。为了避免引起争议，有关规定中没有明确列出适用或者不适用最低工作保障制度的劳动者的具体范围。

（三）劳动保障法

1. 反歧视工资的法律和制度

在市场经济环境下，歧视现象在劳动力市场上随处可见，因此，需要运用法律机制加以约束。在许多西方国家建立了反歧视工资的法律和制度，主要有"公平付薪法"和"民权法"。总结各国反歧视工资法的规定，涉及以下主要内容。

（1）雇主凡因种族、宗教、性别、肤色或原有国籍不同而拒绝雇佣和解雇某人，或者在就业报酬、条件和期限方面对某人进行歧视等行为，均属违法行为。对就业和劳动报酬上的歧视行为，国家鼓励对违法雇主及其组织的歧视行为提出诉讼。

(2) 制定专门的法律保护主要的受歧视群体。各国对就业中的种族和性别歧视制定了法律，如一些国家的法律保护黑人和有色人种有平等就业和在同等劳动条件下取得相同劳动报酬的权利；一些国家对女性就业提供了专门的法律保护。法律规定，对使用相同技术并在相同条件下工作的工人支付不同的工资是非法的。

2. 女员工薪酬福利权利保护

女员工是指以工资收入为主要生活来源的女性管理者、经营者和劳动者。在企业中，女性是特殊的劳动群体，因此世界各国都制定法律对女员工赋予特殊的权益和保护。其中，法律中与薪资福利相关的内容主要有：公平付薪、平等福利待遇和女员工特殊福利待遇，如产期、哺乳期内的工资福利支付等。

(1) 公平付薪。对女员工而言，享受与男子同工同酬的待遇是一种合法的权益。所谓男女同工同酬，指的是用人单位不分劳动者性别对同等劳动支付相同的劳动报酬。1951年，国际劳工组织通过了《男劳动力与女劳动力之间等价值劳动的报酬平等公约》。公约规定，对于所有劳动力（即男劳动力和女劳动力）之间同等价值的劳动，应支付相同的报酬。这一原则适用于基本工资及一切因雇佣而由雇主直接或者间接付给劳动者的现金或实物形式的其他收入。公约还指出，这一原则受国家立法、合法的工资制度、集体合同等诸种法律形式保护。

许多国家在劳动法中都有公平付薪的法律规定，尤其强调对女员工不得因性别而在报酬方面加以歧视。例如，英国在1970年制定的《公平付薪法》规定，只要妇女就业合同中的任何条款相比于做类似工作的男性而言更为不利，就可以依据公平付薪法对雇主提出薪酬权利诉讼。美国的《公平付薪法案》规定，雇主应给企业内从事同等工作（需要同等的技术、努力和责任，并在相似的工作条件下进行的工作）的男女员工支付相等的报酬。换句话说，不以资历或业绩为基础而产生的薪酬差异，即为不公平付薪。欧盟国家在"罗马协议"中规定，每一成员国都应当确定并维持"男女同工同酬"的原则，并下达了"公平付薪指令"。2012年《中华人民共和国劳动合同法》修订，第63条修改为："被派遣劳动者享有与用工单位的劳动者同工同酬的权利。用工单位应当按照同工同酬原则，对被派遣劳动者与本单位同类岗位的劳动者实行相同的劳动报酬分配办法。用工单位无同类岗位劳动者的，参照用工单位所在地相同或者相近岗位劳动者的劳动报酬确定。"

(2) 平等享受养老金和其他福利待遇。女员工在退休之后，应该和男员工一样享受同等的养老保险计划和退休金。许多国家立法保护所有的员工都被包括在私人退休金计划中。例如，英国的法律中规定，未受雇者或未达到雇佣时间的员工不允

许参加养老金计划，这就使得一些未就业、临时就业或暂时退出就业岗位的妇女就要依靠丈夫的养老金过活，致使一些丧偶和离婚的妇女出现养老金支付问题。英国目前正在积极争取法律允许从事家务劳动的妇女也有权利参加养老保险计划，或者规定在离婚时，将丈夫的一部分养老金划给女方。

美国1974年颁布了《雇员退休收入安全法案》（ERISA），用来保护美国工人及其依靠退休金和救济计划生活的人员的利益。该法案特别强调雇主不得为了避免支付雇员的退休金而解雇工人，然而这种情况尤其容易发生在快到退休年龄的工人和女员工身上。美国的养老金法律规定，所有的养老金计划中都要包括"共有的和生存者养老金计划"，即参加养老计划的丈夫死亡后，妻子有权利享受养老金，数额至少是原有养老金的一半。

（四）工时法

所谓工时法，是指国家以法律的形式，强制规定企业员工每日和每周工作的最长限度。工时法主要包括以下内容。

1. 工作时间

工作时间，也称劳动时间，指的是法律规定的劳动者在一定时间内从事生产或工作的小时数，包括每日工作的小时数和每周工作的天数。《中华人民共和国劳动法》规定：国家实行劳动者每日工作时间不超过8小时，每周工作时间不超过44小时的工时制度。同时规定：

（1）工作时间是履行劳动义务和计发劳动报酬的衡量尺度，劳动者按照企业和雇主依法规定的时间从事生产或工作，企业按照劳动者在工作时间内提供劳动的数量和质量计发劳动报酬；

（2）工作时间是法律规定劳动时间的最长限度，企业和雇主安排劳动者的工作不得超过法定最高工时；

（3）工作时间不仅包括劳动者的实际工作时间，还包括生产或工作准备时间、工作交接时间、工间休息时间和女工哺乳时间，以及与生产相关的一切活动时间。

2. 工作日种类

工作日又称劳动日，是指法律规定的以日为计算单位的工作时间。其种类主要有：

（1）标准工作日。它又称标准工作长度，是指法律规定在一般情况下统一实行的标准工作长度工作日。例如，我国目前的标准工作日为每日8小时，每周40小时。

（2）缩短工作日，又称缩短工作长度。它是指法律规定一些从事特殊工作（如从事矿山、井下、高山、有毒、有害、特别繁重或过度紧张等作业）的劳动者和哺乳期女工等的日工作长度可以短于 8 小时标准工作时间。

（3）延长工作日。延长工作日是指超过标准工作日长度的工作日。它适用于从事受自然条件或技术条件限制的季节性或突击性工作，以及其他的一些紧急性任务。对于季节性工作，在忙季最长每日不得超过 11 小时，闲季适当缩短。对延长工作日者，给予同等时间的补休；不能补休的，加发工资。

（4）无定时工作制。无定时工作制是指法律不规定每日工作时间，只规定每周工作时间的工作日制度。它比较适用于工作性质和职责范围不受固定工作时间限制的职工，企业中的高级管理人员、营销人员、外勤人员等。

（5）非全时工作日。非全时工作日是指每日或每周少于标准工作长度的工作日，即一些钟点工，西方国家称为"非全日工"。

（6）弹性工作日。弹性工作日是指在周工作时数不变的前提下，按照事先规定，在标准工作日的基础上，由职工个人自主安排工作长度的工作日。弹性工作日是标准工作日的另一种形式，每周工作时数不变，保证每天核心工作时间（如上午 9：00—11：00，下午 1：30—4：30），其他时间由员工自主安排。该工作制的特点是不严格规定员工的上下班时间，个人可以根据工作和生活需要自行调节工作和休息时间。

（7）综合计算工作日。综合计算工作日是指以一定时间长度为周期，集中安排工作和休息，但平均工作时间与标准工作时间相同的工作日，即分别以周、月、季、年为周期，综合计算工作时间，但其平均日工作时间和平均周工作时间应与法定标准工作时间相同。交通业、邮电业、建筑业、渔业、盐业及旅游业等比较适合这种工作日计算。

3. 加班加时制度

加班，指员工根据行政命令或企业要求，在法定节日和公休假日继续从事生产或工作；加时，指员工按照行政命令或企业要求，在正常工作日以外的工作时间继续从事生产或工作。加班与加时均属于延长工作时间，企业都要给予补休或加发工资，而且要经过与工会或劳动者个人协商之后确定。

我国《国务院关于职工工作时间的规定》中，任何单位和个人不得擅自延长职工工作时间。我国严格限制延长工作时间的目的，是为了保障工人的身体健康和维护员工的基本权益。除下列情况外，各单位在正常情况下不得安排职工加班加点：

一是发生自然灾害、事故，或者其他原因，威胁劳动者生命健康和财产安全，需要紧急处理的；

二是必须利用法定全民节日和公休假日的停产期间进行设备检修、保养的；

三是由于生产设备、交通运输线路、公共设施等临时发生故障，影响生产和公众利益，必须进行抢修的；

四是为了完成国防紧急生产任务,或者完成上级在国家计划外安排的其他紧急生产任务,以及商业、供销业在旺季完成收购、运输、加工农副产品紧急任务的;

五是法律、行政法规规定的其他情形的。

《中华人民共和国劳动法》对非法延长工作时间的限制措施包括以下几点。

(1) 实行用人单位和劳动者协商制度。用人单位由于生产经营需要延长劳动时间,需与工会或劳动者协商之后,方可延长劳动时间,但一般每日不得超过 1 小时;因特殊原因需要延长工作时间的,最长不得超过 3 小时,每月不得超过 36 小时。

(2) 实行高报酬支付制度。支付标准为:用人单位依法安排劳动者在法定标准工作时间以外延长工作时间的,按照不低于劳动合同规定的劳动者本人小时工资标准的 150% 支付劳动者工资;用人单位依法安排劳动者在休息日工作,而又不能安排补休的,按照不低于劳动合同规定的劳动者本人小时工资标准的 200% 支付劳动者工资;用人单位依法安排劳动者在法定休假日工作的,按照不低于劳动合同规定的劳动者本人小时工资标准的 300% 支付劳动者工资。

我国还实行劳动行政部门监督检查制度。我国县级以上的劳动部门有权对企业加班加点进行监督检查,对违法、违规行为,分不同情况予以行政处罚:企业未与工会和劳动者协商,强迫劳动者延长工作时间的,给予警告,责令改正,并按每名劳动者 10 元以下的标准处罚;延长超过 3 小时的,或每月延长超过 36 小时的,给予警告,责令改正,并可按每名劳动者每超过工作时间 1 小时罚款 100 元以下的标准处罚。

4. 带薪休假制度

(1) 休息时间。休息时间是指劳动者在国家规定的法定工作时间以外,免于履行劳动义务而自行支配的时间。宪法规定,休息权是公民的基本权利。《中华人民共和国劳动法》第 38 条规定:"用人单位应当保证劳动者每周至少休息一日。"

休息时间的类别包括:

工作日内间歇时间。工作日内间歇时间是指在工作日内给予职工休息和用膳的时间,一般为 1 至 2 小时,最少不得少于半小时;生产或工作不容间断的,应保证职工在工作时间内有用膳时间。

工作日间的休息时间。工作日间的休息时间是指两个相临工作日之间的休息时间,一般不少于 16 小时。

公休假日。又称周休息日,是指职工工作满一个工作周以后的休息时间。公休日大多在周六或周日,也有因工作性质分别轮休的。我国统一的周休息日是星期六和星期日。

(2) 带薪休假。带薪休假包括三种类别:法定节日、探亲假和年休假。法定节日是指法律规定用以开展纪念、庆祝活动的休息时间,包括政治性节日、职业性节日、传统性节日等。对于法定节日的休假时间,属于全体公民的节日有:元旦1月1日放假1天,农历春节初一至初三放假3天,清明节放假一天,国际劳动节5月1日放假1天,端午节放假一天,国庆节10月1日至3日放假3天,中秋节放假一天。此外,还有属于部分公民的节日,如3月8日妇女节妇女放假半天,5月4日青年节14岁以上的青年放假半天,6月1日儿童节13岁以下的孩子放假一天,8月1日建军节现役军人放假半天。属于全民的节日,如逢星期六、星期日,应在公休假日期满后次日补假;属于部分公民的假日,如逢星期六、星期日,则不放假。

(3)探亲假。探亲假是指职工享有保留工作和工资而同分居两地的父母或配偶团聚的假期。根据国家规定,工作满年的国家企事业单位工作人员,与配偶或父母不住在一起,又不能在公休假日团聚的,可以享受探亲假待遇。职工探望配偶的,每年给予一方探亲假一次,假期为30天;未婚职工探望父母的,原则上每年给假一次,假期为20天;已婚职工探望父母的,每4年一次,假期为20天。此外,可根据需要规定探亲路程假。

《中华人民共和国劳动法》规定:"国家实行带薪年休假制度。劳动者连续工作一年以上的,享受带薪年休假制度。具体办法由国务院规定。"年假是指职工满一定工作年限,每年享有照领工资的连续休假时间。年假在国外比较普遍,许多国家在法律上都规定企业员工有权享受带薪年假。例如,在加拿大的劳动法中规定,员工在一年的年底为同一雇主连续工作满1年以后,有权享受至少两周的带薪年假。为同一雇主连续工作满5年以后,有权享受至少3周的带薪年假。如果员工在1年年底为同一雇主连续工作不满1年,有权享受带薪年假,其时间计算方法为每连续工作满1月,享受1天的带薪年假,但最长不得超过两周。除非另有规定,员工必须在有关年度结束后12个月之内使用完年假。

二、劳动合同制度

劳动合同制度是现代企业人力资源管理的核心内容,是薪酬管理的重要基础,它在社会经济生活中发挥着越来越重要的作用。认识劳动合同制度,把握劳动合同制度的概念、本质和法律特征,对于强化薪酬管理的规范性、有效性具有重要意义。

(一)劳动合同制度的概念和劳动合同的特征

1. 劳动合同制度的概念

劳动合同制度是一个法律概念,同时又是一个经济概念。作为经济概念,劳动

合同制度是指一种用人制度,一种劳动力与生产资料相结合的方式的制度。完整地说,劳动合同制度是指用人单位与劳动者通过相互选择和平等协商而建立起期限可长可短、稳定性与灵活性相结合的反映劳动关系的制度。作为法律概念,劳动合同制度是指一种合同制度,实行用人制度时,必须通过订立劳动合同来具体规定双方的权利和义务。

2. 劳动合同的法律特征

劳动合同是合同的一种。它是劳动者与用人单位就有关劳动问题所订立的合同。它与一般合同相比,具有自己独特的法律特征。

(1) 劳动合同的主体是特定的。其一方必须是具有法人资格的用人单位或能独立承担民事责任的经济组织和个人;另一方是具有劳动权利能力和劳动行为能力的劳动者。

(2) 劳动合同当事人双方法律地位平等,然而从组织管理上看,双方又具有身份上的隶属关系。这就是说,劳动合同一经签订,劳动者必须加入到用人单位中去,成为对方的一员,并在用人单位内承担相应的权利和义务,服从用人单位的领导和工作安排。

(3) 约定试用期。劳动合同除规定合同期限的有效时间外,一般来说还应明确规定一定的试用期限。试用期限是用人单位与劳动者互相观察和考察的阶段,试用期满后,如果双方愿意继续履行劳动合同的,则合同继续有效。试用期限一般为3~5个月,但最长不得超过6个月。除劳动合同之外,其他经济合同一般没有试用期。

(4) 在一定条件下,劳动合同往往涉及第三人的利益关系。劳动合同不但明确规定合同双方当事人的权利和义务,而且还直接涉及劳动者直系亲属的一定利益,直系亲属在一定条件下享有物质帮助权。

(5) 劳动合同的目的在于劳动过程的实现,而不是劳动成果的给付。由于劳动过程是一个相当复杂的过程,因此,劳动合同一般都约定有教育和培训的条款,其着眼点就在于劳动过程的实现。

(6) 劳动合同的性质决定了劳动合同的内容以法定为多、为主,以商定为少、为辅,即劳动合同的许多内容必须遵守《中华人民共和国劳动法》规定,如工资、保险、保护、安全生产等,而当事人之间对合同内容的协商余地较小。

(二) 劳动合同制度中有关薪酬和福利的内容

1. 薪金数额、支付时间、支付地点、支付方式以及加班费的支付

在劳动合同签订和履行中,企业和用人单位必须明确是以现金支付还是以支票或银行转账等其他形式来支付员工的薪金;是按照什么样的时间规定来付薪,是月

薪、周薪还是半月薪；并且必须明确在什么地点支付薪金，以及加班费是如何支付的。

2. 加薪

一般情况下，加薪是由雇主单方面决定的，除非在签订劳动合同时双方事先商定加薪是接受工作的条件。但是在合同中，应该明确加薪的数额和方式，如是定期调薪，还是根据工作业绩加薪，或者定期自动加薪。此外，增加的幅度也要在契约中作出明确规定。

3. 年假津贴和法定假日

企业员工除了有权享受国家法律规定的节假日之外，还可以享受企业规定的假期。例如，很多企业都有带薪年假，但对不同的员工及工作时限的不同，规定不一，雇主和员工双方的权利与义务都应该写在劳动合同中。此外，休假是否可以其他形式取代，如用加发工资或轮休的形式，如何取代，都要具体商定并正式写进合同条款。

4. 佣金的支付形式和支付条件

对于实行佣金制的企业和员工来说，佣金的支付形式和支付条件尤其重要。定约双方都应当事先商定明确，并把商定结果写进雇佣合同。例如，雇主和员工单方无权更改销售用户、无权变更销售地点、无权无故终止雇佣关系等等。除此之外，由于预付佣金的数额和支付形式经常引起争议，因而必须事先约定，特别是对一些有弹性的按销售和经营比例提取的佣金的约定，更应该明确、具体地写入雇佣劳动合同中。

5. 分享利润及购股

目前，有许多企业采取分享利润的制度和员工持股计划，允许员工购买公司的股权。还有的雇主提供"幻影股份计划"（即虚拟股份），该方式虽不直接分配给员工股份，但其实质上也是一种参股和购股的形式。如果这些内容写进雇佣合同，就必须按合同的约定执行，单方不得更改计划。

6. 奖金支付

在雇佣劳动合同中，必须明确奖金是否具有工资的性质。如果按照一定的标准或惯例支付奖金，雇主就必须定时定额支付，不得随意变动。如果属于不定期支付，仅由雇主单方面决定，雇主就有权利决定奖金的支付数额及支付形式。

7. 员工福利

企业福利是员工受雇的基本条件，包括养老保险、生育保险、医疗保险及住房基金等企业福利项目。这些福利待遇也属于员工薪酬的组成部分，在雇佣劳动合同签订时，必须将这些福利项目包括在内。有关福利待遇方面的合同争议，主要是在福利具体数额、福利标准等问题上。

三、工资集体协商制度

(一) 工资集体协商的概念

工资集体协商,是指职工代表和企业代表依法就企业内部工资分配制度、工资分配形式、工资收入水平等事项进行平等协商,在协商一致的基础上签订工资协议的行为。所谓工资协议,是指专门就工资事项签订的专项条件合同。已订立合同的,工资协议作为集体合同的附件,并与集体合同具有同等效力。依法订立的这项协议,对企业和职工双方具有同等的约束力。双方必须全面履行工资协议规定的义务,任何一方不得擅自变更或解除工资协议。在市场经济条件下,员工的薪酬和福利是劳资关系的核心,也是劳资争议的焦点。工资集体协商是一种主要的、正式的和有效解决工资争议的方式。在工资集体协议中,有关劳动报酬的内容视不同国家和企业有所不同,一般包括:

(1) 关于工资标准及其差异的态度。在集体协议中,一般都对不同工种和不同技术水平的劳动者应付给不同的工资标准表明态度,如写进关于工资向生产第一线员工倾斜,向苦、脏、累工种倾斜,向技术岗位倾斜的内容。

(2) 关于最低收入标准的制定意见。劳资双方应就如何保证低收入者的最低收入以及相关的措施等达成协议。

(3) 关于保证企业员工收入和生活水平稳定的条款。该条款的制定主要是指如何消除企业外部因素,主要是经济波动引起的生活指数上涨对员工工资水平的影响,制定企业工资变动与物价指数变动关系的调整原则等事宜。

(4) 关于本企业员工工资调整的原则和调整计划。企业应制定详尽的劳动生产率与工资增长之间的调整原则与变动比例。例如,有些企业在集体合同中规定,企业劳动生产率与员工工资增长率之间的比例为 $1:0.3 \sim 1:0.7$,最高达到 $1:0.9$。

(5) 关于保证企业员工工资按时发放的协议。在集体协议中应明确规定,雇主不准随意克扣和拖欠员工工资,在特殊情况下应提前支付员工的工资等。

(6) 其他有关的工资分配、工资水平、工资标准和工资分配形式等。

(二) 我国的工资集体协商制度

从 2000 年 11 月开始,按照《中华人民共和国劳动法》规定,我国境内的企业依法开展工资集体协商制度,并颁布了中华人民共和国劳动和社会保障 9 号部令(现称"中华人民共和国人力资源和社会保障部"),实施《工资集体协商试行办法》。在该试行办法中,对工资集体协商和工资集体协议做了规定;同时,还就工资协议对雇佣双方的同等约束力、对劳动合同中的工资报酬标准的约束，以及对协议履行监督等作出规定。我国工资集体协商的内容包括以下几点。

（1）工资协议的期限。

（2）工资分配制度、工资标准和工资分配形式。

（3）职工年度平均工资水平及其调整幅度。集体协商确定职工年度工资水平时，应符合国家有关工资分配的宏观调控政策，并综合参考以下因素：①地区、行业和企业的人工成本水平；②地区、行业的职工平均工资水平；③当地政府发布的工资指导线、劳动力市场工资指导价位；④本地区城镇居民消费价格指数；⑤国有资产保值增值；⑥企业劳动生产率和经济效益；⑦上年度企业职工工资总额和职工平均工资水平；⑧与工资集体协商有关的其他情况。

（4）奖金、津贴、补贴等分配办法。

（5）工资支付办法。

（6）变更、解除工资协议的程序。

（7）工资协议的终止条件。

（8）工资协议的违约责任。

（9）双方认为应当协商约定的其他事项。

试行办法还规定，职工年度工资水平应符合国家有关工资分配的宏观调控政策；工资集体协商代表的产生和协商行为必须符合法定程序；工资协议签订后，必须在规定的时间内报送劳动保障行政部门审查，向全体人员公布，以及工资集体协商的期限和衔接等。

四、工资指导线制度

（一）工资指导线制度的内涵

工资指导线，指在市场经济体制下，政府为保证宏观经济目标的实现，依据宏观经济政策、经济发展水平、城镇居民平均工资收入、消费价格指数、就业情况，以及其他社会经济因素，在充分听取有关部门、企业和工会意见的基础上，通过每年制定颁布的工资增长的上线、基准线和下线，间接指导行业和企业合理确定年度工资增长的一种宏观调控方式。工资指导线一般是确定短期的工资指导方针和工资增长幅度，通常以年为单位，制定和发布年度工资指导线。工资指导线从指导的范围方面划分，可分为全国工资指导线、地区工资指导线和行业工资指导线。

我国从计划经济体制向社会主义市场经济体制过渡时，劳动部在《关于建立社会主义市场经济体制时期劳动制度改革的总体设想》中提出："九五后期，与现代

企业制度的建立相适应,国有企业全面实行企业自主决定工资水平,非国有企业以集体协商、谈判作为确定行业、企业工资水平的主导方式。政府根据国民生产总值、就业、物价和投资等指标,制定全国工资指导线,作为各地区、各行业和各类企业确定工资增长幅度的依据,并通过货币、财政政策和税收、价格等经济手段以及法律和必要的行政手段来调控工资水平的增长。政府通过参与集体谈判,制定工资指导线,把工资总量增长控制在与国民生产总值增长、职工实际平均工资增长与劳动生产率增长相适应的幅度之内。"现在,制定和发布工资指导线已成为我国在社会主义市场经济体制下加强工资宏观调控的一项实际工作。

(二)工资指导线制度的构成

工资指导线主要是为企业自主分配和集体谈判确定工资增长水平提供信息、预测和建议,其主要内容由以下几个方面组成。

1. 信息分析报告

根据统计数据,对上一年的工资增长水平进行结算,分析上一年工资与有关经济指标的比例关系,并与前几年的统计材料作比较,分析工资变动趋势;分析社会经济状况及其对工资水平的影响;分析工资水平的变动对吸收外资和对外贸易的影响;分析有关通货膨胀、工资与就业、劳动生产率提高等方面的经济指标及其对工资水平的影响;分析周边国家、地区经济及工资变化情况。通过分析比较,写出高质量的信息分析报告,作为制定和发布工资指导线的基础材料。

2. 工资增长预测

选择科学的预测方法,根据有关的统计信息资料,预测年度的工资增长水平。主要预测以下指标。

(1)最低工资标准年度调整幅度。

(2)年度工资增长水平的保障线和警戒线。

(3)年度工资的合理增长幅度。

3. 工资增长建议

根据信息分析报告和工资增长的预测数据,提出年度工资增长建议,工资增长建议分为以下两个方面。

(1)年度工资增长的指导方针。提出年度工资增长的指导原则和指导意见,以及重要的工资政策和宏观调控措施,对年度工资增长进行定性分析,使工资增长和国民经济整体发展相适应。

(2)年度工资增长率指导标准。根据社会经济形势和工资增长的预测数据,对年度工资增长进行定量分析,提出年度工资增长率和合理增长幅度的建议。

4. 制定法规或条例

制定包括谈判的原则、程序和事项等内容的法规或条例，用法规保证双方自由和公正的谈判。在市场经济条件下，工资指导线的调控范围包括各种经济类型的企业，并对不同经济类型的企业采取不同的调控力度。因此，从一定的意义上说，工资指导线是覆盖全社会的。

（三）工资指导线制度的实施步骤

1. 经济形势分析

根据国内外和地区间的经济形势分析，比较各种因素对工资水平的影响，写出经济形势分析报告。

2. 结算上一年工资增长情况

根据统计数据计算上一年工资增长情况，进行评估并分析原因，写出上一年工资增长结算报告。

3. 预测年度工资增长情况

根据上一年统计数据和年度的预测数据，计算出年度工资增长情况，并进行分析评估，写出年度工资增长预测报告。

4. 调整工资增长率

根据国家的经济政策和工资政策，对年度工资增长率的预测数据加以调整。

5. 制定和发布年度工资指导线

根据上述各项报告，由工资委员会综合研究后，提出年度工资增长的指导方针和年度工资指导线，并经主管部门审核批准后发布工资指导线。

工资指导线在我国并无"强制性"，还是一个亟须发展和丰富的事物，目前实施的经验还不够丰富，有待在实践中不断探索和完善，使它能成为运用市场机制对企业工资增长进行有效的宏观调控办法。

本章小结

实施有效的薪酬管理，首先需要了解这项管理活动所不可或缺的原则及相应的法律环境。公平性、竞争性、合法性、激励性、补偿性、透明性、经济性原则是薪酬管理的基本原则，其中，公平性原则尤为重要和根本。

系统的劳动工资立法体系是薪酬管理活动最重要的法律依据。只有在这一法律体系框架内，管理者才能合法选取薪酬政策和制定薪酬制度。此外，劳动合同制度、工资集体协商制度，以及工资指导线制度等法律法规同样也是合法实施薪酬管理活动的重要法律依据。

思考题：

1. 薪酬管理的基本原则有哪些？
2. 简述劳动合同的法律特征。
3. 简述工资指导线制度的内涵。
4. 试述公平性原则在实际薪酬管理工作中的应用。
5. 工资支付的原则有哪些？
6. 何谓欠薪索赔制度？其基本内容有哪些？

第二篇 工作流程篇

工作流程定义了薪酬管理的具体执行环节，而其中某些环节的执行可能会因为条件不同而产生不同的结果，进而影响到下一个流程或步骤的执行。所以，薪酬管理工作流程及其相关的执行状态条件是整个薪酬管理的核心问题。

本篇包括第四、五、六、七章。第四章着重介绍薪酬水平、薪酬市场调查与薪酬满意度调查；第五章围绕职位评价，对职位评价工作程序及主要方法进行分析；第六章主要介绍薪酬结构设计；第七章的重点包括薪酬控制、薪酬支付及人工成本管理。

第四章　薪酬水平与薪酬市场调查

薪酬水平是组织之间的薪酬关系，是组织相对于其竞争对手的薪酬水平高低。一个组织所支付的薪酬水平高低无疑会直接影响到企业在劳动力市场上获取劳动力的能力强弱，是决定该企业是否能够吸引及保留所需要的员工的主要因素。而大多数企业在制定自己的薪酬水平策略、确保薪酬的外部竞争力时都是以薪酬调查（尤其是薪酬市场调查）数据为依据的。因此，薪酬水平与薪酬调查是密切相关的。本章第一节着重介绍薪酬水平的含义、影响因素及策略；第二节介绍薪酬市场调查的含义、功能、内容与工作程序；第三节主要阐述薪酬满意度调查的含义、功能与设计。

第一节　薪酬水平确定

一、薪酬水平的含义

薪酬水平是薪酬体系的重要组成部分。薪酬水平有不同层次的划分，它既可以指一定时期内一个国家、地区、部门、行业或企业单位劳动者的平均薪酬水平，也可以特指某一领域内劳动者群体的薪酬水平，其中企业员工的薪酬水平是基础和核心。

一般来说，薪酬水平是指企业中各职位、各部门及整个企业的平均薪酬水平。薪酬水平决定了企业薪酬的外部竞争性，它是吸引、留住人才的重要砝码。因此，薪酬水平的高低会直接影响企业在劳动力市场获取劳动力数量和质量的高低。需要指出的是，在传统的薪酬水平概念上，我们更多关注的是企业的整体薪酬水平，而在当前全球经济一体化和竞争日趋激烈的市场环境中，开始越来越多地关注职位和职位之间或者是不同企业中同类工作的薪酬水平对比，而不是笼统的企业平均薪酬水平的对比。这是因为，随着竞争的加剧，以及企业对于自身在产品市场和劳动力市场上灵活性的强调，企业在薪酬的外部竞争性方面的考虑已经越来越多地超过企业对于内部一致性的考虑。

二、薪酬水平的影响因素

企业在进行薪酬水平决策和执行过程中要考虑诸多因素，大致可以分为企业外部因素和内部因素。企业外部因素主要包括相关劳动力市场、产品市场、地区居民生活水平、竞争对手的薪酬水平、政府与工会的作用及地区差异等；企业内部因素主要包括行业因素、企业规模、经济效益、人员配置、薪酬分配和支付形式、企业管理哲学、企业文化，以及企业经营战略等。

（一）薪酬水平的外部影响因素

1. 劳动力市场

劳动力市场，指雇主和求职者以薪酬和其他工作奖励交换组织所需要的行为与技能的场所。劳动力市场的状况直接影响企业劳动力的供给，主要表现在两个方面：一是雇佣数量；二是雇佣价格，即薪酬水平。

劳动力市场上供求状况的变化，决定企业或雇主对劳动力成本的投入，从而影响企业员工薪酬水平的变化。这是因为，在其他条件不变的情况下，薪酬水平由劳动力市场的供求状况决定。它对员工薪酬水平的影响关系，可简单归结为：如果社会上可供本企业使用的劳动力供小于求，企业会采取提高薪酬的办法满足对劳动力数量和质量上的需求；反之，如果劳动力市场上供大于求，企业则通过压低薪酬的办法，降低生产成本，赚取更多的利润。

2. 产品市场对薪酬水平的影响

一般来说，劳动力市场因素确定了企业所支付的薪酬水平的低限，而产品市场则确定了企业可能支付的薪酬水平的高限。在通常情况下，产品市场上的以下两方面情况会影响企业的实际支付能力。

第一，产品市场上的竞争程度。企业所在的产品市场的结构通常被划分为完全竞争、垄断竞争、寡头及垄断四种不同的类型。完全竞争市场和垄断市场是两种极端的市场结构，通常在现实中比较少见，最多的是垄断竞争性的市场结构，即企业的产品既与其他企业的产品有一定差异，因而具有一定的垄断性，但是又与其他企业的产品存在一定的可替代性，因而具有一定的竞争性；处于完全或接近完全竞争市场上的企业没有能力提高自己产品的价格，否则就会面临销售量迅速下降的命运。而在产品市场上处于垄断地位或接近垄断的企业在一定范围内是可以随心所欲地确定产品价格的；然而，如果产品定价过高，远远超出其成本，其他企业就会在利益的驱使下想方设法进入这一市场，促使这一产品市场向自由竞争演变，那么原有企业的垄断优势也就会丧失。

毋庸置疑，产品市场的竞争程度对薪酬水平的影响是相当重要的。如果企业在产品市场上处于垄断地位，就能够获得超出市场平均利润水平的垄断利润，利润的增加为企业在劳动力市场的薪酬决策提供了强有力的保障，足以保证企业向员工提供高出市场水平的薪酬。而一旦垄断地位丧失，企业无法将因高水平薪酬所产生的成本负担通过较高的价格转嫁给消费者，企业支付高薪的基础也就没有了；而当企业处在完全竞争或类似完全竞争的环境中，企业所支付的薪酬水平往往和市场平均水平甚为接近。

第二，企业产品的市场需求水平。假定特定企业可以利用的技术、资本和劳动力供给保持不变，如果产品市场对于某种产品或服务的需求增加，那么无论价格如何，企业都能够出售更多的产品或劳务。为了实现自身对利润最大化的追求，企业自然会相应提高自己的产量水平，规模效应在给定的薪酬水平下将增加对劳动力的需求量（只要资本和劳动力的相对价格不变，就不存在替代效应）；而这种影响必将进一步带来企业支付实力增强和员工薪酬水平的提高。

在竞争性的市场上，产品市场对于某企业产品的需求增加可能是由于多种原因造成的。一种情况是，企业通过广告宣传或者是其他手段来宣传本企业产品或服务与竞争对手所提供的同类产品的差异性，从而塑造消费者对于本企业产品或服务的偏好。另外一种可能的情况是，尽管市场上存在多家同类产品竞争者，但是这种产品本身属于一种畅销产品或者是一种新型产品，且市场容量足够大。在这种情况下，一方面，产品生产者之间存在竞争；另一方面，大家又共同做大了市场，共同从市场的培育中获利。

3. 地区居民生活水平

根据马斯洛的需求层次理论，员工只有在最基本的生理需求得到满足以后，才会追求更高层次的需求。马斯洛的需求层次理论虽然有其局限性，但在一定程度上也说明了一个基本事实。现实生活中员工最主要的经济来源就是薪酬，可以说薪酬与员工的生活息息相关。此外，随着生活水平的提高，员工也不再仅仅满足于生活方面的需求，而是不断追求更高层次的需求，对个人生活的期望也提高了，这些都无形中对企业的薪酬决策产生压力。虽然各地区居民生活水平存在差异，但生活水平的提高均意味着物价指数的持续上涨，为了确保员工生活不至于恶化及购买能力的降低，企业往往也不得不考虑以当地居民的生活水平为参考调整其薪酬政策。

4. 竞争对手的薪酬水平

竞争对手的薪酬水平是影响薪酬决策最直接、最主要的因素。企业在生存与发展的过程中，应时刻关注竞争对手的种种发展变化尤其是薪酬水平。如果竞争对手

提高其薪酬水平，而企业在薪酬方面却没有做出及时回应的话，那么在吸引和招募人才方面，企业可能因相对较低的薪酬而导致一流水平的人才在择业时不会首选本企业，而是选择竞争对手企业，因而招募不到足够数量的优秀员工，在人才的竞争中处于不利地位。在留用员工方面，核心员工会因本企业的薪酬低于竞争对手企业而觉得自身的价值在企业中没有得到应有的尊重和体现，从而产生不公平感，降低忠诚度、归属感，造成企业人才流失和生存危机。

5. 政府与工会的作用

政府对于薪酬水平最有影响的是宏观经济政策、法律和制度，其中，与薪酬管理相关的法律法规已在本书第三章中进行了详细论述。政府对于薪酬水平的影响包括直接和间接两种作用机制。直接调节政策是专门用于调节企业薪酬水平及其变动的，如第三章所提到的最低工资法、反歧视工资法等劳动法律、法规，以及工会代表工人利益与雇主的交涉、谈判、斗争等，都对企业员工的薪酬水平起到保护或者制约作用；间接调节是指政府不是专门调节薪酬变动，而是运用调节其他经济行为和社会行为的政策，对企业的薪酬水平产生影响，如一些财政政策、价格政策及产业政策等。

工会对企业薪酬水平的影响主要是外部的，包括工会工资溢价和工会工资减让等。工会对工资的干预行为可以使得劳动力供求不完全按照市场配置进行。很多研究表明，受工会保护的雇员薪酬比不受保护的雇员要高，但有时雇主为了阻止工会势力的扩大，也会主动提高员工的薪酬水平。

6. 地区差异

地区间的经济发展水平、物价水平及政策差异，也是影响企业间员工薪酬差异的外部因素，在不同经济体制下，表现特征不同。在计划经济条件下，差异主要是由政府控制和调节；而在市场经济条件下，政府干预的力度减弱，这些因素主要以自发的形式调节不同地区企业员工的薪酬差异。从未来的发展看，随着企业员工薪酬水平的上升，地区间的薪酬差异还会存在，但各种外在因素的作用程度将会减弱，企业自身经营状况之间的差异成为主导因素。

（二）薪酬水平的内部影响因素

1. 行业因素

企业所能够支付的薪酬水平显然会受到企业所在行业的影响，而行业特征对薪酬水平的最主要影响因素可能是不同的行业所具有的不同的技术经济特点。一般情况下，在规模大、人均占有资本投资比例高的行业（如电信、生物医药、软件开发等行业）中，人均薪酬水平会比较高。其主要有以下三方面的重要原因。

第一，越是资本密集的产业，对资本投资的要求就越高，而这会对新企业的进入造成一种限制，从而易于形成卖方垄断的结构。

第二，高资本投入的行业往往要求从业者本人具有比较高的人力资本投资，这是因为存在一种所谓的资本——技能互补假设，即资本越昂贵，则企业越是需要雇佣具有较高知识技能的人来运用这些资本。惟其如此，才能保证这些资本能够产生最大的效益。

第三，资本对劳动力的比例较高意味着劳动报酬在企业总成本支出中所占的比例相对较小，资本的利润较高，从而有能力支付较高的薪酬。相反，那些对资本投资的要求低、新企业易于进入和以竞争性市场结构为特征的行业，其人工成本占总成本的比例也较高，所以一般属于低工资产业部门，这类行业如服装加工业、纺织品、皮革制品生产行业等。

2. 企业规模

很多研究表明，在其他因素类似的情况下，大企业所支付的薪酬水平往往要比中小企业高。在大企业中工作的员工不仅所获得的薪酬比具有相同人力资本特征但在小企业中工作的员工要高，而且，他们的薪酬随着工作经验上升的速度也更快。大企业所支付的薪酬水平较高的原因主要在于以下几个方面。

第一，在大企业中采用长期雇佣的做法往往比在中小企业中更有优势，也更有必要。这是因为，大企业通常更多地采用具有较高程度的相互依赖性的生产技术。因此，如果在大企业中出现了一项没有人做的工作或者是出现了预料之外的辞职现象，那么必然会影响到整个企业的生产过程，甚至造成大量资本的闲置或浪费。此外，过高的员工流动率，尤其是熟练程度较高、熟悉公司运行规则的员工的流失，必然会给企业带来双重的生产率降低——资深员工流失造成的当前生产率降低加上雇佣新员工的成本及新员工的适应成本。因此，降低员工的辞职率及确保空缺职位能够得到迅速的填补是大企业非常关心的问题。由于提供高水平的薪酬对于上述目标的实现是很有帮助的，所以企业决定向员工支付较高水平的薪酬。

第二，由于大企业有更大的动力维持与员工之间的长期雇佣关系，而大企业员工的稳定性也更强。因此，大企业会有更大的动力去培训自己的员工，而员工的人力资本投资增加必然会强化他们的收入能力。

第三，企业规模越大，对员工的工作进行监督就越困难，因而企业就越是希望能够找到其他的方式来激励员工。在这种情况下，效率工资理论所揭示的原理很容易导致大企业采用高于市场水平的薪酬，以激励员工在没有严密的直接监督的情况下也会努力工作。总之，大企业为员工提供职业保障的能力加上这种效率工资的制度安排，无论是对于员工的保留，还是对于员工的工作激励都是非常有效的。

第四，大企业更偏重于资本密集型生产，而且具有较高的薪酬支付能力，再加上出于公司形象方面的考虑有更高的薪酬支付意愿，也是导致大企业支付较高薪酬

的重要原因。

3. 经济效益

企业效益是在市场经济条件下，决定企业员工薪酬水平及其变动的最重要因素。企业之间劳动生产率的差距，必然反映在企业员工薪酬水平的差距上，因为企业的经济效益归根结底决定着企业对员工劳动报酬的支付能力。企业经济效益的好坏，直接决定了企业员工的个人收入水平。薪酬是劳动力的价格和价值的表现形式，它和其他的劳动要素成本的价格一样，随着企业效益的变动而变动。例如，当其他因素不变的情况下，劳动生产率提高，表明企业员工在单位时间内创造的财富增加，员工的劳动报酬也会随之增加；反之，如果企业效益不好，产品价值无法实现，企业员工的个人收入也就失去了增加的基础。企业的经济效益不仅决定了全体员工的薪酬水平，也决定了企业内部员工之间的工资差异，特别是非基本薪酬部分。因为在现代企业中，普遍进行全面薪酬管理，员工的奖金、津贴等非基本薪酬形式与企业效益的联系更为密切。

4. 人员配置

员工数量和质量配置与企业薪酬水平之间是一种相互影响的关系。薪酬是企业成本的一个组成部分，在产值一定的情况下，员工越多，表明企业支付的薪酬成本越高，劳动生产率越低；在薪酬成本一定的情况下，员工越多，平均薪酬越低。此外，员工的质量配置与企业薪酬水平也有直接的关系，高质量的员工要支付高薪金，低质量的员工支付低薪酬，高薪低能和低薪高能都会影响薪酬效益。因此，企业在资本配置中，既要考虑薪酬成本与其他生产资本之间的转换和替代，比较各种资源及其配置效益，也要对不同质量的员工和员工薪酬进行选择和配置。

5. 薪酬分配和支付形式

薪酬分配形式也影响员工的薪酬水平及其变动。例如，相对而言，计件薪酬比计时薪酬更能促进某些产品的生产率，因为它把劳动报酬和劳动成果直接联系在一起，比较适用于机械化程度不高，但与劳动者主观努力程度结合比较密切的工作。在计件薪酬形式下，一些个人劳动能力强、劳动成果多的员工，可以得到较高的劳动报酬。目前，各种形式的绩效工资又开始取代计件工资，成为新的主要工资形式。各种薪酬要素的配合，或者称薪酬分配结构，也决定薪酬水平的高低，如基本薪酬、奖励薪酬及附加薪酬所占的比重不同，决定了企业员工之间的收入差距。此外，员工薪酬的支付形式，如现金还是非现金支付，现期支付还是延期支付，都会对当期员工薪酬水平产生影响。

6. 企业管理哲学和企业文化

企业管理哲学和企业文化的核心要素反映的是企业领导对员工本性的认识和态度。那种认为员工是"经济人"的企业领导与认为员工是"复杂人"的企业领导在薪酬决策上是明显不同的。前者认为员工工作的唯一动机就是金钱，认为只有物质上的刺激才能让他们好好的工作。所以，在确定他们的薪酬时，简单地把收入与绩效相互挂钩，企业与员工是纯粹意义上的雇佣与被雇佣关系，除此之外，没有任何联系，即员工只要按规定的标准完成了工作，就能取得事先约定的工资，企业根本不考虑员工的福利等长期性激励因素，当然，员工也不关心企业的发展。此类企业中员工的薪酬多以基本工资为主，福利等占很少的比重，有时甚至没有。而后者认为员工在本性上有很多的追求，金钱并不是唯一的动力，他们喜爱有趣的、富有挑战性的工作，而且具有自觉性，故把员工当作是合作伙伴。因此，在员工的薪酬构成中长期性激励因素所占的比重较大，比如向员工提供更好的福利，实行利润分享制、股票期权等多种形式，在薪酬政策上更富有人情味，设身处地地为员工着想。在企业经营状况比较好的时候，企业会主动在承受能力范围内，适当提高员工的薪酬待遇，以体现共享企业经营成功的思想。

7. 企业经营战略与价值观因素

企业经营战略对于薪酬水平的影响无疑是非常直接的，它反映了企业经营业务对环境的反应。如果企业选择实施低成本战略，那么它必然会尽一切可能去降低成本，其中也包括薪酬成本。这样的企业大多身处劳动力密集行业，边际利润偏低，因而盈利能力和支付能力都较低，所以它们的总体薪酬水平不会太高；相反，实施差异化和创新战略的企业为了吸引有创造力且敢于冒险的员工，必然不会太在意薪酬水平的高低，他们更为关注薪酬成本可能会给自己带来的收益，只要较高的薪酬能够吸引来优秀的员工，从而创造出高水平的收益就行。从企业的薪酬战略来看，采用高工资战略的企业无疑会比采用广泛受训战略和培训战略的企业有支付更高工资的倾向。

三、薪酬水平策略

企业在确定薪酬水平时，要受到外部劳动力市场和产品市场的双重压力。虽然如此，但在劳动力市场所决定的薪酬水平低限和产品市场所决定的薪酬水平高限之间仍然存在一些选择余地，这个选择余地的大小，取决于企业所面临的特定的竞争环境。存在较大选择余地的情况下，企业需要作出的一个重要战略决策就是：将薪酬水平定位在高于市场平均薪酬水平之上，还是将其定位在与市场平均薪酬水平恰好相等或稍低一些的水平上。薪酬水平策略的类型主要有五种，分别为：领先型策略、跟随型策略、滞后型策略、权变型策略和混合型策略。选择何种薪酬策略，与企业的发展战略及薪酬观念有关。

1. 领先型薪酬策略

领先型薪酬策略又称为薪酬领袖策略，是指支付高于市场平均薪酬水平的策略，采用这种策略的企业通常具备以下特征：多为资本密集型产业，规模较大，产品投资回报率较高，薪酬成本占总成本的比重较低，产品市场上的竞争者较少。因此，在实践中像IBM、惠普、华为等一些实力雄厚的全球化公司大都采用领先型薪酬策略。

采用领先型薪酬策略的企业可以获得以下收益：能够吸引大量的、可供选择的员工，能够招聘那些掌握关键产品技术的人员，从而减少企业在发展道路中的产品探索等过程；能够减少员工的离职率，激励员工努力提高工作绩效，高效地完成工作任务以防止被解雇，从而减少企业对员工进行监督的各种费用；有利于减少因为薪酬问题而引发的劳资纠纷，避免企业在劳资问题上花费过多的时间和精力，损害企业的公众形象，更有助于与政府建立良好的公共关系；能够在增加员工的忠诚度、归属感的同时，抵消工作本身的种种不利因素，如工作环境差、工作枯燥等，有利于员工的心态平衡。

虽然实行领先型薪酬策略可以给企业带来诸多益处，但是这类企业也承受着巨大的管理压力。例如，如果企业不能将人力资源的高投入（即高薪）转化为高产出，那么对企业而言，高薪酬就是一项高成本和高风险的投资策略。

2. 跟随型薪酬策略

跟随型薪酬策略是目前大多数企业所采用的策略，尤其是在一个较为成熟的产业中。所谓跟随型薪酬策略，即根据市场的平均水平来确定本企业的薪酬定位，也就是我们通常所说的支付市场工资水平。

实施这种薪酬水平策略的企业往往既希望确保自己的薪酬成本与竞争对手的成本保持基本一致，从而不至于在产品市场上陷入不利地位，同时又希望自己能够有一定的员工吸引力和保留能力，不至于在劳动力市场上输给竞争对手。采取这种薪酬策略的企业能够吸引到足够数量的员工为其工作，但在吸引和保留优秀人才方面没有什么优势，也不会遭遇高薪酬用人风险。

采用这种薪酬策略的企业要随时注意根据外部市场的变化来调整薪酬水平，使之与市场薪酬水平保持一致。然而，这种调整在很多情况下是存在时滞的，企业可能是在一些优秀的员工已经离职后才发现自己的薪酬水平已经落后于市场。因此，采取市场跟随策略的企业必须坚持做好市场薪酬调查工作，以确切掌握市场薪酬水平的变动情况。

3. 滞后型薪酬策略

滞后型薪酬策略，即企业大多数职位的薪酬水平低于市场平均水平。采用滞后型薪酬策略的企业规模往往相对较小，大多处于竞争性的产品市场中，边际利润率比较低，成本承受能力较弱。受产品市场上较低的利润率所限制，没有能力为员工提供高水平的薪酬，是企业实施滞后型薪酬策略的一个主要原因。

滞后型策略在吸引和留住员工方面具有明显的劣势，而它往往会对企业成本控制有所帮助。采取滞后型薪酬策略的企业往往实力较差，处于竞争性产品市场，企业利润较低，大多属于传统行业或劳动密集型的中小企业。

采取滞后型薪酬策略的企业未必处于衰退期或在人才竞争上永远处于劣势，关键在于它是否能承诺员工将来可以得到更多的收入，或者能够为员工提供其他激励。如果滞后型薪酬策略是以提高未来收益作为补偿的，则这种做法反而有助于提高员工对企业的组织承诺度，培养他们的团队意识，并进而改善绩效。例如，在信息技术以及其他一些高科技企业中，一些企业支付给员工的基本薪酬可能会低于市场平均水平，但是员工却可以获得企业的股票或者是股票期权，这种将滞后型的基本薪酬策略和未来的较高收入结合在一起的薪酬组合不但不会影响企业员工的招募和保留能力，反而有助于增强员工的工作积极性和责任感。此外，这种薪酬策略还可以通过与具有挑战性的工作、理想的工作地点及良好的同事关系等其他因素相结合而得到适当的弥补。

4. 权变型薪酬策略

权变型薪酬策略有两层含义：一是指企业根据职位类别制定不同的薪酬策略；二是对薪酬组合要素分别采用不同的策略。实际上，企业不可能对所有职位都采取统一的薪酬水平策略，也会有针对性选择。例如，如果劳动力市场上高级技工短缺，企业就会对急需的高级技工采取领先型的薪酬策略；企业也可以使基本薪酬低于市场平均工资水平，而使激励薪酬高于市场平均水平。

权变型策略的最大优点就在于其具有较大的灵活性和针对性，能够保持薪酬水平的静态适应性和动态弹性。但是，权变型薪酬策略也需要相机抉择，不同策略之间需要相互匹配，否则就会破坏企业薪酬的内部一致性。

5. 混合型薪酬策略

混合型薪酬策略指以全面薪酬管理理念为指导，统筹考虑所有薪酬形式的特点，综合制定薪酬策略。其具体方式有以下两种。

第一，对不同职位的员工使用不同的薪酬策略。例如，对高级管理人员、高级技术人员、销售人员采取领先薪酬策略，对一般生产人员采取跟随薪酬或滞后薪酬策略。

第二，在不同的薪酬构成部分之间实行不同的薪酬策略。例如，基本薪酬采取跟随策略，但激励性薪酬采取领先策略，薪酬总额也处于高于平均水平的领先地位。

企业传统的薪酬实践比较强调基本薪酬的功能，对奖金、短期激励、长期激励及工作保障、晋升机会等其他薪酬因素不够重视。事实证明,薪酬水平策略只有以全面薪酬为基础,才有利于管理目标的实现。

第二节 薪酬市场调查

一、薪酬市场调查的含义与功能

(一) 薪酬市场调查的含义

乔治·T·米尔科维奇认为对薪酬决定的关注点需要从内部职位评价,转移到市场薪酬调查。企业通过一系列合法手段,收集和整理市场上相关企业岗位的薪资信息,并在科学统计与分析的基础上形成薪酬调查报告的过程。薪酬市场调查是企业薪酬体系设计的重要组成部分,也是企业调整员工薪酬水平、保证薪酬的外部竞争力的重要途径。

薪酬市场调查有六大目的:一是了解企业内部薪酬状况;二是了解薪酬动态和发展趋势;三是了解其他企业可借鉴的薪酬分配模式和方法;四是为薪酬和人工成本标准确定提供参考依据;五是为劳动力供求双方提供沟通依据;六是保持企业处于公平和具有竞争优势地位。

(二) 薪酬市场调查的功能

薪酬市场调查不仅可以增强企业对竞争对手的了解,有助于企业及时调整自己的薪酬战略;而且对于大多数企业而言,特定职位的薪酬水平都是直接或间接地在薪酬调查基础上确立的。此外,薪酬市场调查的结果对企业实现薪酬的公平、合理、及时、竞争和有效性方面有着重要作用。一般情况下,薪酬市场调查的和功能体现在以下几方面。

1. 调整薪酬水平

大多数企业都会定期通过薪酬市场调查对薪酬水平进行调整。薪酬水平调整的依据可能是生活指数变动、员工的绩效改善、企业经营状况与支付能力变化,也可能是竞争对手薪酬支付和管理变化等。

2. 优化薪酬结构

薪酬结构主要指不同职位、不同技能之间薪酬水平的对比关系。决定薪酬结构的因素有内部和外部两方面。以往,企业注重的往往是薪酬水平的内部一致性,而忽视了薪酬水平的外部竞争性。根据内部职位评价得到的职位等级序列与从外部市场得到的职位薪酬水平序列之间可能存在不一致的情况。如何在这两种不同的序列之间进行平衡就是一个很大的问题。随着竞争环境的变化，企业在确定薪酬结构时更加注重薪酬的外部竞争性。薪酬市场调查可以为优化薪酬的内部结构提供有价值的参考，通过职位评价结果与薪酬市场调查结果的比较，确定和调整薪酬等级，实现内部一致性和外部竞争性之间的统一。

3. 整合薪酬要素

以往的薪酬调查大多集中于基本薪酬，但随着全面薪酬战略的应用，薪酬调查更加关注与全面薪酬相关的调查，其调查内容主要包括基本工资、可变工资、奖金和津贴福利及薪酬管理的内容、方式和过程等。通过这些调查，可以发现员工获取基本薪酬、激励和全面薪酬之间的关系，在不增加或者少增加薪酬成本的前提下，重新调整薪酬要素组合。

4. 了解薪酬趋势

每个人获取信息和预见事物发展趋势的能力是有限的，每个薪酬管理者并不能完全获得薪酬管理实践的最新趋势，而具有创造性的薪酬管理实践能够带来意想不到的企业竞争优势。例如，通过薪酬市场调查，企业可以了解到其他企业在能力薪酬、宽带薪酬及自助式福利等方面的最新实践情况，可以有选择性地进行借鉴，进而改变本企业的薪酬管理方式。

5. 促进薪酬审计

随着企业人力资本重要性的增加，人力资本支出在企业总支出中的比重越来越大，有效控制企业人工成本成为一个重要的管理课题。薪酬审计是降低企业人工成本的重要手段之一。在竞争激烈的行业中，劳动力成本往往成为竞争优势的主要来源。随着知识资本的升值和劳动力市场的规范，对企业而言，能够用适当的价格购买到合适的人力资源，是一种最理想的结果。通过薪酬市场调查可以确定本企业劳动力成本与它的竞争对手之间的区别，从而寻求降低人工成本的途径。

此外，通过薪酬市场调查，还可以建立良好的公司形象。一般而言，员工都是有限理性的"经济人"，希望尽可能减少工作时间而又经常性地提高自己的薪酬水平。如果企业通过薪酬市场调查，将目前市场上的薪酬水平告诉员工，并向其解释竞争对手的薪酬状况，就会消除员工的不满情绪，增加其对企业的信任度，从而提高工作的积极性，增强员工的团队意识，为实现企业的繁荣而互相协作、共同努力；同时，还有利于增强企业对人才的吸引力，让员工深切体会到，只有在这里才能充分施展自己的才华，激发员工创造热情，树立企业的良好公众形象。

二、薪酬市场调查的内容

薪酬市场调查的内容,也就是调查项目的选择是薪酬市场调查最关键的环节,是一项技术性非常强的工作。在调查项目的选择上,明确调查目的、确定科学的调查方法是项目选择的前提;同时,要本着精选的原则,选择最基础、最直接的项目进行调查。通过这些基础资料的统计,可以分析出更多的信息。一般而言,对企业较有价值的薪酬信息主要包括以下几项。

1. 组织与工作信息

(1) 组织信息。组织信息一般包括财务信息、组织规模、组织结构和组织性质等。

(2) 工作信息。工作信息一般包括基准岗位的职位描述、任职者的个人特征及薪酬支付情况等。

2. 全面薪酬体系信息

调查时薪酬的所有基本形式都应包括在内,以便比较全面薪酬的异同,并且准确地评估竞争对手的薪酬情况。

(1) 基本薪酬信息。基本薪酬信息是薪酬市场调查的重点,企业需要全面掌握选定组织的基本薪酬支付、变动情况,不同职位等级的薪酬差距,以及同一等级内薪酬的幅度等。

(2) 可变薪酬信息。调查目标组织在短期激励、长期激励,以及奖金等薪酬形式方面的支付水平,特别是货币薪酬的水平。

(3) 福利薪酬信息。调查目标组织的福利项目构成、福利方案设计与实施、福利计划的改革及其对员工激励的功能等。

3. 薪酬战略信息

(1) 目标组织的薪酬战略目标,是要控制成本,还是激励或吸引员工。

(2) 目标组织的薪酬策略类型,是侧重薪酬水平策略,还是薪酬组合策略、薪酬结构策略或薪酬管理策略等。

(3) 目标组织的其他管理政策,包括轮班、加班、试用期、毕业生的起薪等。

4. 薪酬体系的其他信息

(1) 薪酬要素组合,包括基本薪酬与浮动薪酬的比例、货币薪酬与福利薪酬的比例、绩效薪酬的设计等。

(2) 薪酬管理方式,包括薪酬支付的时间、内部薪酬信息的保密程度、与员工的沟通方式、反馈渠道及员工满意度调查情况等。

(3) 薪酬等级结构,包括企业岗位和职位等级结构的设计、薪酬等级差、最高等级与最低等级差等。

三、薪酬市场调查的工作程序

在了解了薪酬市场调查的含义及其功能之后，究竟如何进行薪酬市场调查呢？总体而言，薪酬市场调查的方法与一般的调查研究大致相同，主要是利用问卷和访问的形式收集资料。其工作程序可分为三个阶段：准备阶段、实施阶段，以及整理和分析阶段。其工作主要可以分为以下六个步骤。

（一）根据需要审视现有的薪酬调查数据，确定调查的必要性及实施方式

1. 审视现有的薪酬调查数据，确定是否需要做薪酬调查

在开展薪酬调查工作之前，管理者需要查看现有的薪酬调查数据，观察其是否能够向企业提供所需的全部或是大部分信息。例如，政府有关部门发布的劳动力市场价位资料、已出版的权威机构编纂的统计资料、企业已收集或通过其他渠道已获得的薪酬调查数据等，对这些资料、数据进行审查评价，评价其是否能加以合理利用，满足企业的需要。

如果上述资料能够满足需要，那么就无必要开展新的薪酬市场调查，直接利用现有的资料即可；反之，则继续进行准备阶段的工作。在数字化、信息化高度发达的今天，查看以前各种薪酬调查结果较为容易，尤其是那些社会公开的信息。同时，考虑到所要调查的内容涉及企业的商业机密，并不是每一个企业都愿意与己方合作，如果现有的薪酬调查数据就可以解决问题，那么企业就有可能避免那些尴尬的处境，还能节约企业的成本和精力，降低调查成本。

在对已有的薪酬数据进行筛选和利用的同时，一定要保证与自身薪酬决策的匹配性，而且还要确保数据的可靠性和真实性。例如，数据的样本是否足够大，是否考虑了各种相关的因素及适用条件等。

2. 确定如何进行薪酬调查

薪酬市场调查是由企业自己来做，还是聘请一个专门的咨询公司或是购买专业机构提供的调查报告？首先需要分析：这项调查需要什么样的技术和公关技巧，有没有这方面技能的人来规划并完成这项调查，输入、整理和分析数据所需的计算机软件和硬件是否具备，各种调查方式所需要的费用是多少，等等。如果企业自身条件不具备，可利用外部专业机构或其提供的调查报告。

（二）选择准备调查的职位及其层次

1. 确定需要调查的职位类别

确定需要调查的职位类别也就是说确定需要调查哪些职位，是某些类型的职位，还是所有类型的职位。第一，分析薪酬支付问题是少数职位或某类职位的问题，还是所有各类职位的问题。第二，在此基础上还需要进一步分析哪些职位是典型职位（基准职位）或关键职位。

2. 进行恰当的职位配比

为确保准确的职位配比，在确定被调查职位后，要对被调查的职位进行清晰的层级划分，并对所调查的职位进行明确而清楚的描述。这一点是非常必要的，因为即使是同样的职位名称，其工作内容也可能有很大差别，或者有时对任职者的任职资格要求也有很大的差别，尤其是国内的职位体系比较混乱。

因此，划分好职位层级，以及进行准确的职位描述，有利于将调查企业的职位层级与调查对象的职位层级进行很好的配比。职位描述的内容包括职位名称、职位目的、主要职责、任职资格等。进行职位描述对于调查企业来说，可进一步明确所调查职位的内涵；对于被调查企业来说，可进一步明确比照对象，以便准确填答薪酬调查问卷。

（三）确定劳动力市场范围，明确作为调查对象的目标企业及其数量

1. 界定调查所面向的劳动力市场范围

相关劳动力市场是指具体工作潜在的、有资格的候选人市场，它是企业招聘人员的市场，也是企业与其竞争对手争夺人才的市场。按照劳动力市场的覆盖范围划分，劳动力市场可分为地方性、地区性、全国性和国际性劳动力市场。

对于不同类型岗位上的员工而言，可能有的来自于地区性劳动力市场，而有的则来自于国际性劳动力市场，尤其是企业的高层人员有时甚至要在全球范围内进行招聘。一般来说，对于低层级的职位，或无专长的普通工种岗位，如文员、半技术人员等，薪酬调查在企业所在地进行即可。而企业所需的高新技术、高级管理等几类人才，由于其学历高、流动性大，就需要扩大调查范围，进行地区性甚至全国性的薪酬调查。

2. 明确作为调查对象的目标企业及其数量

在明确调查范围的基础上，需要进一步分析：哪些企业是从特定的劳动力市场上雇佣员工的，哪些企业具有足够的所需调查的特定职位等。因此，可以从既定的市场中确定调查的目标企业。对于调查企业来说，没有一个企业是所有职位的竞争者，有些企业可能是管理职位的主要竞争者，而另一些企业可能是销售领域的竞争

者。这就意味着为了获得不同种类职位的薪酬数据，就必须对不同的企业进行调查。

目标企业的数目取决于调查的目的、职位配比的难易程度，以及对调查详细程度的要求等。

（四）选择所要收集的相关资料

相关资料的收集主要是通过问卷调查及面谈的方法来进行的。

1. 关于企业的资料

这类资料包括所要调查企业的名称、地址、企业规模、员工人数、营业额、销售额、注册资本、经营范围。这些资料可通过当地工商、税务等部门，以及曾经或正在企业中工作的员工等途径获得，获取较为方便。

2. 关于薪酬的资料

这类资料包括以下几种。

第一，基本薪酬及其结构。它包括被调查职位的平均基本薪酬（年、月、小时）、被调查职位的薪酬浮动范围。

第二，年度奖金和其他年度现金支付，年度奖金及其他年度现金支付的平均额、占该职位基本薪酬的百分比。

第三，股票期权或影子股票计划等长期激励计划。

第四，各种补充福利计划。

第五，薪酬政策等方面的信息。

3. 关于员工和岗位的资料

该资料包括工作类别、员工类别、员工的实际薪酬、奖金、最近的提薪等。

（五）设计薪酬调查问卷并实施调查

1. 薪酬调查问卷的设计

一份全面而完整的薪酬调查问卷，关系薪酬调查工作的成败。因此，调查问卷首先要在内容上全面而详尽。问卷调查法是收集调查数据最常用的方法。调查问卷的内容应该包括：

第一，企业本身的有关信息，如企业名称、地址、所在行业、企业规模等。

第二，有关职位和任职者的信息，如职位类别、职位名称、对任职者的教育程度、相关工作年限要求等。

第三，员工薪酬方面的信息，如基本薪酬、奖金、津贴、员工福利、其他收入等，有关调薪幅度和措施的规定，有关工作时间和假期的规定等。

薪酬市场调查问卷要涵盖上述有关内容，有时还需要做更详细的划分。例如，

员工福利就包含养老金、医疗、住房、休假制度、交通膳食服务等多项内容，并且福利常常不以现金形式发给员工，员工一般很难回答。因此，对于福利一般以单项福利标准为调查的内容。

此外，在每份问卷末要有一些开放性问题，让被访者谈谈自己对本企业、同行竞争对手间薪酬水平的看法或是建议，以具有更高的参考价值。

2. 寄发并收集调查问卷

由于薪酬涉及企业机密，员工甚至包括人力资源经理也不一定全部知道企业的薪酬，同时也为了避免不必要的麻烦，在寄发问卷时要做好与被调查企业负责人的沟通工作。可以采取合作调查的方式，将被调查者作为成员之一纳入合作队伍中，被调查者分摊一定的调查费用；调查结束后，被调查者可获得专项调查报告。此外，还可以向被调查者提供优惠的综合性调查报告，优惠率根据调查规模确定。这两种合作方式需要与企业签订合作协议，并约定保密条款，为企业提供的薪酬资料严格保密。

为了确定问卷发放的及时性和有效性，应采取直接发送的方式，一是直接向企业负责人寄发，规模较大的企业可向人力资源部经理寄发，这样可保证回收率；二是能够上门发送问卷的最好直接上门发送，不能直接上门的采取特快专递、传真和电子邮件的方式，这样可保证问卷回收的及时性。同时，要在被访的单位、个人填答的过程中给予解释和指导，以便取得准确的第一手资料。当对某一涉及员工人数较多而薪酬水平又存在着较大差异的职位，在开展薪酬调查时需要了解不同薪酬水平员工的薪酬资料，需要对低、中、高不同层次薪酬水平的员工进行问卷调查，以便全面了解该职位的薪酬水平，防止犯以偏概全的错误。

当然，在市场薪酬调查中，除问卷调查之外，还有其他的方式可供选择，如电话访谈、实地访谈、集体访谈及网络调查等方法。事实证明，在所有的调查方式中，问卷调查方式最为有效，但也存在着不足，尤其是确保岗位的可比性和薪酬数据的质量方面。因为在薪酬调查中，确保岗位的可比性是数据收集时最重要的一个问题，实地访谈和电话访谈的方式能够使双方更容易就一些特殊问题或企业间相应的岗位的比较进行充分的双向沟通，从而提高数据的质量和有效性。对于那些在本地区范围内的、规模较小的薪酬调查，集体访谈的方式更为有效。网络调查作为一种新兴的调查方式，为互联网时代的薪酬调查提供了机遇与挑战。一方面，企业利用云计算、物联网、大数据和人工智能等技术健全薪酬调查体系，使其更具行业竞争力，不仅大大提高了企业薪酬调查的科学性，同时也为企业人力资源管理中的薪酬管理提供了强有力的技术保障，对提高薪酬管理工作的效率及时效性有着积极作用。另一方面，在这个信息爆炸的时代，数据管理和信息挖掘变得愈加复杂和困难。数据信息的真实性和有效性受到挑战。并且设计薪酬体系考虑的因素也更加复杂,增加了整个调查的难度。

总而言之,在现行的薪酬市场调查中,网络调查的方式处于蓬勃发展阶段,问卷调查的方式更受欢迎,其他的方式要视企业的实际情况而有选择的采用。

(六) 调查数据的处理和分析

1. 调查数据的核查

在调查问卷被收回以后,要立即进行整理工作。调查者首先要做的是对每一份问卷的内容作逐项的分析,以核实数据的真实性。例如,调查者需要检查企业所提供的薪酬浮动范围与其报告的职位实际薪酬水平之间是否存在不一致的现象。如果某一职位的基本薪酬数据远远超出其应属于的薪酬范围,要注意核查该职位与基准职位之间的匹配性,看某一职位所承担的职责比基准职位描述中的内容是更多还是更少。对于发现的疑点,要及时给接受调查的企业打电话询问和核对数据。如经核实,职位匹配性的问题确实存在,就要根据实际职位与基准职位之间的匹配程度,调整薪酬调查数据。

另外,应对收集到的信息进行2~3次的筛选,以免对错误有所遗漏。同时,还应借助于专门的数据库软件进行统计,以减少误差。

2. 调查数据的统计分析

调查数据核查完成之后,就是最后一道工作程序即数据的统计分析。薪酬数据的统计分析方法一般包括:频度分析、中心趋势分析、离散程度分析以及回归分析等。

(1) 频度分析。这是一种最简单也最直观的分析方法,即将调查所得到的与每一岗位相对应的薪酬数据从高到低排列,然后看落入每一薪酬范围内的企业数目。数量越多,越表示接近于目前市场薪酬水平。分析结果可以用频数表来显示,也可以用直方图来显示。

(2) 中心趋势分析。具体来说,中心趋势分析又可以进一步细分为算术平均数(包括简单平均数和加权平均数)和中值两种数据分析方法。

简单平均数(非加权平均数)是一种最为常见的分析方法。它不考虑在不同的企业中从事某种职位工作的员工的人数之间的差异,对所有企业的薪酬数据均赋予相同的权重,将与特定职位相对应的所有数据简单相加,再除以参与调查企业的数目,从而求出平均值。当调查者所获得的数据不能全面代表行业或是竞争对手的情况时,采用简单平均数分析的方法是最好的。

在加权平均数分析方法中,不同企业的薪酬数据将会被赋予不同的权重,而权重的大小则取决于每一企业中在同种职位上工作的员工人数。换言之,公司从事某种职位工作的人数越多,则该公司的薪酬数据对于该职位最终平均薪酬数据的影响也就越大。在这种情况下,规模不同的企业实际支付的薪酬状况会对最终的调查结果产生不同的影响。

采用简单平均数法相对简单,但容易受到极端值的影响,因而在相加之前要首先剔除极端值,以提高结果的精确度;而采用加权平均数法更为科学,它合理地考虑了不同企业对薪酬水平的影响程序,因此得出的数据更为接近劳动力市场的真实情况。

所谓中值法,是将收集到的某职位薪酬数据进行降幂或升幂排列,然后取恰好位于中间位置上的那个薪酬水平数值。这样分析的最大好处是可以排除掉极端高或极端低的薪酬数据对于平均数的影响。不过,这种调查数据的分析方法得出的数值比用算术平均数得出的数值更具有代表性,但也相当粗略,只能显示当前市场平均薪酬水平的大致情况。

(3) 离散程度分析。离散程度分析的方法主要有两种:标准差分析和四分位、百分位分析。

标准差分析指每一个工资数值与平均数之间差别的平均值,即观察值比平均值大多少或小多少。利用标准差分析可以检验各种分布值与平均值之间的差距大小,但是在薪酬调查数据分析中并不常用。与它相比,四分位分析和百分位分析在薪酬调查数据分析中更为常用。

所谓百分位分析,就是将某职位所有薪酬调查数据从低到高排列,并用百分位来表示特定企业薪酬水平在全部薪酬调查数据中的相对位置。对于薪酬水平处于某一百分位的企业来说,该百分位反映出有百分之几的企业薪酬水平是低于该企业的薪酬水平的。百分位分析在企业的薪酬水平战略定位中是最常用的,因为它直接揭示了本企业的薪酬水平在劳动力市场上的地位。

四分位分析与百分位分析的方法是类似的,只不过在进行四分位分析时,将某职位所有薪酬调查数据从低到高排列,划分为四组(百分位是划分为 10 组),每组中所包括的企业数分别为调查企业总数的 1/4(百分位是 10%),处在第二小组(百分位是第 5 小组)中的最后一个数据就是所有数据的中值,可以用它来近似地代表当前市场上的平均薪酬水平。

(4) 回归分析。回归分析可以用来测试两个或多个变量之间的相互关系(变量之间的相关系数越接近于 1,则变量之间的相关性就越强),利用其中一个变量的值来预测另外一个变量的值。

3. 调查报告的撰写

资料分析完成后,就要根据企业的需要做出相关的分析报告。薪酬调查报告分为综合性分析报告和专项分析报告两种。综合性报告涵盖薪酬调查地区不同性质、规模、行业领域的企业,对这些企业的薪酬调查数据进行综合分析与统计处理,全面反映被调查地区企业薪酬现状；专项性报告则根据企业需要从参与薪酬调查的企业中抽取一定数量、有可比性的企业的数据进行分析处理，获取针对性、指导性更强的专项薪酬报告，并将报告上呈给企业高层领导，作为企业制订起薪点、调整现行的薪酬水平和薪酬体系，以及解释薪酬政策时的参考。这两种报告对于企业制定薪酬策略都具有重要的参考价值。

目前，比较专业的薪酬调查机构所提供的薪酬调查报告一般由以下几个部分组成。

（1）国家的宏观经济形式回顾，通常会报告上一年度 GDP 增长率等数值，以明确本次薪酬调查的宏观经济背景。

（2）参与企业的概况，汇报本次薪酬调查参与企业的基本信息，如企业规模、人员学历、年龄、工作年限、性别等因素的分布状况。

（3）被调查企业的人力资源管理现状，如行业离职率、离职原因、薪酬调整时间等。

（4）各个职能部门不同薪酬类型的回归比较，纵览企业对不同职能部门薪酬的倾斜情况。

（5）职位薪酬水平分析，汇报每个职位的样本量，并提供每个职位在各薪酬项目上详细的数据分析结果，它是薪酬报告中非常核心的内容，可以直接用于企业的薪酬对比。

（6）其他信息，如专有名词解释、专业工具（职位等级评估工具、调研结果查询工具）简介等。

第三节　薪酬满意度调查

一、薪酬满意度调查的含义

管理学大师彼得·德鲁克（Peter F·Drucker）曾经说过：客户不是在购买某一种"产品"，而是购买需求的满意度。要满足客户的需求一定要通过员工的劳动，无论是制造产品还是提供服务。因此，员工的满意度又决定着提供的产品或是服务的好坏，即顾客的"需求满意度"。据有关权威机构调查，客户的流失率 60％与员工的态度有关，而员工态度不仅仅是营销人员和售后服务人员的事情，它涉及全体员工的工作态度，而员工的薪酬满意度又直接影响着员工的工作态度。

$$薪酬满意度 = \frac{获得经济性报酬和非经济性报酬的实际感受}{期望值}$$

薪酬满意是指一个员工获得组织回报的经济性报酬和非经济性报酬与他的期望值相比较所形成的感觉状态。薪酬满意度，即员工获得企业经济性报酬和非经济性报酬的实际感受与其期望值比较的程度。

薪酬满意度的定义既体现了员工对薪酬满意的程度，也反映出企业在达成员工经济性报酬和非经济性报酬方面的实际结果。满意是一个相对的概念：超出期望值——满意；达到期望值——基本满意；低于期望值——不满意。如果用一个量化的指标把薪酬满意状况反映出来，那么这个量化的指标就是薪酬满意度指数，该指数可以反映员工对组织薪酬价值观、薪酬制度、薪酬水平和薪酬管理各个领域的满意状况。

二、薪酬满意度调查的功能

一个有效的薪酬体系，应该是对外具有竞争力，对内具有公正性，对员工具有激励性，做到公开、公正、公平，能够充分调动员工的工作积极性，使员工的努力方向符合企业的发展方向，实现员工与企业的共同成长。越来越多的调查资料显示，员工薪酬满意度的提高和利润增加之间有着直接的联系。因此，管理者们越来越关注员工的薪酬满意度。对整个管理质量的提升而言，对员工薪酬满意度的调查是整个管理的基础。具体来说，薪酬满意度调查具有如下功能。

1. 了解员工对薪酬的期望

企业可以经常性地进行薪酬满意度调查，通过调查了解员工对薪酬水平、薪酬结构、薪酬的决定因素、薪酬的调整及发放方式的看法和意见，了解员工对企业薪酬管理的评价及期望，了解员工最关注什么。只有这样，在设计或调整薪酬体系时才能做到有的放矢。

2. 诊断企业潜在的问题

如果企业通过对员工薪酬满意度的调查发现员工对薪酬满意度呈下降趋势，就应及时检查其薪酬政策，找出员工不满日益增加的原因并采取措施予以纠正。

3. 找出本阶段出现的主要问题的原因

例如，公司近来受到产品高损耗率、高丢失率的困扰，通过员工薪酬满意度调查可以找出导致问题发生的原因，确定是否是员工工资过低、管理不善、晋升渠道不畅等问题造成的，否则公司管理层只能凭主观臆断。

4. 评估组织变化和企业政策对员工的影响

员工薪酬满意度调查能够有效地用来评价组织薪酬政策和规划中的各种变化，

通过前后变化的对比，公司管理层可以了解到公司薪酬决策对员工薪酬满意度的影响。

5. 促进公司与员工之间的沟通和交流

由于保证了员工沟通自主权，那么员工就会畅所欲言地反映平时管理层听不到的声音，这样就起到了信息向上和向下沟通的作用。

6. 增强企业凝聚力

员工薪酬满意度调查活动有利于员工在民主管理的基础上树立以企业为中心的群体意识，培养员工对企业的认同感、归属感，不断增强员工对组织和集体的向心力、凝聚力。

三、薪酬满意度调查的设计

正如薪酬市场调查一样，在进行薪酬满意度调查之前也需要有一个总体的安排，设计出薪酬满意度调查的总体程序。以下列出薪酬满意度调查的简明步骤。

1. 确定如何进行薪酬满意度调查

薪酬满意度调查应确定是由企业人力资源管理部门自己来做，还是由企业中其他部门组织。考虑到薪酬满意度调查是针对内部员工的民主性调查，企业的决策层需要确定恰当的调查方式，以获得最准确的信息。

2. 确定调查任务

确定调查的主要内容，根据确定的内容决定调查任务、方法、技术手段和测量目标。

3. 制订调查方案

设计调查提纲，确定调查指标，列出调查问题，确定调查范围，选取调查对象，提出调查方法，决定是进行普查还是抽样调查。

4. 实施调查及收集调查资料

实施调查过程，完成调查问卷的回收，确保调查的数量和质量。

5. 处理调查结果

整理调查资料，检验、归类、统计，形成调查结果图表、文字、总体评价，提供综合调查报告。

6. 分析调查信息

就调查发现的问题进行分析并提出如何改革、纠正的具体措施。

7. 对措施的实施进行跟踪调查

这包括为企业制定新的薪酬政策，检测员工薪酬满意度调查的实际效果，准备下一轮的调查或其他相关的、专项的调查。

薪酬满意度调查的实施步骤中,最重要的是员工薪酬满意度信息的收集。信息收集的方法很多,标准问卷法是其中最常用的方法。

本章小结

薪酬水平是组织之间的薪酬关系,是组织相对于其竞争对手的薪酬水平高低。企业在进行薪酬水平决策和执行过程中会受到外部因素和内部因素的影响。为使薪酬水平成为企业吸引、留住人才的重要砝码,企业需要选取恰当的薪酬水平策略,如领先型策略、跟随型策略、滞后型策略、权变型策略和混合型策略等。而薪酬水平策略的决策很大程度上依赖于薪酬市场调查。薪酬市场调查可以增强企业对竞争对手的了解,有助于企业及时调整自己的薪酬战略。在企业内部,员工薪酬满意度调查是调整企业薪酬战略的重要工作。

思考题:

1. 简述影响薪酬水平的内部和外部因素。
2. 简述跟随型薪酬策略的优劣。
3. 试述薪酬市场调查的工作程序。
4. 简述薪酬满意度调查的含义。
5. 简述网络调查方式对薪酬调查的机遇与挑战。
6. 假设你是一个中型企业的最高管理者,在实施薪酬满意度调查时,你倾向于由谁来实施该项调查?为什么?

第五章 职位评价

职位评价是制定薪酬的基础,是用于解决薪酬公平性问题的一项人力资源管理技术。本章主要介绍职位评价的概念、作用、相关的术语、职位评价的工作程序,以及职位评价的五种主要方法等内容。其中,职位评价的含义与作用、职位评价的工作流程,以及排序法、分类法、要素计点法、要素比较法和海氏职位评价系统的具体操作步骤是本章重点。

第一节 职位评价概述

职位评价可以帮助企业建立一套内部职位公平标准,并根据预先设置的评价标准,比较组织中不同的职位,以确定一个职位的相应价值。它以职位分析的结果作为评价的事实依据。同时,职位评价又是科学、合理的薪酬制度设计的理论依据,因此需要运用科学的程序和方法对职位进行比较。

一、职位评价的含义

任何一个薪酬制度都要注意保持内部公平性和外部竞争性问题,而要解决内部公平性最有效的技术方法就是职位评价。制定职位薪酬主要根据不同的职位对组织的作用大小和相对价值来确定,通过职位评价,确定各个不同的职位在组织中的相对价值大小,相对价值越大的岗位,所获得的报酬也就越大,反之亦然。因此,本书对职位评价的概念作如下综合表达:职位评价是制定薪酬的基础,是一种通过系统化的过程确定职位相对价值的用于解决薪酬公平性问题的一项人力资源管理技术。具体地说,对职位评价的含义应把握以下几个要点。

1. 职位评价的评价对象是职位

"对事不对人",即职位评价的对象是企业中客观存在的职位,而不是任职者。职位评价是对职位五要素进行评价的过程。

（1）职位评价的基本要素——职位，职位评价从职位的工作内容、大小、方法、质量等方面进行评价。

（2）职位评价的能动要素——职位人，从职位的任职资格要求等方面进行评价。

（3）职位评价的保证要素——职责和职权，从职位所必需尽到的责任和职位所赋予的权利等方面进行评价。

（4）职位评价的条件要素——环境，从职位所处的各种环境方面进行评价。

（5）职位评价的动力要素——激励与约束机制，则从职位的业务流程、规范、职位所产生的激励等方面进行评价。

2. 职位评价是对具体职位定量化、抽象化的过程

职位评价衡量的是职位的相对价值，而不是绝对价值。职位评价是根据预先规定的衡量标准，对职位的主要影响指标逐一进行测定、评比、估价，由此得出各个职位的量值，使职位之间有对比的基础。同时，职位评价是一项评价技术，它需要根据事先规定的相对系统、能全面反映职位本质的一套评价指标体系，按照一定的程序，对影响职位的主要因素逐一进行评价。

3. 职位评价牵涉多种技术和方法的运用

职位评价是一项技术性强、涉及面广、工作量大的工作，它的开展需要大量的人力、物力、财力，还需要运用多学科的专业技术知识。程序上首先需要对性质相同的职位进行评判，然后根据评定结果再划分出不同的等级。

二、职位评价的作用

在工作中，我们经常会遇到工作职位的层次差异和等级排列问题。一些工作比另外一些工作更重要，从事重要工作的员工应该得到高的劳动报酬，否则，就会有悖于同工同酬、按劳（贡献）取酬的基本原则。因此，确定不同职位的相对价值，并使之成为企业薪酬决定和支付的基础，是职位评价的作用与任务。

自从专业分工和工厂化生产以后，职位之间已经有了层次和等级之分，但是职位评价作为一项正式的职位等级确定方式，是20世纪以后在西方一些企业产生和发展起来的。到20世纪60年代，美国已有近70%的企业使用各种方式的工作评价，并且大中型企业的使用率高于小型企业。英国20世纪60年代末的调查也显示，将近1/4的企业使用职位评价。同期，欧洲一些国家，如瑞典、前西德及荷兰等国的企业，职位评价也比较普遍地被使用。

职位评价的根本目的是决定企业中各个职位相对价值的大小。它包括为确定一个职位相对其他职位的价值所做的规范的、系统的、多因素比较，并最终确定该职

位的工资或薪酬等级。如果企业决策者通过工资调查（或直接职位评价技术）已经知道如何确定关键基准职位的工资水平，然后使用职位评价技术确定企业中同这些关键职位相关的其他所有职位的相对价值，那么决策者就能够公平确定其企业中所有职位的工资水平。需要强调的是，建立在职位评价基础上的薪酬体系，它体现的是一种组织内部的公平机制。当然，薪酬的设计还需要考虑外部因素的影响。

职位评价的具体作用有以下几点。

1. 对组织的职位按价值进行级别排列

职位等级常常被企业作为划分工资级别、福利标准、出差待遇、行政权限等各方面的依据，甚至被作为内部股权分配的依据，而职位评价则是确定职位等级的最佳手段。有的企业仅仅依靠职位头衔称谓来划分职位等级，而不是依据职位评价，这样有失准确和公平。举例来说，在某企业内部，尽管财务经理和部门经理都是经理，但他们在企业内的价值并不相同，所以职位等级理应不同。同理，在不同企业之间，尽管都有部门经理这个职位，但由于企业规模不同，该职位的具体工作职责和要求不尽相同，所以职位级别也不相同，待遇自然也不同。

2. 衡量不同职位的相对价值

通过职位评价，可以衡量出不同职位间的相对价值。为了达到这一目的，需要以相对价值的形式来体现职位间重要程度的区别。单个职位的绝对价值很难准确计算，因为价值的创造是集体工作的结果，对这种结果的贡献比例按职位进行计算是不现实的。但企业管理者却可以通过一个统一的评价标准，对不同职位之间的相对价值进行衡量，从而确定一个职位等级体系。

3. 是制定薪酬分配的基础

在薪酬结构中，很多企业都有职位工资这个项目。在通过职位评价得出职位等级之后，就便于确定职位工资的差异了。当然，这个过程还需要薪酬调查数据做参考。国际化的职位评价体系，由于采用的是统一的职位评价标准，使不同企业之间、不同职位之间在职位等级确定方面具有可比性，在薪酬调查时也使用统一标准的职位等级，为薪酬数据的分析比较提供了方便。职位评价解决的是薪酬的内部公平性问题，它使员工相信，每个职位的价值反映了其对公司的贡献。而薪酬调查解决的是薪酬的外部竞争性问题，即相对于其他公司的相似职位，公司的薪酬是否具有外部竞争力。明确的职位评价标准，便于员工理解企业的价值标准是什么，员工该怎样努力才能获得更高的职位。

4. 为建立公平合理的薪酬提供了依据

职位评价的一个重要目标是建立一种公平、合理的工资和奖金分配结构，以使人们相信在工作中付出大致相同的代价和劳动会得到同样的报酬。这就需要一种科学的方法来衡量职位间的相对价值，从而确定一个公平合理的、对员工具有良好激励作用的薪酬结构。例如，在以能级为中心的人力资源管理体系中，通过建立职位体系，将职位分为不同的级别，并在薪酬结构中设立相应的职级津贴。通过职级与能级的匹配，要求在较高级别职位上任职的人员必须具有较高的能级，使得薪酬管理与能级管理直接联系起来。

5. 科学地评定职位价值，使薪酬分配制度化、技术化

严格地说，职位评价在薪酬管理中的主要用途是确定职位薪酬的标准，或者说，它是以职位为基础的薪酬体系的分析工具。在处理企业内部分配不均的问题时，一个突出的矛盾是某些员工认为他们自己承担的工作与得到的报酬不相称，或者同其他员工相比，他们没有得到应有的报酬。解决这一问题的关键是寻找一种技术，能够客观、公正地对企业的各项工作进行科学的价值判断，以此作为评定报酬的基础。职位评价的作用就是用一系列的评估指标来评价某一职位在企业当中的相对价值，为职位薪酬奠定客观依据。职位之间的差异不能依靠人们的主观判断，必须进行科学的度量。职位评价提供了一套对工作进行研究和分级的技术和方法，它主要依据各个职位在整体工作中的相对重要性来确定工作等级，用相同的标准度量不同的工作职位，并把它们按照一定的标志分类、定级，确定之间的内在顺序。职位等级的制度化保证了薪酬结构的规范化，利于协调职位之间的关系，体现同工同酬的原则。尽管企业的薪酬水平是由企业内、外部多种因素决定的，但是企业内部各职位之间存在的与技能水平、重要性以及企业需求之间的顺序和层次关系对薪酬水平的确定具有毋庸置疑的重要性。换言之，在企业的生产和经营中，一些职位就比另外一些职位更为重要，或者更为稀缺。职位的层次区别实质上体现的是职位的价值差异。同理，职位价值不同，在不同职位从事工作的员工的劳动报酬也应该有所区别。因此，建立职位评价系统的直接目的是根据职位价值等级付给在该职位上任职的人以相应的报酬，体现高难度职位的任职者获得高报酬，而低难度职位任职者获得低报酬这样一个同工同酬的原则。

6. 为人力资源管理活动提供了决策依据

职位评价所提供的信息可以为企业确定人力资源招聘条件、培训技术标准等各种人力资源活动提供依据。通过职位评价，可以明确该工作职位的价值，企业可根据当前的资源合理安排各项活动的人力资源投入，以实现投入产出最大化。

此外，要发挥职位评价工作的作用，还必须注意以下几个方面的问题。

（1）职位评价必须坚持客观公正的原则。首先，要有科学的态度，即职位评价应运用教育科学、管理科学、心理科学、统计测量科学的基本原理，建立起规范可行的职位评价指标体系。使每项具体指标既有其确立的科学依据，又能比较全面、准确地反映每一工作职位履行职责的真实面貌。其次，要做到实事求是、因地制宜，既要注意到不同职位的层次、职责和特点，也要减少和克服主观随意性。

（2）职位评价要把握重点。首先，职位评价不要面面俱到、贪多求全，不能把一切有关联的或关联不紧密的细枝末节都列为评价内容。其次，职位评价的注意力不要只是集中在某一职位上的人本身，而应侧重于评价其履行职位职责的行为和结果。

（3）职位评价强调员工的参与，还要提高工作的透明度、职位评价过程中要发动和依靠员工积极参与。员工的自我评价是职位评价的一个基本环节，这种自我评价实质上是一个自我认识、自我教育、自我改进和自我提高的过程。评价前，要通过多种途径、广泛征求和听取各方面的意见或建议，发动广大员工积极参与，以制定出科学合理的评价方案和评价指标体系。评价中，既要公开有关职位评价的标准、办法、步骤和要求等，又要组织有直接关联的员工面对面或背靠背地参与评价，实行开放式评价。至于评价结果，包括对评价者的褒贬评语、存在的问题及处理意见等，都应在一定范围内公示于众。

（4）职位评价应注意运用集中评价与分散评价相结合的方式。从时间维度上讲，就是要将期末、年终的定期评价与平时评价、跟踪评价或过程评价等不定期评价相结合；从评价主体上看，就是要区分职位的层次和类别，关键职位均由上级领导对其进行评价，重点职位可由主管或主管部门负责评价，其余一般职位则由基层部门和单位自行评价。这种把集中与分散相结合的做法，有利于调动各级管理部门的积极性，增强职位评价的实际效果。

（5）职位评价还要注意将定性评价与定量评价相结合。定性评价是从"质"的方面对评价客体所作的价值判断，其评价结果通常是用概括性的文字来表述。这往往比较原则、抽象、缺乏说服力，而且难免带有评价者的个人情感色彩。至于定量评价，则是用数学计量的方法把各项工作指标折合成具体数字，然后进行叠加积分来表示其评价结果。这种评价的人为因素干扰较小，且客观性和直观性也较强，但却只能适用于部分项目和指标。因此，在进行职位评价时，必须坚持从实际出发，能量化的就直接量化，不宜直接量化的应进行较为客观准确的定性评价，做到定量评价与定性评价相结合。

三、职位评价的相关术语

（一）工作

工作指组织中一组职责相似的职位的集合。例如，在一个组织中，A 的职位是销售经理，B 的职位是销售主管，而 C 的职位是销售人员，这三个人的职位同属于销售部门。由此可见，职位同工作是有区别的，职位是工作的细化，是工作中的一个具体环节。

（二）职位

职位指员工担负的职务和责任，而不是指担任职务和责任的人员。因此，人员变动对职位没有影响，职位变动则一般要求人员变动，没有合适人选则实行职位空缺。职位的确定不由员工个人来决定，而是由组织根据工作内容、责任轻重、任职条件和适当的工作量加以确定的，因而职位一般可按照一定的标准和方法进行类别划分和等级划分。职位一旦确定后就具有相对的稳定性，除非具有充分理由并经有关部门同意，否则不得随意变动。

（三）职位分析

职位分析就是获得有关工作信息的过程，这些信息包括所需完成的任务方面的信息和有关完成这些任务所需要的人的特点。具体而言，职位分析是指通过一系列的程序和方法，找出某个职位的工作性质、任务、责任及完成该项工作所需的技能和知识的过程。职位分析要研究和决定一项工作的特定性质与职责，明确工作的各个细节，使人们比较深刻地理解工作对员工的要求，以及什么样的人员适合担当组织中的什么工作，从而为与工作有关的人事决策奠定基础。随着组织环境、社会需求、技术和组织战略的变化，一项工作的内容也可能随之发生变化。在组织还没有建立工作内容和对任职资格进行精确描述或者原来的描述已经过时的情况下，就需要进行职位分析。概言之，职位分析就是分析和了解工作内容、环境及其相应的资格条件。

（四）职位设计

职位设计即根据组织需要并兼顾个人需要，合理有效地处理个人与职位的关系，规定某个职位的任务、责任、权力及在组织中与其他职务关系的过程。一般来说，以上各项内容一经确定，任职资格也就基本确定，因此，职位设计也包括任职资格的认定。职位设计的结果就是工作规范，其实质是对现有工作规范的认定、修改或对新设职务的完整描述。职位设计是否得当，对激发员工的工作动机、增强他们的工作满意感及提高工作效率都有重大影响。激励理论认为，在员工需要向高层次发展时，他们的积极性主要来自于和职位本身相关的因素，职位设计得当，就能满足员工的内在需要。因此，从激励理论的角度看，职位设计是对内在奖励的设计。

第二节 职位评价的工作程序

职位评价在企业内部的职位与职位之间建立起一种联系，这种联系组成了企业整个的薪酬支付系统。它为薪酬体系的建立提供参考依据，决定职位在薪资等级中的位置，以此作为薪资发放的依据。当有新职位设置时，可以找到该职位较为恰当的薪酬标准。职位评价是建立薪酬内部公平性的基础，其目标是建立一种公正、平等的薪酬结构，使员工在工作中体现的能力、绩效与辛苦程度可以在收入上得到相应的回报。

当然，职位评价解决的主要问题是薪酬的内部公平性问题，它使员工相信，每个职位的价值反映了其对企业的贡献。职位评价实际上也是一个有力的沟通和管理工具，企业通过职位评价告诉员工组织的治理结构是怎样的，承担不同工作的员工对于组织的成功所扮演的角色有何不同；同时排列出组织内部各职位的主次序列，明确各个职位在整个组织中的相对位置，即相对重要程度。另外，职位评价还可以使员工与员工之间、管理者与员工之间对报酬的看法趋于一致和满意。各类工作与企业对应的报酬相适应，使企业内部建立一些连续的等级，从而使员工明确自己的职业发展和晋升途径，即员工在企业内部跨部门流动或晋升时，也需要参考各职位等级。透明化的职位评价标准，便于员工理解企业的价值标准是什么，员工该怎样努力才能获得更高的职位，引导员工朝更高的标准发展。因此，企业就需要建立一系列的职位评价程序。

一、目标选择与组织

职位评价从程序设计到实施过程等方面支持企业的战略实施和组织运行，这就决定了职位评价的目标选择与组织有关。职位评价的核心内容反映了企业发展需要的核心能力。职位评价根据组织发展所需的核心能力提炼出组织认同的报酬要素，同时，通过职位评价使组织的战略意图有效传递，从而支撑组织战略的实施。职位评价可以强化组织成员对权责体系的认识。作为连接职位和薪酬的桥梁，职位评价提供的信息，在薪酬的激励作用下，能够更好地为组织成员所接受。通过职位评价程序的设计使职位评价能够强化组织成员对职位所包含的职责、权力的认识，并指导员工的行为。

目标选择的导向作用可以提高流程运行的效率。职位评价通过薪酬与职位的相对贡献进行对应，并通过新的、变化的职位来确定差异薪酬，引导工作流程，提高运作效率。职位评价从程序设计到实施过程都能有效地引导员工行为,并提高员工对薪酬的满意度;它向员工指明组织重视他们工作的哪个方面,以及哪个方面有助于组织的战略成功。同时,职位评价程序通过建立可行的、一致同意的、能减轻随机性偏见、误差影响的薪酬结构,减少员工对职位间报酬差异的不满和争端。

二、方案设计

职位评价的方案设计中主要从以下五个方面进行。

1. 开展职位分析

收集工作信息对工作职位情况进行全面调查,收集有关职位方面的资料、数据,并写出调查报告,其中要特别说明基本的工作要素、任务、责任与其他工作职位的联系、工作条件、技能和能力要求。

2. 组建职位评价委员会

一般要求委员会成员最好由企业高层管理者、主管部门领导、人力资源管理人员和员工代表组成。职位评价委员会是职位评价工作的领导和执行机构。使用职位评价系统评价职位,由专家设计并讲解职位评价的原理和方法,以及职位评价委员会的工作方法,根据专家设计的职位评价方案框架,经由职位评价委员会讨论确认后执行。因此,应精心挑选评价者。理论上来说,职位评价者的人选是由那些熟悉被评价职位工作内容又十分了解职位评价体系的人员担任。但实际工作中,这样的人很难挑选到,且培养起来比较困难。所以实践中,由职位评价专家、一线员工、中高层管理者组成的职位评价委员会是较好的方案。此外,由于职位评价要求评价者有较高的判断力和察觉能力,评价者对评价方法、评价体系越熟悉,就越有可能减少误差,就有必要在职位评价前对评价人员进行相关的培训,提高同一职位评价人员对同一种对象的认知能力。

3. 挑选出合适的职位评价方法,确定该方法的"薪酬要素",并对工作职位进行评价

为有效地对工作职位进行评价,所选取的薪酬要素应具有以下特征。

(1) 它们必须存在于所评价的所有工作中。

(2) 各种薪酬要素的程度在不同工作中应有所不同,即同一薪酬要素在不同工作中的表现应具有一定的等级性,能区分不同的工作。

(3) 同一评价体系所选取的薪酬要素不能有重叠,否则,对重叠部分的薪酬要素将会重复计分,加重其比例。

(4) 选择薪酬要素应充分反映雇主、雇员、工会的意见,使评价方案易于接受。

(5) 确保所选择的薪酬要素是从工作中抽取出来。在职位评价的过程中，企业的薪酬要素确定后，各薪酬要素在总体计分中的权重比例是影响职位相对价值的一个重要因素。

4. 选择职位评价基准职位

职位评价者选择出若干个基准职位作为评价参照系数。一个企业中的基准职位是小部分的，一旦对这些基准职位做出排序，通过其他职位与基准职位的对比便能很容易地确定最终的职位次序。

5. 评价其他工作职位，确定最后的职位价值排列

以确定的基准职位为参照，对其他职位进行评价；在完成对全部职位的评价后，即可确定最后的职位价值排列。

职位评价方法在确定职位相对价值方面表现出一定的科学性和公平性。目前，越来越多的企业采用这种管理方法来对组织内部的职位进行测评，并且收到了不错的效果。

需要说明的是，进行方案设计之前先要进行职位评价因素的鉴定。运用相同的因素测量每一个职位，可以使职位在同一个标尺下进行比较。一个职位的企业内部价值的评价是建立在多个基础因素上的，即实际知识、解决问题和工作责任。实际知识是为了合格执行一个职位所需的所有技能总和，包括三个维度：技术知识、管理知识、人际交往能力。解决问题是实际知识的应用需求在工作中被表现出来的百分比。解决问题有两个维度：在企业组织结构中参与解决问题的范围，解决问题的困难程度和需要解决问题的数量。工作责任是员工对工作中的行为和结果所承担的责任。工作责任的维度包括：工作中行为和做决定的权限；对企业或部门的结果产生的直接影响；一个职位预期中对部门所能产生影响的范围和数量。

三、方案实施与情报分析

在职位评价过程中，需要评价者在头脑里通过对收到的各个职位工作信息进行研究对比，将它们归纳成可比较的"薪酬要素"，然后再反馈出对各个职位的"薪酬要素"评价的结果。职位评价的本质就是将描述信息转化为可比较信息的过程。因此，在进行职位评价之前，一定要通过职位调查和职位分析收集的基础信息资料：职位名称和编码，职位所属部门、上级部门或下级部门，职位上下级领导关系，职位工作的内容及职责权利，职位任职条件，职位的劳动条件与环境，职位对员工素质的综合要求，等等。

分析过程简单说就是确定每一职位各个薪酬要素。在评价某一职位时，由最了解该职位的专家介绍该职位的风险责任、工作内容、工作环境、脑力和体力要求等

情况。其他专家参考这些解释及《职位说明书》，根据自身对该职位的了解和判断独立地对每一个薪酬因素进行等级确定。数据处理小组的工作人员把评价数据收齐，用专门的数据处理软件对数据进行统计分析，及时反馈给评价专家小组。专家小组进行讨论，达成一致意见。

四、结果表达与运用

当所有职位评价结束后，将结果综合在一起评论，以确保结果的合理性和一致性。在职位评价之后，应在公开场合与员工进行正式的沟通。沟通的根本目的是让员工接受评价过程和最终评价结果，这需要公开、诚实和准备足够的信息，让员工去理解职位评价规则和职位评价对他们的影响。其做法是向员工详细讲解评价过程和每一步的行为方式，这样他们就会开始理解评价过程中所涵盖的内容和步骤，同时还需要建立一个公开和真诚的环境来尽量坦白地回答员工提出的问题。

评价结束后，把各个要素及其等级的定义、薪点值汇编成一本便于使用的指导手册，存档并作为以后薪酬方案设计的理论根据。

第三节　职位评价的主要方法

职位评价是在职位分析的基础上，依据职位分析所收集的资料信息，对职位的"相对价值"进行排序的过程。以往较为通行的职位评价方法有排序法、分类法、要素计点法、要素比较法或者这些方法的综合。现阶段企业逐步开始引用海氏职位评价系统，所以本节将着重介绍五种职位评价方法，分别是排序法、分类法、要素计点法、要素比较法和海氏职位评价系统

一、排序法

排序法是指根据各种工作的相对价值大小或对组织贡献的大小而由高到低对其进行排列的一种职位评价方法。排序法又称序列法、排列法。在这里，职位被作为一个整体来考虑，并通过比较简单的工作职位写实来进行相互比较。由于这种方法不将工作内容分解为组成要素，而只是根据工作职位的相对价值按高低次序进行排列，所以它也是诸多职位评价方法中最简单、最易操作的一种。

排序法的一个重要的前提是选择训练有素的评价人员，原因在于排序法中对职位的评价主要依靠分析人员的主观判断。所以，只有十分熟悉被评价职位，了解每

个职位所要求的技术和体能的分析员才能做出公正、客观的判断。

(一) 排序法的操作步骤

排序法是一种最简单的职位评价方法。其具体操作步骤如下。

1. 选择恰当的职位评价者和需要评价的职位

一般来说，需要建立一个由专业人士和企业管理人员共同组成的委员会来担任评价工作，并由他们来确定需要评价的职位。

2. 获取所需的资料

收集有关工作职位方面的资料、数据。一般可以通过进行职位分析，以职位说明书作为排序的资料依据。

3. 确定标杆职位（基准职位）

在职位分析的资料收集齐备后，一般要选择若干标杆职位作为参照系。这是排序法程序的关键，因为其他的职位都要依据标杆职位来进行排列。标杆职位首先必须要有代表性，能够涵盖该企业的职位的主要职能和特性。标杆职位需要处在职位之间的恰当位置，并合理地分散在现有的职位结构之中。

4. 进行评价排序

确立了标杆职位框架后，企业就可以对每个职位的全面评估、对其余职位进行排列了，也就是分析每一职位对组织来说是比某个标杆职位更重要，还是不如标杆职位重要，或者与标杆职位重要程度相当，并以此进行排列。

(二) 常用排序法

企业可以根据组织的具体状况选择适当的排序方法。常用的排序方法有交错排序法、比较排序法和简单排序法三种。

1. 交错排序法

交错排序法的工作原理是先挑选出价值最高的工作，再挑选出价值最低的工作，然后再选次高、次低，以此类推，直至得出全部工作的排列顺序。

2. 比较排序法

比较排序法是将排列的工作对象选出来进行对比，分出高低后，再将对比的结果综合比较，得出全部工作的排列顺序的一种方法。比较排序法是最早使用的职位分析方法，在一些西方企业，19世纪70年代—80年代已经开始使用。该方法是一种比较主观的评价方法，主要目的是设计一个纵向的薪酬结构。比较排序法的基本方法是配对排序法，也称对偶比较法，即运用一一对比的方法，将每个职位与其他职位按照其重要程度或者价值进行比较，确定出职位等级序列。该方法通常用于数个评价者对同一部门的不同职位进行评价，根据职位的要素进行比较排序。配对排

序法简单易行,适用于职位少、管理程序简单的工作,如办公室和行政科室等。它的缺点也比较明显,如主观判断性强,测评人员之间的价值判断差异大,不适宜在规模较大的企业中运用等。

3. 简单排序法

简单排序法是比较常规的方法,就是通过为评估者提供各项工作的特点让其进行高低排序。即由负责职位评价的人员,根据其对企业各项工作的经验认识和主观判断,对各项工作在企业中的相对价值进行整体的比较,并加以排序。在对各个职位进行比较排序时,一般要求评价人员综合考虑以下各项因素:工作职责、工作权限、职位资格、工作条件、工作环境等。权衡各个职位在各项因素上的重要程度并排定次序后,将其划入不同的工资等级内。简单排序法的主要优点是:简单,无需复杂的量化技术,不必请专家,主管者可自行操作,因而成本较低。但是这种方法缺点也很明显:缺乏详细、具体的评价标准,主观性较强,甚至完全凭借评价者的主观感觉进行排序;缺乏精确的度量手段,只能找出各个职位之间的相对价值,并不能确定它们之间价值差异的具体大小,因而无法据此确定某个职位的具体工资额,比如出纳和会计,只知道会计的价值比出纳高,具体高多少,就不得而知了;只适用于那些规模较小、结构简单、职务类别较少而员工对本企业各项工作又比较了解的小型企业。

(三) 排序法的优缺点及适用范围

1. 优点

采用排序法对职位进行评定时,其最大的优点就是简便易行、省时省力。另外,每个职位是作为一个整体来进行评定的,从而避免了对工作要素的分解而引起的矛盾和争论。

2. 缺点

首先,排序法完全是凭借评定人员的知识和经验主观地进行评价,缺乏严格的、科学的评判标准,使评价结果弹性大,容易受到其他因素的干扰,特别是当某一职位受特殊因素的影响(如在高空、高温、高寒或在有害有毒的环境下工作时),常会将职位的相对价值估计过高。其次,由于评价结果的正确与否,完全取决于评定人员的判断能力,而评定人员的组成和各自的判断能力并不是一致的,这就必然会影响评价结果的准确程度。要做出正确的排序,必须使评估委员会的成员对每一个需要评价的工作细节了如指掌,而要做到这一点难度是较大的。再次,由于对工作职位没有进行因素比较,此方法显得相对简单、粗糙。最后,在职位的数量太多时,排序法的使用难度很大。通常情况下,15种职位可能是使用排序法的一个上限。举例来说,在采取比较排序法的情况下,假如有 n 个职位需要排序,那么需要做出比较的次数为 n（n-1）/2。

3. 适用范围

由于此方法简单、易行，但缺乏精确性，所以它适用于结构稳定的企业、实力单薄的小企业，以及缺乏时间和财力做规划工作的企业。

二、分类法

分类法起源于 20 世纪 20 年代的美国，目前仍在许多企业中使用。与排序法不同的是，分类法强调的是职位类别的差异，而不是单个职位的差异。它的基本思路是：首先将各种工作职位按照最具代表性的特质设定一个分类标准，把具有相同特征的职位归为同一个"类别"，然后在分"类"的基础上，再按照职位说明书将同类别工作的其他特征差异分为不同的"级别"。

分类法一般将工作职位分成若干等级，然后在每一等级内选出一至两个关键职位，并附上职位说明和工作规范，接着评价每一工作职位，并逐一与各级的关键职位比较，相似的编为同一等级，最后排列出各级的高低的方法。它是排序法的改进，只不过比排序法多了一份等级说明而已，仍具有简单易行、费用较低的优点；同时，由于在进行等级定义时参考了指定的工作因素，故而比排序法更准确、客观。但是，等级定义是一项艰难复杂的工作。它是在职位分析的基础上，采用一定的科学方法，按职位的工作性质、特征、难易程度、工作责任大小和人员必须具备的资格条件，对企业全部（或规定范围内）职位所进行的多层次的划分，即先确定等级结构，然后再根据工作内容对工作职位进行归类。在这种方法中，关键的一项工作是确定等级标准。各等级标准应明确反映出各种工作在技能、责任等诸要素上存在的不同水平。在确定不同等级要求之前，要选择出构成工作基本内容的基础因素，但如何选择因素或选取多少则依据工作性质来决定。在实际测评时，不能把职位分解成各构成要素，而是要作为整体进行评定。职位分类同企业以外的职业分类标准存在密切的联系。企业单位在进行职位分类时，可依据、参照或执行各类职业分类标准。

（一）分类法的具体操作步骤

1. 职位分析

和其他方法一样，职位分析是基础的准备工作。由企业的专门人员组成评定小组，收集各种有关的资料、数据，写出调查报告。

2. 职位分类

按照生产经营过程中各类职位的作用和特征，首先，将全部职位划分为若干个大类。其次，在划分大类的基础上，进一步按每一大类中各种职位的性质和特征，划分为若干种类。最后，再根据每一种类中反映职位性质的显著特征，将职位划分为若干小类。

3. 建立等级结构和等级标准

由于等级数量、结构与组织结构有明显的关系，因此这一步骤比较重要和复杂。它包括以下三个方面。

（1）确定等级数量。等级的数量取决于工作性质、组织规模、功能的不同和有关人事政策。不同企业根据各自的实际情况，选择一定的等级数量，并没有统一的规定和要求。但无论是对单个的职务还是对组织整体都要确定等级数量。

（2）确定基本因素。通过这些基本因素测评每一职位或工作职位的重要程度。当然，不同的机构选择的因素也不同，应根据实际情况灵活处理。不同性质的组织，影响其工作职位重要程度的因素也不同。一般就以下因素来评价职位的重要程度：工作的难度与多样性，监督他人和被他人监督的程度，判断力的运用程度，所需知识，经验，职责，工作关系类型，需要创造力的程度。然后，明确等级定义，即对所分的等级进行概念性的明确描述。

（3）确定等级标准。因为等级标准为恰当区分工作重要性的不同及确定职位评价的结果提供了依据，所以它是这一阶段的核心。在实际操作中，一般是从确定最低和最高的等级标准开始的。

4. 职位测评和列等

等级标准确定后，对职位的测评和排列等就根据这些标准，将工作说明书与等级标准逐个进行比较，并将工作职位列入相应等级，从而也评定出不同系统、不同职位之间的相对价值和关系。在列等过程中，为了使分等更简单化，一般依据每个等级的特定要求，在每一等级中确定一标杆职位作为参照系，然后再进行分别列等。对小企业来说分类法的实施相当简单，若应用到有大量工作人员的大企业，则会变得很复杂。

（二）分类法的优缺点及适用范围

1. 优点

（1）比较简单，所需经费、人员和时间也相对较少。这种方法在工作内容不太复杂的部门，能在较短的时间内得到满意的结果。

（2）由于等级标准都参照了制定因素，所以其结果比排序法更准确、客观。当出现新的工作或工作变动时，按照等级标准很容易确定其等级。

（3）由于等级的数量及等级与组织结构之间的相应关系在各个工作列等之前就已经确定下来，因此采用分类法分出的等级结构就能如实反映组织结构的情况。

（4）由于分类法应用起来比较灵活，适应性强，因此为劳资双方谈判解决争端留有余地。

2. 缺点

（1）由于确定等级标准上的困难，对不同系统的职位评比存在着相当大的主观性，从而产生许多争议。

（2）由于等级标准常常在知道分类结果之后才能被确定，从而影响了评定结果，使其准确度较差。据有关资料介绍，目前欧美及日本等国家的企业一般不再采用分类法。

3. 适用范围

分类法比较适用于工作内容变化不大的组织，因此特别流行于公共部门。对工作内容变化较大的组织来讲，这一方法在使用时就面临诸多问题。

三、要素计点法

要素计点法是对各种工作评定点数，以取得各工种的相对工作值，并据此定出薪酬等级的一种技术方法。企业类型与工资制度和形式决定采用要素计点法，英国、美国等西方国家多采用500点计点法，而我国多采用600点计点法；各种因素（工作因素）的百分比也视企业的类型而不同。一般来说，美国企业较为广泛的分配比例是：智能占50%左右，责任占20%左右，体能和工作环境各占15%。但近年来随着自动化和技能化的发展，比例有所变动，需要企业根据实际需要进行调整、确定。

要素计点法，简单来说首先是选定职位的主要影响因素，并采用一定点数（分值）表示每一个因素，然后按预先规定的衡量标准，对现有职位的各个因素逐一评比、估价，求得点数，经过加权求和，最后得到各个职位的总点数。

要素计点法的原理是：基于职位的相对价值对每一个特定的工作或职位进行比较。因为职位性质不同无法直接比较，就要寻找不同质的职位中的同质要素进行比较，将一些具有代表性的同质要素在工作族中选择出来，设定一定的标准进行评价，即通过计点的方式反映职位的相对价值，依据职位价值的大小构建职位和薪酬等级结构。

（一）要素计点法的具体操作步骤

1. 首先确定职位评价的主要影响因素

职位评价所选定的因素是与执行职位工作任务直接相关的重要因素，归纳起来大致有以下四个方面。

（1）职位的复杂难易程度，包括执行本职位任务所需的知识、技能、受教育程度，以及必要的训练和实际工作经验等。

（2）职位的责任，包括执行职位任务对所使用的设备、器具、原材料、产品等的责任；对下属监督的责任，对主管上级应负的责任；对保管的文件资料、档案的责任等，即对涉及职位的人、财、物等方面的责任。

（3）劳动强度与环境条件，包括执行职位任务时的体力消耗、劳动姿势，以及环境、温度、湿度、照明、空气污染、噪声等因素。

（4）职位作业紧张、困难程度，包括执行职位任务时精神紧张程度，视觉、听觉器官的集中注意程度和持续时间的长短，以及工作的单调性等。

2. 根据职位的性质和特征，确定各类职位评价的具体项目

（1）各生产性职位的评价项目，一般包括：体力劳动和脑力劳动的熟练程度；体力劳动和脑力劳动的劳动强度、紧张程度；劳动条件对劳动者的影响程度；工作危险性；对物、财、人及上级、下级的责任等。

（2）管理职位的评价项目，一般包括：受教育程度；工作经验、阅历；工作复杂程度、工作条件；工作责任；组织、协调、创造能力、所受的监督与所给予的监督等。

3. 职位要素分类

可以按三大要素分类：个人条件、工作类别和环境、工作责任；亦可以分为四大类：智能、责任、体能和工作环境。然后根据需要将三类要素随职位进行划分，取出包括高、中、低三个工资层次的10～15个职位，求出各类要素比重的平均差。例如，在企业中，个人条件占40％、劳动类别和工作环境各占15％、工作责任占30％，据此作为工作值的评价起点。

4. 职位因素分级与点数配置

将工作因素分为5个等级，将500个点配置于各等级工作要素中。在运用点数法时，要力求对评价要素的定义清晰、简明，每一等级的分级界限也要清楚。

5. 职位定义及分级

企业对每一个职位的工作内容都要有详细具体的规定，并形成文字和说明书，包括应完成的工作、操作机器的类型、体力和脑力劳动的程度、工作环境、工作潜在危险及劳动保护等，都要明确列出，内容越详尽、具体，分级越少偏差，评价越明确。

6. 职位等级与点数配置

根据点数法原则，点数相同的工作者之间工资报酬相同。因此，必须对不同级别的工作值加以区分。例如，将满分定为500分，最低分固定为150分，再将剩余分值划分成10等份，每等份的均差为35分，点数越少者，等级越低。第一等为150

分；第二等为 150 分～185 分；第三等为 185 分～220 分；第四等为 220 分～255 分；第五等为 255 分～290 分；第六等为 290 分～325 分；第七等为 325 分～360 分；第八等为 360 分～395 分；第九等为 395 分～430 分；第十等为 430 分以上。

7. 工资市场调查及市场工资率

工资市场调查的直接目的是为雇主确定企业支付雇员工资总额和结构提供参考，间接目的是为了防止企业之间雇员工资收入差异过大，不利于企业间的竞争。

对职位要素的分类、分级、评定点数的最终目的，是评定出该项工作完成以后，可以获得多少报酬和工资收入。有两种薪酬收入的分配方式，一种是确定工作等级和点数之后，制定相应的工资率，按级别决定每项工作的工资；另一种方法是经过市场调查以后，获得市场工资率，然后将工作等级和点数换算成市场工资率决定每项工作的货币工资额。后一种方法比较先进，也比较合理，但实施起来难度和成本较大。

（二）要素计点法的优缺点及适用范围

1. 优点

要素计点法最大的优点就是其科学性、客观性及由此带来的相对公平性；另外，一旦系统设计完成，使用起来是十分方便的；同时，它具有广泛的适应性，适合于任何职位，容易被人理解和接受；由于它是若干个评定要素综合平均的结果，并且有较多的专业人员参与评定，从而大大提高了评定的准确性。

2. 缺点

虽然使用方便，但其系统设计却十分困难，专业性很强、工作量大、较为费时费力，定义和权衡要素的技术要求很高，需要选择一些对工作和职位熟悉的专家，采取背靠背的方式打分，然后将分数汇总后选择一个平均值。因此，其在选定评价项目以及给定权数时还带有一定的主观性。

3. 适用范围

要素计点法是目前国外企业中使用较为普遍的一种职位评价方法，一般的组织都可以使用此方法进行职位评价。但因其复杂性和高成本，一些组织结构简单、实力单薄的小企业不愿使用此方法。

四、要素比较法

要素比较法最初是计点法的一个分支，也是按要素对职位进行分析和排序。它和要素计点法的主要区别在于：各要素的权重不是事先确定的，而是先选定职位的主要影响因素，然后将工资额合理分解，使之与各影响因素相匹配，最后再根据工资数额的多少决定职位的高低。该方法于1926年由高速交通股份公司的E·J·本奇和他的助手们最先提出，他们是在试图完善要素计点法时创立了要素比较法的最初形式。因此，要素比较法仍然体现了计点法的一些原则，但两者的主要区别在于：要素的分配形式和工作等级转换成工资结构的方法不同。从某种程度上讲，这种方法是一种混合方法，兼有排列法和计点法的特征。

要素比较法是按规定的评价因素对选定的标准职位进行评分定级，制定出标准职位分级表，把非标准职位与标准职位分级对比并评价相对位置的方法。要素比较法中，要素的数量通常比计点法少。本奇坚持认为，只要根据工作的性质做些修改，仅仅几个基本要素就能适用于几乎所有的工作。本奇对要素选择分为：对体力劳动，他采取智力、技能、体力、责任、工作条件五个因素；对职员、技术和管理人员，他采用智力、技能、身体、工作条件、监督管理的责任、其他责任六个因素。

因此，要素比较法就是一种量化的职位评价方法，是在确定关键职位和付酬因素（即企业认为应当并愿意为之支付报酬的因素）的基础上，再运用关键职位和付酬要素制成关键职位排序表，然后将被评职位就付酬要素与关键职位进行比较，确定被评职位的工资率。要素比较法常用要素有：智力条件、生理条件、技能条件、职责、工作环境五种。

（一）要素比较法的具体步骤

1. 选择标准职位

在要素比较法中，标准职位的选择是一项既困难又重要的操作，因为评价结果的可靠性是以所选择的标准职位为依据的。选择标准职位必须具备两个条件。

（1）这些职位必须具有代表性，必须能被所确定的因素清楚地描述和分析。

（2）标准职位本身要能代表不同的等级，并能充分显示出每个要素的不同重要程度；而且这些职位能表现出工作职位的等级，并充分显示每一要素重要程度的不同等级；同时，在确定的范围内能够准确地给予定义。

2. 根据这个标准职位建立起来的等级必须能被大家所接受

这是指该等级能成为建立全新的工作等级薪酬制的标准，并且其薪酬同当地劳动力市场上相同工作的薪酬不能差别太大。在采用要素比较法时，标准职位数量的选取要恰当。如果太多，通过该方法对工作职位进行排列所耗费的时间会很多；如果太少，测评结果的误差就会相对高些。一些专家认为，实行要素比较法至少要选择30个标准工作职位。在实际操作中，所选择的标准职位数量一般为15~30个，过多则排列要素时所需时间会过长，过少则产生误差。

3. 选定各职位共有的影响要素作为评价的基础

共有的影响要素一般包括以下 5 项。

（1）智力条件，包括记忆力、理解力、判断力、所受教育程度、专业知识、基础常识等。

（2）技能条件，包括工作技能和本职位所需要的特殊技能。

（3）责任条件，包括对人的安全，对财物、现金、资料、档案、技术情报保管和保守机密的责任，对别人的监督或别人对自己的监督。

（4）身体条件，包括体质、体力、运动能力，如持久性、变动性、运动速度等。

（5）工作环境和劳动条件，如工作地的温度、湿度、通风、光线、噪声等。

4. 将标准职位按照选定的要素进行排列

标准职位被确定后，按照所选定的要素按相对重要程度依次排列，制定出标准工作分级表。排列工作由评定小组的每一个成员分别进行分级，然后将分级结果提交给评定小组做综合分析。

5. 将标准职位按照选定的要素确定工资额

对标准职位进行排列之后，直接对每一职位确定工资额，即根据每个要素在该工作中的重要程度，按一定比例确定其相应的工资值，并据此对工作重新进行排列。这是要素比较法比其他方法复杂之处。需要特别说明的是，不同的评价人员对每个要素在工作中的价值可能做出不一致的评价，这就需要评价小组进行协调，达成共识。

6. 比较 4、5 两次排序得出的结果，删除有争议的工作职位

将按要素排序的结果与按薪酬待遇排序的结果进行比较。有时会遇到对某一工作职位的某要素，按评价要素排序和按薪酬待遇排序结果不一致的情况。这时，评价小组应重新协商，使二者的顺序一致，也可通过调整不同要素的薪酬比例来消除不一致；实在无法调整修正，就要删除该有争议的工作职位，按步骤 1 重新选择一个有代表性的工作职位。

7. 对其他职位进行排列

企业中尚未进行评定的其他职位，与现有的已评定完的标准职位进行对比，如职位的某要素相近，就按相近条件的职位工资分配计算工资，其累计后就是本职位的工资。当所有工作职位的月薪酬标准确定以后，按其价值归级列等，就编制出工作职位系列等级表。

(二)要素比较法的优缺点和适用范围

1. 优点

(1) 评价结果较为公正、耗费时间少。要素比较法把各种不同工作中的相同要素相互比较,然后再将各种要素进行累计,主观性减少了。进行评定时,所选定的影响要素较少,从而避免了重复,简化了评价工作的内容,缩短了评价时间。

(2) 减少了工作量。由于要素比较法是先确定标准职位的系列等级,然后以此为基础,通过同主要工作职位相比较得出其余各工作职位的系列等级,这样的程序使得该方法简便易行、系统量化,大大减少了工作量。

(3) 富有一定的弹性。进行评定时,所选定的工作评价要素较少,各要素又无上限,从而避免了重复,扩大了适用范围。

(4) 赋予了各要素货币值。要素比较法是一种较为系统和完善的工作评价方法,可靠性比较高,并且根据评价结果可直接得出相应的具体工资额,减少主观性。付酬要素的赋值标准无上、下限之分,故较灵活,增加了企业操作过程中的灵活性。工资结构可以在评价中自然得出。

2. 缺点

(1) 各个影响要素的相对价值在总价值中所占的百分比完全是考评人员的直接判断,这必然会影响评定的精确度。

(2) 操作起来相对比较复杂,尤其是给要素注上货币值的时候很难说明其理由。运用起来难度较高,需聘请专家指导方可进行,因此成本较高。当然,在评价过程中仍不可避免地带有一定的主观成分,加之不易被员工理解,因此会使一部分员工对其公平性产生怀疑。

(3) 由于作为对比基础的主要职位的工资额,只是过去的或现行的标准,随着企业生产经营的发展和劳动生产率水平的提高,特别是消费品价格的波动,企业总要适当增加员工的工资。为了保证职位评价的正确性,在增加工资时,应给所有的职位增加相同百分比的工资。

3. 适用范围

要素比较法能提供各职位进行比较后的相对量化价值,所以它被广泛应用于各类组织中。许多专业人力资源机构研究出不同的要素比较法,为不同的组织建立了不同报酬要素评价体系。例如,海氏(Hays)咨询公司采用的职位评价法,它注重三项报酬要素:技术诀窍、解决问题的能力和所担负的义务。有时,在对某些具有一定危险程度的工作进行评价中,也会用到第四个因素——工作条件。因此,它可以适用于规模较大的公司,但在选择要素时易出现不具说服力的问题,所以在公司规模很大时不太适合。

五、海氏职位评价系统

海氏职位评价系统是一个典型的交叉方式的要素评价体系,是由美国著名薪酬专家艾德华·海与其同事在20世纪50年代研究出来,并在以后的几十年中不断进行修改,成为目前企业中运用最广泛的职位评价方法之一。海氏职位评价系统有效地解决了不同职能部门的不同职务之间相对价值的相互比较和量化的难题。海氏职位评价系统是国际上使用最广泛的一种职位评估方法。据统计,世界500强的企业中有1/3以上的企业职位评价时都采用了海氏评估系统。它通过三个方面对职位的价值进行评价,并且通过较为正确的分值计算确定职位的等级。

海氏职位评价系统的三个薪酬因素是:技能技巧、解决问题、承担责任。每一个因素又被细分成若干个子因素,并且这些因素都可以进行表达。

第一个因素技能技巧,指工作所需要的知识和实际运用技能,包括专业技术知识、管理诀窍、人际关系三个子因素。其中,专业技术知识是指知识、技术和实际操作方法;管理诀窍是指计划、组织、执行、控制、评估的能力和技巧;人际关系是指沟通、协调、激励、培训、关系处理的技能。

第二个因素解决问题,指在工作中发现问题、分析诊断问题并提出建议,做出权衡与评估以及决策等,包括思维环境和难度、挑战两个子因素。其中,思维环境是指任职者在何种思维环境中解决问题,是明确的既定规则,还是只有一些抽象的规则;难度和挑战是指任职者解决问题的难度,对创造性、创新性的要求,是按照老规矩办事,还是解决没有先例可依的问题。

第三个因素承担责任,指任职者的行动对最终结果可能造成的影响,包括行动的自由度、对结果的影响、财务责任三个因素。其中,行动的自由度是指任职者可以自主地做出行动的程度,是完全按照既定的规范行动,还是没有明确规范的情况下行动;对结果的影响是指对工作结果的影响是直接的还是间接的;财务责任是指财务上能决定运用的金额数量是多少。

为什么用这三个要素来评价一个职位是科学的呢?该评价法认为,一个职位之所以能够存在的理由是必须承担一定的责任,即该职位的"产出"。那么通过投入什么才能有相应的"产出"呢?是担任该职位人员的知识和技能。那么具备一定"知能"的员工通过什么方式来取得产出呢?是通过在职位中解决所面对的问题,即投入"知能"通过"解决问题"这一生产过程,来获得最终的产出"应负责任"。

海氏职位评价系统对所评估的职位按照以上三个要素及相应的标准进行评价打分,得出每个职位评价分。职位评价就是将根据三薪酬因素,判断各职位的具体等级,找出对应的分组,通过计算得出最后职位的评价得分,即:

评价得分＝技能技巧得分＋解决问题得分＋承担的责任得分

其中技能技巧得分和应承担责任得分和最后得分都是绝对分，而解决问题的评价分是相对分（百分值），经过调整后为最后得分后才是绝对分。

利用海氏职位评价系统在评估三种主要付酬因素方面不同的分数时，还必须考虑各职位的"形状构成"，以确定该因素的权重，进而据此计算出各职位相对价值的总分，完成职位评价活动。所谓职务的"形状"，主要取决于知能和解决问题的能力两因素相对于职位责任这一因素的影响力的对比与分配。从这个角度去观察，企业中的职位可分为三种类型：

"上山"型。此职位的责任比技能、技巧与解决问题的能力重要，如公司总裁、销售经理、负责生产的干部等。

"平路"型。技能技巧和解决问题能力在此类职务中与责任并重，平分秋色，如会计、人事等职能干部。

"下山"型。此类职位的职责不及技能技巧与解决问题能力重要，如科研开发、市场分析干部等。

通常要由职务薪酬设计专家分析各类职位的形状构成，并据此给技能技巧、解决问题的能力这两因素与责任因素各自分配不同的权重，即分别向前两者与后者指派代表其重要性的一个百分数，两个百分数之和应为100%。

下面，利用海氏职位评价方法对某一企业中的销售小组长、产品技术开发人员、销售经理这三个职位进行职位评价。

首先，根据技能水平对销售小组长、产品技术开发人员、销售经理这三个职务做相应的技能因素的相对价值评价。

销售经理在企业中全面主管营销事务，而营销工作往往是企业中最难应付的工作，需要很高的管理技巧，因此在管理技巧方面是全面的；销售经理要精通营销管理的各项专门知识，并要在下属当中树立起自己的绝对权威，方可充分调动广大营销人员的积极性，因此在专业知识方面应是权威；在人际技巧方面，他需要熟练的人际技能，这是关键。因此，营销副总的技能因素价值设定为1400。

产品技术开发人员负责企业的研发工作，要求有很高的专门知识，因此在专门知识方面应该精通专门技术；在管理技巧方面，因其主要工作是独立开展研究活动，无需管理或很少有开展管理活动的必要，所以应为起码的；在人际技能方面，应为基本的。因此，产品技术开发人员的技能价值设定为304。

销售小组长在专业知识方面的要求比较高；在管理诀窍方面，做好本职工作、管理好下属方可；在人际技能方面，因为与顾客交流的时间最多，需要擅长人际处理技巧。所以，其技能因素价值设定为175。

其次，根据解决问题能力的要求对销售小组长、产品技术开发人员、销售经理这三个职务做相应的解决问题能力评价。

销售经理是企业市场的开拓者,每天都要面对瞬息万变的市场独立做出营销决策,很多情况下企业都缺乏明确的政策指导,其思维环境属"抽象规定的"。为了占领市场,销售经理需要开展高度的创造性工作,这些工作在企业无先例可循,其思维难度要列"无先例的"。因此,解决问题能力设定为技能的87%。

产品技术开发人员在产品开发过程中受到行业规范、各种技术标准等的限制,其思维环境属"广泛规定的";但由于产品开发属于高度创造性的活动,其思维难度应属"无先例的"。因此,解决部下能力设定为技能的66%。

销售小组长属于基层管理者,管理活动受到企业各种规章制度和上级的约束,其思维环境属"标准化的";其管理不需要有太多的创造性,基本上是"模式化的"。因此,解决问题能力设定为技能的25%。

再次,根据承担的职务责任对销售小组长、产品技术开发人员、销售经理这三个职务做相应的职务责任评价。

销售经理在企业的地位很高,享有广泛授权,行动的自由度高,属"战略性指引";销售经理全面主管企业的营销工作,所起的作用是最高的、主要的;销售经理的决策有时直接决定企业的生死存亡,其职务责任是关键的。该职务在这一因素的整体评分设定为1056。

产品技术开发人员的行动自由度比较大,属于方向性指导;职务责任不大,只有少量的影响;对后果形成的影响比较大,因为其对企业新产品开发和企业进一步发展有直接影响,因此属于分摊的。该职位在这一因素上的整体评分设定为264。

销售小组长行动自由度小,只属"标准化的",对经济后果的责任也属最低、"微小的"。因此,该职位在这一因素上的整体评分设定为57。

综合以上结果,即可分析销售小组长、产品技术开发人员、销售经理这三个职务的"职务状态构成"。职务状态构成是海氏提出,他认为职务具有一定的"形态",这个形态主要取决于技能和解决问题的能力两个因素相对于职务责任这一因素的影响力间的对比与分配。根据海氏职位评价系统法,上述三种职务分别属于以下三种类型。

第一,销售经理属于"上山型"。该职务的责任比技能与解决问题的能力重要。

第二,产品技术开发人员属于"下山型"。该职务的责任不及技能与解决问题能力重要。

第三,销售小组长属于"平路型"。技能和解决问题的能力与责任并重。

根据三种职务的"职务形态构成",赋予三种职务、三个不同因素以不同的权重,即分别向三个职务的技能、解决问题的能力两因素与责任因素指派代表其重要性的一个百分数,这两个百分数之和恰为100%。根据一般性原则,可以粗略将

"上山型""下山型""平路型"两组因素的权重分别设定为（40%+60%）、（70%+30%）、（50%+50%）。这样我们将这三个职务在三个因素上的工作评价得分及其相应权重汇总如下：

销售经理评价总分＝［1400×（1+87%）］×40%+1056×60%=1680.8

产品技术开发人员评价总分＝［304×（1+66%）］×70%+264×30%=432.448

销售小组长评价总分＝［175×（1+25%）］×50%+57×50%=137.875

根据上述计算结果可以看出，用海氏职位评价法评价出的分数，比直觉性的主观评估要精确和合理。

海氏评估系统能科学地、公平地、直观地评价各类管理人员以及员工的工作绩效，使他们认清自己的技能技巧水平、解决问题能力、承担责任方面的各自特点，能激发各类管理人员以及员工的工作热情，促进企业的生产和效益的提升。

长期以来，职位评价为组织内部的薪酬等级决策奠定了基础，是确保组织内部薪酬公平的一个重要工具和手段。然而，近年来，随着企业经营环境以及很多职位工作性质的变化，传统的职位评价方法受到质疑，有人主张用含义更为广泛的工作评价，从而把角色、胜任力和团队情况也考虑进来。同时一些企业面对复杂多变的职业变动情况，采用所谓的市场定价法。但不可否认的是，无论职位评价的最新发展为何，传统的职位评价方法在企业中仍处于主流地位。

本章小结

职位评价是制定薪酬的基础，用于解决薪酬公平性问题的一项人力资源管理技术。职位评价的评价对象是职位，是对具体职位定量化、抽象化的过程，牵涉多种技术和方法的运用，根本目的是决定企业中各个职位相对价值的大小。对工作、职位、职位分析、职位设计等职位评价工作中涉及的术语需要准确把握。

职位评价的工作流程及排序法、分类法、要素计点法、要素比较法和海氏职位评价系统的具体操作步骤在实际的薪酬管理工作中是难点也是重点，需要结合实际加以运用。

思考题：

1. 简述职位评价的内涵及作用。
2. 试述工作、职位、职位分析、职位设计的含义。
3. 简述工作评价的工作流程。
4. 简述要素计点法的优缺点。
5. 试述海氏职位评价系统三个薪酬因素及其在企业"上山""平路""下山"三类职位中的对比与分布。

第六章　薪酬结构设计

本章着重介绍薪酬结构的设计。第一节是薪酬结构概述，阐述了薪酬结构的基本内容，薪酬结构设计的原则以及步骤；第二节着重从横向和纵向两个方面介绍薪酬结构基本体系设计，第三节对现在流行的宽带薪酬结构作了简要的探讨。

第一节　薪酬结构设计概述

一、薪酬结构的基本内容

薪酬结构是指薪酬的各个组成部分及其各部分在薪酬总额中所占的比重，薪酬结构的设计一般都是薪酬内部一致性与外部竞争性之间平衡的结果。薪酬结构具体包括下面两个维度。

1. 横向结构维度

横向结构维度是指在一个员工的薪酬总额中不同薪酬形式的组合及组合中各要素所占的比例关系。薪酬形式的组合包括以下两点。

（1）薪酬类别之间的组合，如基本薪酬、可变薪酬及间接薪酬的组合。

（2）各类别薪酬内部要素的组合及比例，如基本薪酬内部的职务薪酬、能力薪酬和技能薪酬的组合及比例，可变薪酬中的短期可变薪酬和长期可变薪酬的组合以及比例等。

2. 纵向结构维度

纵向结构维度指同一组织内部不同职位或不同技能薪酬水平的对比关系，即组织中各种工作岗位、职位之间或不同技能等级之间薪酬水平的比例关系，包括不同层次工作之间报酬差异的相对比值和不同层次工作之间报酬差异的绝对水平。一个完整的薪酬纵向结构包括以下内容：薪酬的等级数量，同一薪酬等级内部薪酬变动的范围（最高值、中间值及最低值），相邻两个薪酬等级之间的交叉和重叠关系。

二、薪酬结构设计的基本原则

1. 战略原则

薪酬结构设计的战略原则，是指企业的薪酬结构设计要与企业发展战略有机地结合起来，使企业的薪酬结构或薪酬计划成为实现企业发展战略的重要杠杆。因此，在进行薪酬设计时，一方面，需要时刻关注企业的战略需求，通过薪酬设计反映企业的战略，反映企业提倡什么、鼓励什么、肯定什么、支持什么；另一方面，要把企业战略转化为对员工的期望和要求，然后把对员工的期望和要求转化为对员工的薪酬激励，体现在企业的薪酬结构设计中。

2. 公平原则

公平性是指薪酬等级的确立应符合组织工作的实际情况，等级数量与组织内的工作或技能岗位相符，每个员工获得与其对组织贡献相一致的报酬。要实现薪酬公平，薪酬结构设计的结果和设计的过程都要公正。结果公正强调保持组织内部员工薪酬实际差异的合理性，因此，薪酬结构设计应以职位和从事职位所需的技能为基础。过程应强调薪酬结构设计和管理的民主与科学，所以应使员工参与决定薪酬结构的过程。如果薪酬结构适用于所有员工，员工参与薪酬结构制定过程，制定了对薪酬不满的申诉程序、使用准确的数据，那么薪酬过程可视为是公正的。"公正不仅应该得到实现，而且应该以人们看得见的方式实现"。这是一句经典的法律格言。决不能忽视过程公正的重要性，因为过程公正是结果公正的必备条件。当薪酬结构设计做到了过程公正与结果公正，那么可以认为该设计具有公平性。具有公平性的薪酬结构设计可以提升员工对企业的忠诚度并最终有助于实现组织的战略目标。

3. 激励原则

所谓激励性，指薪酬结构的设计与调整应当使处在每一等级的工作人员因为等级内的薪酬变动或上升到更高等级的薪酬档次而产生努力工作的愿望。因此，每一薪酬等级的中位值与相邻等级的中位值之间要有适当的差距，以体现不同等级的不同贡献；同时，薪酬变动范围与薪酬变动比率的设计与调整，要能够反映同一等级内工作人员的努力情况和工作实绩的变化，并且兼顾相邻等级的薪酬差别。

4. 竞争原则

高薪对优秀人才具有不可替代的吸引力，因此企业在市场上提供较高的薪酬水平，无疑会增加企业对人才的吸引力。但是，企业的薪酬标准在市场上应处于一个什么位置，要视该企业的财力、所需人才的可获得程度等具体条件而定。例如，高级管理人员与专业技术骨干这类人才，目前在我国尚属稀缺资源，反映在薪酬方面，这两类资源不仅有较高的货币性要求，而且有较多的非货币性要求和其他要求。因此，在进行薪酬设计时，要充分考虑到这类型人力资源对薪酬设计的独特性要求。

5. 合法原则

薪酬结构的设计要符合国家的法律、法规和政策的规定。国家立法通过有关劳动工资的各种法律、法规，是规范社会分配行为、调整薪酬关系、实现社会福利目标的法律准绳，任何组织决定薪酬结构和薪酬水平时都必须遵守。政府制定一定时期内的宏观经济政策，对组织的薪酬结构设计同样具有引导和制约的作用。

6. 可操作性原则

所谓可操作性，指薪酬结构应当尽量简明、准确和量化，便于考核和调整。如果薪酬结构设计得太复杂，导致企业的一部分员工不能理解，那么会对薪酬结构的公平性和可靠性产生怀疑；同时，薪酬结构的设计如果不便于量化，那么将增加薪酬给付的主观因素，可能对公平性造成破坏。

三、薪酬结构设计的方法与步骤

1. 制定薪酬原则和策略

企业薪酬策略是企业人力资源策略的重要组成部分，而企业人力资源策略是企业人力资源战略的落实，说到底是企业基本经营战略、发展战略和文化战略的落实。因此，制定企业的薪酬原则和策略要在企业的各项战略的指导下进行，要集中反映各项战略的需求。薪酬策略作为薪酬设计的纲领性文件要对以下几个方面的内容做出明确规定：

（1）对员工本性的认识、对员工总体价值的认识、对管理骨干即高级管理人才、专业技术人才和营销人才的价值评估等。

（2）企业基本工资制度和分配原则。

（3）企业工资分配政策和策略，如工资拉开差距的标准、工资、奖金、福利的分配依据及比例标准等。

2. 职位分析与职位评价

职位分析是做好薪酬结构设计的基础和前提。通过这一步骤，将产生出清晰的企业岗位结构图和工作说明书体系。职位评价为薪酬结构设计提供了科学的理论基础，它以科学的评价对组织中各个职位的相对价值大小做出比较客观合理的评定，反映各个职位相对价值量的薪点（总点值），从而为设计和建立更加科学的薪酬结构提供基本条件，为更合理地确定各职位的薪酬水平提供直接的客观依据。

3. 薪酬调查

企业要吸引和留住员工，不但要保证企业薪酬制度的内在公平性，而且要保证企业工资制度的外部竞争性。通过进行薪酬市场调查，可以了解同行和相关行业劳动力市场的流行薪酬率，在此基础上可以直接或间接的参照同行的薪酬标准作为给付标准，或者通过调查确定某些基准工作的给付标准，然后按照相对价值为其他工作确定薪酬标准。因此，薪酬调查可以为雇主确定或调整雇员的薪酬结构提供参考，确保企业薪酬制度外在公平性的实现。

4. 薪酬结构设计

通过工作分析和薪酬调查，即可确定企业内部每一项工作的理论价值：工作完成难度越大，对员工的素质要求越高，对企业的贡献越大，对企业的重要性越高，就意味着该工作的相对价值越大，因而该工作的薪酬也越高。理想的薪酬结构应该体现两个方面的关系，一是所评价职位之间的关系，二是推导出的职位所对应的外部市场薪酬之间的关系。设计出的薪酬结构要在该职位等级的薪酬内部一致性和外部竞争性之间保持协调。

5. 薪酬结构的修正和调整

薪酬方案出台后，关键还在落实，在落实过程中不断地修正结构方案中的偏差，使薪酬方案更加合理和完善。另外，还需要建立薪酬管理的动态机制，根据企业经营环境的变化和企业战略的调整对薪酬结构方案适时地进行调整，使其能够更好地发挥作用。

第二节　薪酬结构基本体系设计

一、薪酬横向结构设计

薪酬横向结构设计是确定员工的薪酬总额中不同薪酬类别的组合方式，以及在其薪酬中各要素所占的比例关系。因此，在进行薪酬的横向结构设计时主要确定以下两个方面。

第一，薪酬类别之间组合的方式及比例，即基本薪酬、可变薪酬、间接薪酬的组合方式及各自所占的比例。

第二，各类别薪酬内部要素的组合及比例，如基本薪酬内部的职务薪酬、能力薪酬和技能薪酬的组合及比例，可变薪酬中的短期可变薪酬和长期可变薪酬的组合及比例。

一个理想的薪酬结构应当具备如下特征：有较高的基本薪酬和间接薪酬，能够吸引和留住人才；同时，要有足以拉开差距的可变薪酬，充分调动员工的积极性；

并辅之以长期激励的可变薪酬,将员工自身利益与企业的长期利益结合起来,尽可能避免短期行为;为发挥团队的整体效应,增强员工的团队精神和集体意识,抑制员工之间的恶性竞争,还应当考虑采用收益分享等群体激励计划;在基本薪酬中,既要考虑职位薪酬,又不能忽视技能薪酬等。

总之,在确定薪酬结构的过程中,始终要坚持的一条指导思路是:在薪酬预算总量一定的前提下,尽可能地提高薪酬激励功能。因此,企业应当根据其行业选择、发展阶段、竞争方式选择、工作性质等因素来设计适合自己的薪酬结构,充分发挥薪酬的功能。

(一)薪酬结构的选择

1."行业选择"对应的薪酬结构设计

不同的行业性质强调不同的薪酬战略。例如,高科技行业需要强调员工个人的能力,实施以能力为基础的薪酬制度就比较适合;而劳动密集的传统行业相对比较重视技能,如纺织行业,因而技能工资可能就比较适合该行业的特征。另外,不同的行业性质决定了不同行业的奖励重点不同,导致可变薪酬的差异。高科技行业主要奖励能力,同时因为强调合作,所以注重团队激励。而传统行业主要奖励产出,强调个人对组织的贡献,重视对个人的激励。

2."企业发展阶段"对应的薪酬结构设计

企业的发展阶段可分为初创与迅速发展阶段、正常发展至成熟阶段、无发展至衰退阶段。对应不同的发展阶段,其薪酬结构设计也有所不同,见表6-1。

表6-1 企业发展阶段与薪酬结构

企业成长阶段	经营战略	薪酬组合
初创与迅速 发展阶段	以投资促发展	较高基本薪酬 中、高等可变薪酬 低等水平福利 股权激励
正常发展至 成熟阶段	保持利润与 保护市场	平均的基本薪酬 较高比例的可变薪酬 中高等的福利水平 利润分享股权激励
无发展至 衰退阶段	收获利润并 向别处投资	较低的基本薪酬 与成本控制相结合的奖金 较低或标准的福利水平

一般来说,企业在初创与迅速发展阶段一般倾向于采用领先策略,在成熟阶段一般采用稍微领先或是匹配的策略,而在衰退阶段通常采用匹配甚至是落后的薪酬

策略，因为此时它的支付能力非常有限，要考虑对劳动力成本的控制。

企业在初创期和成熟期的工资结构更强调报酬的激励作用，拉开收入档次，差别要相对大一些，因此可变薪酬的比例比较高。而在衰退期的薪酬差别相对要小。

企业的发展阶段不同，奖励的重点和奖励的数量也有所不同。企业在初创阶段和高成长阶段比较注重奖励员工不断创业和发展，通常以长期激励为主，如采用全面参与或有限参与的股票期权和员工持股，而在企业的衰退期则比较注重奖励成本控制。此外，企业在高成长阶段时奖励的数量可能会大一些，而在衰退阶段的奖励很少或几乎没有，这主要是因为企业在高成长阶段有比较强的支付能力，而在衰退期的支付能力则非常有限。

3. "竞争方式选择"对应的薪酬结构设计

竞争策略包括总成本领先策略、差异化策略和集中化经营策略。总成本领先策略要求企业保持低成本的竞争优势，差异化策略是指将公司提供的产品或服务标新立异，形成一些在全产业范围中具有独特性的东西。集中化经营策略是主攻某个特定的顾客群、某产品系列的一个细分区段或某一个地区市场。

采取成本领先策略的企业通常具有结构分明的组织和责任，因此一般会选择以职位作为薪酬支付的基础，注重严格的工作分析和职位评价，并以此为标准来支付报酬；而采用差异化策略的企业以吸引高技能工人、科学家和创造型人才为主，通常会倾向于将能力作为工资支付的基础，向员工支付能力工资。

采取成本领先策略的企业，受支付能力的影响，不同职位之间的薪酬差别相对较小。而采用差异化策略的企业，如高新技术企业，支付能力比较强，同时更关注在研发、产品开发和市场营销部门之间的团队协作，因此倾向于采取宽带型的薪酬结构，缩小工资的等级，拉大薪酬差距。

采取成本领先策略的企业，更关注和强调成本控制和成本节省，以满足严格的定量目标为激励的基础，因此通常倾向于采用以成本节省为基础的奖金计划，同时更偏重于短期激励。而采用差异化策略的企业，更倾向于采用以收益分享为基础的奖金计划、期权、员工持股等一系列风险收益和长期激励计划，以实现对高级技术工人和创新型知识员工的吸引和保留。

4. "工作性质"对应的薪酬结构设计

工作的性质对薪酬结构模式的选择具有重大的、直接的影响。其主要体现在以下三个方面。

（1）工作的程序性。简单、易管理、劳动分工细、组织性强的职位，可以选择职位薪酬模式，如普通的行政管理职位。

工作内容、工作完成方式及工作结果等都存在着很大不确定性，需要员工进行目标设定和工具、方法选择，并进行风险控制的非程序性工作，对员工的综合素质要求较高，适宜采用能力薪酬模式。例如，高层管理者的工作通常都是非程序化的，可以采用能力薪酬模式。

（2）工作的专业性。若一项工作的完成需要一项或多项专业的技术作支撑，如高科技企业中的研发人员等，他们所掌握的技能对工作的高质量完成起到了重要的作用，则可以主要采用技能薪酬模式。采用技能薪酬模式可以让组织中优秀的技术人才安心于本职工作，不必再为谋求高薪酬而放弃自己的技术去争取那些自己并不擅长的管理职位。

（3）工作与绩效的联系。个人对工作的控制力较强、个人绩效可以量化的一类工作，可以采用绩效薪酬模式，以促使员工通过进一步努力来提高其自身业绩，如销售职位。而对于那些个人绩效难以量化的一类工作，则不宜采用绩效薪酬模式。

在企业的薪酬结构设计中，可以综合各种薪酬模式，针对企业的实际情况进行取长补短，以弥补单一薪酬模式的缺陷。例如，对于销售人员，可以将绩效薪酬与基本薪酬结合起来，以此在增强对员工激励的同时使得员工更具有安全感。

（二）薪酬结构比例的设计

1. 固定薪酬与浮动薪酬的比例设计

本书第一章已就薪酬的构成方面包括基本薪酬、浮动薪酬与间接薪酬的性质进行了介绍。由于基本薪酬和间接薪酬都具有稳定性，因此，本节将基本薪酬与间接薪酬统称为固定薪酬。

固定薪酬与浮动薪酬在激励性、确定性、灵活性、风险性及薪酬职能等方面是不同的。固定薪酬可以保证员工的正常生活，使员工有安全感，但是如果固定薪酬过多，有可能使员工产生懒惰情绪，不思进取，削弱薪酬的激励与制约功能。因为企业对员工工作表现和成绩的认可、对员工的激励主要来源于薪酬中的浮动部分。但如果浮动薪酬所占比例过大，又会使员工缺乏安全感及保障，还会使得员工的薪酬差距拉大而导致某些员工心理不平衡，不利于吸引和留住员工。因此，在薪酬设计中要合理设计结构比例。

根据固定薪酬与浮动薪酬在薪酬中所占比例的不同组合，可将薪酬结构分为以下三类。

（1）高弹性薪酬结构类型。

特点：这是一种激励性很强的薪酬结构设计，固定薪酬部分比例比较低（基本薪酬甚至可以为零），而浮动部分比例比较高。

优点：激励功能较强；薪酬与绩效紧密挂钩，不易超支。

缺点：薪酬水平波动较大，不易核算成本；员工缺乏安全感。

适用条件：员工的工作热情高；企业人员流动率较大；业绩的伸缩范围较大的

岗位，如营销。

（2）高稳定薪酬结构类型。

特点：该类型的稳定性很强，基本薪酬是薪酬结构的主要组成部分，企业福利水平高，因此固定薪酬比例非常高，而浮动薪酬处于非常次要的地位。

优点：薪酬波动不大，容易核算成本；员工安全感较强。

缺点：缺乏激励功能；企业人均成本稳定，容易形成较重负担。

适用条件：员工的工作热情不高；企业人员流动率不大；员工业绩伸缩空间较小。

（3）调和型薪酬结构类型。

特点：浮动薪酬和基本薪酬各占一定的比例。基本薪酬部分趋向于高刚性，然后配以与员工个人绩效紧密挂钩的浮动薪酬，甚至是比较灵活的员工福利（如自助餐式的福利计划）。

优点：员工既有安全感又有激励性。

缺点：其薪酬系统的制定比较困难。

企业在进行薪酬结构设计时，可以选择混合型的薪酬结构策略，即针对不同的职位、不同人才的特点及不同发展阶段选择不同的薪酬结构。

2. 短期薪酬与长期薪酬之间的比例设计

短期薪酬主要包括员工的基本工资和短期奖金，长期薪酬包括员工所获得的股票、期权等。短期薪酬和长期薪酬之间的比例通常跟员工的等级层次有关。

不同层次的员工，其薪酬结构比例遵循下列原则。

（1）基层人员：在其总薪酬中，基本薪酬比例应该最高，可变薪酬比例次之，其股权收益比例应该最低。总之，在企业基层员工的薪酬总额中，短期薪酬往往占很高比例。

（2）中层管理人员：在其总收入中，其基本薪酬比例有所降低，可变薪酬的比例及其股权收益比例则相应提高。在企业中层管理人员的薪酬总额中，短期薪酬的比例较之基层人员有所下降，但仍是薪酬中的主要组成部分。

（3）高级管理人员：在其总收入中，其基本薪酬比例应该是最低，可变薪酬比例次之，其股权收益比例应该最高。在企业高层管理人员的薪酬总额中，短期薪酬的比例进一步下降，甚至可能会低于长期薪酬所占的比例。

总之，在薪酬结构的横向设计时，要注意体现激励对称的思想，使员工对股东权益承担的责任与薪酬形式相对称。利用股权的"金手铐"作用，拴住经理人才、研发人员、高级技术工人等关键员工，并以多种激励形式的组合达到让员工满意的效果。

二、薪酬纵向结构设计

在本章第一节中提到，薪酬结构的纵向结构维度是指组织中各种工作岗位、职位之间或不同技能等级之间薪酬水平的比例关系，包括不同层次工作之间报酬差异的相对比值和不同层次工作之间报酬差异的绝对水平。本节将讨论如何进行薪酬的纵向结构设计。

薪酬的纵向结构设计主要包括下面三个方面的内容。

第一，组织内部以职位或等级区分的薪酬等级的数量。

第二，同一薪酬等级内部的薪酬变动范围（或称薪酬等级宽度、薪酬变动比率）。

第三，相邻两个薪酬等级之间的交叉与重叠关系。

一个完整的薪酬结构的模型如图 6-1 所示。

（一）薪酬等级数量的设计

1. 薪酬等级划分

薪酬等级是指同一组织中不同职位或技术等级的不同薪酬标准所能形成的梯次结构。在薪酬管理的实践中，薪酬等级划分的数目应视企业的规模和工作的性质而定，其多少并没有绝对的标准。一般来说，如果级数过少，员工会感到难以晋升，缺少激励效果；相反，若数目过多，会增加企业管理的困难与成本。

薪酬等级的划分通常包含"等"的划分和"级"的划分。适用等级工资制的组织结构通常较为庞杂，组织层次较多，与此相对应，薪酬体系中"等"的划分可能会多达二十几层，而"级"的划分数目则要少得多，可能是一等一级，也可能是一等多级。而宽带薪酬结构较适合于扁平化的组织，组织层次较少，因此，薪酬体系中"等"的划分数目通常也有限，一般在 4~15 等之间。薪酬等级的划分除了和组织结构是否扁平化有很大关系外，还要考虑组织中各个岗位或技术职称设置的复杂性。一般来说，组织中各岗位之间的价值差异越大，或技术职称的等级划分越多的，薪酬等级的划分通常也越细。一般来说，可以分为两大薪酬等级类型。

（1）分层式薪酬等级类型。分层式薪酬等级类型即所谓的等级工资制，特点是企业的薪酬等级比较多，呈金字塔形排列，员工薪酬水平的提高随着个人职位级别的提高而提高。这一类型在成熟的、传统的等级型企业中常见。这种薪酬结构要求对每个等级的工作进行细致描绘，明确每人的职责。选择分层式薪酬等级类型的组织强调薪酬政策的差异性，认为这种薪酬结构承认员工之间在技能、责任相对组织贡献上的差别，客观性较强，更能体现公平性要求；而且较多的等级和频繁的职位晋升具有更强的激励机制，更能鼓励员工积极参加培训、勇于承担责任风险，更具开拓创新精神。另外，选择该等级类型操作简单，易于管理。

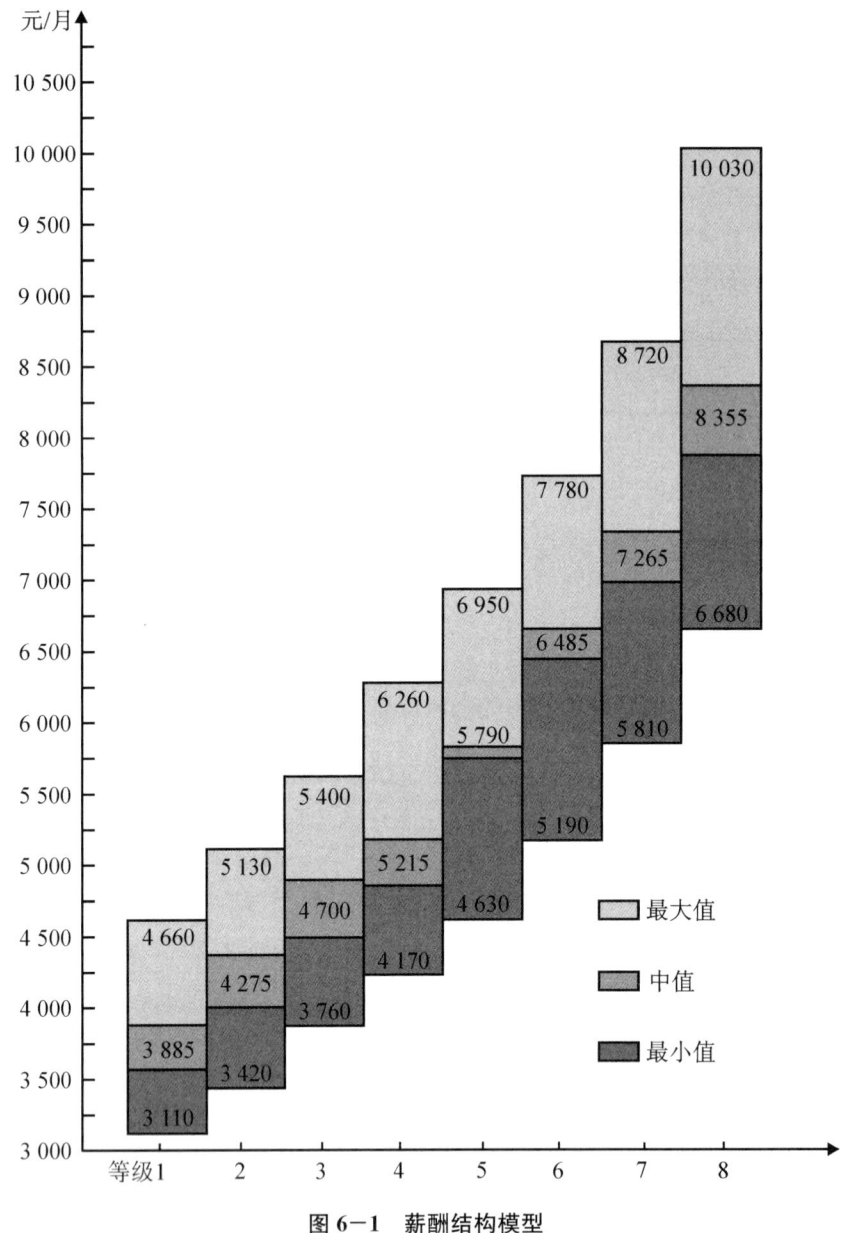

图6-1 薪酬结构模型

但是，薪酬水平简单地与职位的行政等级直接挂钩，重管理、轻技术、研究和销售，没有体现不同性质职位对企业的重要性，无法有效激励优秀专业技术人才；对员工个人能力的增强和职位职能的变化反应也较迟钝，内部公平性不够；会在企业内部形成等级森严的气氛和工作环境，不利于团队合作，且容易出现论资排辈现象。

（2）扁平型薪酬等级类型。扁平型薪酬等级的特点是企业内部薪酬等级少、相邻等级之间和最高与最低等级之间薪酬差距较小的薪酬结构。员工薪酬水平的提高既可以是因个人职位级别向上发展而提高,也可以是横向工作调整而提高。

薪酬等级的减少,使每个等级上员工的任务和职责范围更广,员工拥有更大的决策自主权;同时,较小的薪酬差异有利于消除员工之间身份上的距离感,增强组织内部的亲和力。选择扁平型薪酬结构的组织,强调薪酬政策的平等化,认为平等对待每个员工,会提高员工的满意度和团结,在各部门形成团队精神,以提高员工的绩效。此外,这种较为简单的薪酬结构也有助于减少薪酬管理的工作量和成本。

扁平型的薪酬结构通常适合于组织结构较为简单、职位界定清楚、工作完成主要依赖于工作团队和部门的具有较强的协作精神和管理制度规范的企业。但是,扁平型薪酬结构也必须保持一定的薪酬等级差异,否则,容易导致平均主义的分配而降低员工的工作效率,并使优秀员工流失。本章第三节"宽带薪酬"将对此予以详细介绍。

2. 薪酬等级数目的确定

通过上面的分析可知,分层式薪酬等级类型与扁平型薪酬等级类型各有特点。因此,不同的企业要针对各自的实际情况进行选择与设计适合自己的薪酬等级数目。在选择与设计中应该考虑的主要因素有以下几点。

(1) 职位的数量与相似性。如果把职位价值评估结果或技术评定结果相近的职位归并组合成若干个等级,企业中职位数量越多,职位之间的差异越大,种类越多,范围越广,薪酬等级就应该越多;与此相反,如果职位相似并可以很容易就被分组或分等,则可以采取比较少的薪酬与职位等级。可以利用第五章介绍的要素记点法来进行观察,职位评价点数越集中,则等级数目就越少。

(2) 企业文化背景。主要考查企业文化背景是否能够接受比较大的薪酬差距。文化与观念意识对薪酬等级数目的影响主要表现为对分配中收益权和公正性的价值标准和判断上。受不同文化背景和观念的影响,企业成员对收益权的合法性、薪酬结构的公正性会有不同的判断标准和不同的反应行为。中国长期存在的中庸文化和小生产的观念就曾经导致了在分配中平均主义的泛滥。改革开放以后,文化和价值观的变化正改变着人们对分配中收益权界定和薪酬结构公正性的社会判断,并有效地推动了薪酬制度的改革。

(3) 薪酬管理上的便利。如果企业为了管理上更加方便,那么薪酬等级数量越少越好。

(4) 企业的晋升政策。如果企业倾向于以晋升来激励员工的积极性,可考虑采用较多的薪酬等级。

（二）薪酬变动范围

1. 中位值的确定

薪酬区间的中位值或中值是一个很重要的薪点，又被称为控制点。企业各个薪酬等级的薪酬变动范围就是根据中位值来确定的。一般来说，中位值根据外部市场薪酬调查数据和内部职位评价数据通过回归的方式确定下来，影响某等级中位值大小的因素主要是某职位等级的现行市场工资水平，中位值通常代表了该职位等级在外部劳动力市场上的平均薪酬水平，反映了受到良好培训的员工在其工作达到规定的标准时应该得到的薪酬。当然，企业在确定某一薪酬等级的中位值时，也不一定完全按照市场平均水平来定位，可以根据企业的薪酬水平策略而分别处理，如根据具有竞争力的薪酬水平来设定。

与中位值相关的一个概念是薪酬市场比较比率，我们通常用这一概念来表示员工实际获得的基本薪酬与相应薪酬等级的中值或者是中值与市场平均薪酬水平之间的关系。大多数组织会力图将自己的实际平均薪酬水平与市场平均水平之间的比较比率控制在100%左右，这样，薪酬结构既能通过职位评价体现内部公平性，同时又能与外部市场薪酬保持一致而体现外部公平性。

例如：企业的某职位薪酬中值为2500元，市场平均水平为2500元，则比较比率为100%；若中值为2450元，市场平均水平为2500元，那么比较比率为98%。如果中值为2750元，市场平均水平为2500元，那么比较比率为110%。

一般来讲，当某职位中位值的市场比较比率超过110%或低于90%时，企业就应当认真分析到底是内部的职位评价原因，还是外部薪酬市场因劳动力供求关系波动等因素产生的报酬过高或过低，然后根据分析结果来进行适当的调整。当然，如果企业的薪酬策略是希望支付高于市场的薪酬以吸引或留住优秀的员工，那么可以设立高于市场比较比率的中位值。

2. 薪酬变动范围的含义

由于职位评价的结果相同或相近并不意味着在该职位上工作的员工对公司的贡献和价值也相同或相近，因为还存在个人主观因素，如能力、资历还有实际贡献的差别。因此，每个薪酬等级往往并非像理论上那样只有一个单一的工资值，而是把每一个薪酬等级设定在一个合理的薪酬区间，用于反映这些实际上的差距。这时，职位级别所对应的薪酬水平往往是一个范围，其下限为起薪点，上限为顶薪点，员工薪酬的变动范围一般不超过该薪酬等级的上下限，除非员工的职位发生变动。

薪酬变动范围是指在同一个薪酬等级中，薪酬最高值（顶薪点）和最低值（起薪点）之间的差距，也可以称为薪酬区间。它实际上是指某一薪酬等级内部允许薪酬变动的最大幅度。

薪酬区间（薪酬变动范围）＝最高值－最低值

3. 薪酬变动比率的含义

薪酬变动比率是指同一薪酬等级内部最高值与最低值之差与最低值之间的比率，用公式表示就是：

$$薪酬变动比率=\frac{(最高值-最低值)}{(最低值)}\times 100\%$$

假定某一薪酬等级的最高值是3600，最低值是2400，其薪酬变动范围是2400至3600，则薪酬变动比率$\frac{3600-2400}{2400}\times 100\%=50\%$

在确定薪酬结构的过程中，一般不直接确定薪酬等级的最高值和最低值，而是通过确定该薪酬等级中的薪酬变动比率，再根据薪酬变动比率和中位值来计算薪酬的最高值和最低值。其计算公式为：

$$顶薪点=\frac{中位值}{1+\frac{薪酬变动比率}{2}}$$

$$顶薪点=中位值\left(1+\frac{薪酬变动比率}{2}\right)$$

例如，假设某薪酬等级中，中位值是3100，薪酬变动比率为50％，则：

$$起薪点=\frac{3100}{1+\frac{50\%}{2}}=2480（元）$$

$$顶薪点=3100\times\left(1+\frac{50\%}{2}\right)=3875（元）$$

在薪酬水平的中位值确定的情况下，薪酬变动比率的改变会在很大程度上改变某一薪酬等级区间的顶薪点和起薪点。随着薪酬变动比率的增大，最高水平变得更高，而最低薪酬水平变得更低。我们把上面的薪酬变动比率改为70％，则：

$$起薪点=\frac{3000}{1+\frac{70\%}{2}}=2296（元）$$

$$顶薪点=3000\times\left(1+\frac{70\%}{2}\right)=4185（元）$$

4. 影响薪酬变动比率的因素

通常是在薪酬水平的中位值确定的情况下，通过薪酬变动比率来确定薪酬等级区间的顶薪点和起薪点，由于中位值在前面我们已经提过，它主要是由外部市场薪酬调查数据和内部职位评价数据通过回归方式确定下来的，所以下面将重点讨论影响薪酬变动比率的因素。

（1）职位价值。职位价值越低，其对应的薪酬等级的浮动幅度就越小；职位价值越高，其对应的薪酬等级的浮动幅度越大。这是因为：不同的职位对企业具有不同的价值。一些职位所承担的责任以及对企业的贡献是有限的，所以如果在这些薪酬等级上确定比较大的薪酬变动比率，一方面不利于企业控制成本，另一方面也不符合这些职位对企业的实际贡献，也不符合外部劳动力市场上的平均薪酬水平状况。反之，针对那些对企业有很大价值的工作，只有薪酬的浮动幅度比较大，才能激励那些承担对组织价值比较大工作的员工努力工作。企业可以根据各职位类型价值的不同，分别确定它们的薪酬变动比率（注：职位价值从上到下递增），见表6－2。

表6－2　不同价值的职位类型对应的薪酬变动比率

职位类型	薪酬变动比率
生产、维修、服务等职位	20%～25%
办公室文员、技术工人、专家助理	30%～40%
专家、中层管理人员	40%～50%
高层管理人员、高级专家	50%以上

（2）职位层级。不管程度如何，组织结构总是呈现某种金字塔形式。从事较低职位工作的员工通常在组织中会有较大的晋升空间。因此，如果员工希望获得超过目前所处薪酬等级上限的薪酬水平，他们可以通过谋求晋升来进入更高一层的薪酬等级；反之，级别越高，员工继续晋升的空间和可能性就越小，因此需要设置比较大的浮动幅度来激励他们努力工作，留住资深的优秀员工。

（3）能力差距。特定职位所需的技术和能力是不同的。所需技能水平较低的职位所在的薪酬等级变动比率要相应的小一些，所需技能水平较高职位所在的薪酬等级变动比率则要大一些。总之，能力差距越大，任职者所付出的努力越大，浮动幅度就越大。

（4）企业文化和管理倾向。如果企业文化强调拉开收入档次，鼓励或接受收入差距，其浮动幅度亦会设置得比较大。

（三）相邻两个薪酬等级之间的交叉与重叠关系

相邻薪酬等级之间的关系有三种基本类型：分离式、接合式和重叠式，如图6－2所示。

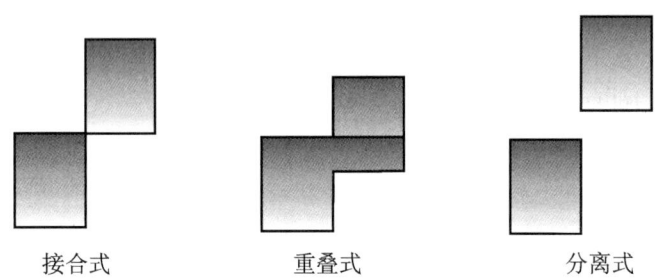

接合式　　　重叠式　　　分离式

图6－2　相邻薪酬等级关系的三种基本类型

重叠式是最常见的形式，它是指各薪酬等级的最高值和最低值之间有一段交叉和重叠的情况（除了最高薪酬等级的最高值和最低薪酬等级的最低值之外）。

重叠式的薪酬结构特别适合于中层以下的职位。这是因为，在目前企业内部的薪酬等级数量比原来减少，晋升的机会也比原来减少的情况下，如果相邻两个薪酬等级的区间水平差异过大，那么会造成这样一种情况，即某人一旦得到晋升，那么其薪酬水平会立即比原来的薪酬等级所对应的薪酬区间的上限还要高出许多。同时，对处在下一个薪酬等级上的一位工作多年的老员工来说，他的薪酬水平可能还不如一个工作年限少很多，但是却有幸晋升到上一个薪酬等级的人。如果这种晋升的差异确实是由工作绩效所导致的，也许还不会引起太大的不公平感。但是如果企业原来在两位员工的晋升决策上就很犹豫，因为两位员工的能力和工作绩效都差不多，职位却只有一个，只能晋升其中的一位。在这种情况下，如果因为晋升所导致的薪酬差异又很大的话，这必然会导致未被晋升员工的强烈不满，同时会导致企业内部的晋升竞争更加激烈，矛盾也更多。相邻薪酬等级的区间存在适当交叉和重叠的做法可以有效避免上述问题或矛盾的产生。它一方面可以避免因晋升机会不足而导致未被晋升者的薪酬增长局限，另一方面又为被晋升者（绩效优秀者）提供了更大的薪酬增长空间而对被晋升者产生了激励。但是，重叠的区域也不应该太大，否则会限制不同薪酬等级之间的区间中值的差异，甚至出现上级的薪酬低于下级的情况。

相邻薪酬等级重叠程度（简称薪酬区间的叠幅）反映相邻等级之间公共的薪酬区间，它可以用重叠系数来表示，计算公式为：

$$重叠系数 = \frac{（低等级的顶薪点 - 高等级的起薪点）}{（高等级的顶薪点 - 低等级的起薪点）}$$

事实上不难发现，相邻等级之间的交叉设计和这两个等级的薪酬浮动幅度是密切相关的。在决定了所有薪酬等级的薪酬区间后，薪酬间的交叉就自然而然地决定了。一般而言，薪酬变动比率越大，叠幅越大；薪酬变动比率越小，叠幅越小。

学界之所以还要研究相邻薪酬之间的交叉，主要是基于以下两个考虑。

（1）企业所期望的员工分布。如果希望通过晋升使某个等级的员工人数增多，则要减小该等级与下一等级的重叠，甚至没有重叠，形成缺口。

（2）企业的管理倾向。为了鼓励员工晋升到某职位，分离的缺口必须足够大，以引导员工去寻求并接受提升机会或接受所需的必要培训。

在交叉与既定的薪酬区间相矛盾时，一般建议根据交叉去调整在上一步中认定的薪酬区间。

第三节　宽带型薪酬结构设计

一、宽带薪酬的内涵

根据美国薪酬管理学会的定义，宽带型薪酬结构是指对多个薪酬等级及薪酬变动范围进行重新组合，从而变成只有相对较少的薪酬等级及相应的较宽薪酬变动范围。宽带薪酬实际上是将企业通常实行的相对比较多的薪酬级别合并压缩减少成几个薪酬级别，同时扩大每一个薪酬宽带的覆盖面和薪酬浮动的范围，形成一种宽波段薪酬体系，简称为"宽带薪酬"。一般来说，每个薪酬等级的最高值与最低值之间的区间变动比率要达到100%或100%以上。一种典型的宽带型薪酬结构可能只有不超过4个等级的薪酬级别，每个薪酬等级的最高值与最低值之间的区间变动比率则可能达到200%～300%。而在传统薪酬结构中，这种薪酬区间的变动比率通常只有40%～50%。

宽带型薪酬结构早在1980年即由美国加利福尼亚地区圣地亚哥的美国海军研究所设计和采用，当时采用的动因是两个研究实验室的合并及实验室高层管理者担心政府刻板的薪酬管理可能成为合并中的问题。宽带型薪酬结构能给予实验室必要的弹性，并能使其在加利福尼亚劳动力市场中具有竞争力。这种薪酬结构得到有效运作，后来美国政府的其他实验室及一些大公司，如美国的GE、英国的ATKINS等也借鉴采用。目前这一薪酬管理模式已被越来越多的企业所接受和应用。IBM公司在20世纪90年代以前的薪酬等级一共有24个，后来被合并为10个范围更大的等级。

在传统的企业薪酬管理体系中，企业的职位薪酬机构通常是一个员工人数以"金字塔"形状分布的垂直型组织结构，薪酬往往是与一个人在组织中的行政地位或行政职级相匹配的，即一个人在一个组织中所担任的职位越高，则他所能够获得的工资、福利甚至奖金就会越多。在这种情况下，员工薪酬具有职级多、级差小、浮动范围小的特点。而企业对普通员工却没有其他有效的激励方式，低职位者无论在自己的职位上干得多么出色，也始终不可能得到太高的工资收入，因而晋升成了员工提薪的"独木桥"。

宽带薪酬的实质是从原来注重职位薪酬转变成为注重能力或绩效薪酬。但宽带薪酬与职位薪酬体系并不是对立的，宽带薪酬结构也可以应用于职位薪酬体系，但更适用于技能和能力薪酬体系。事实上，薪酬宽带本来就是技能或能力薪酬体系赖以建立和有效运营的一个重要平台。在职位薪酬体系下，企业可以将传统的多等级薪酬结构加以适当合并来形成宽带薪酬；而在建立技能或能力薪酬体系的情况下，公司可以将专业类、管理类、技术类及事务类等职务分别划入各自单一的薪酬宽带。员工在自己的职业生涯的大部分时间中可能都只处于同一个薪酬宽带之中，但是随着他们获得新的技能、能力，承担新的责任，或者绩效改善，他们就能够获得更高的报酬。

宽带薪酬把很多职位归类到同一个职级当中，使同一职级的薪酬人员类别增加，一些下属甚至和主管享受一样的薪酬待遇。这样设计的原因是考虑到某些优秀的低职级员工实际上比高职级的员工对企业的价值更大，如一个技能超常的技工可能比车间主任的作用更重要。因此，宽带薪酬结构使得员工薪酬有了更加灵活的升降幅度，对员工的激励作用得到很大程度上的加强。

但是，我们应该看到在现实中几乎没有纯粹的以岗定薪或者以技能、业绩定薪，很多企业采用的都是一定程度的组合薪酬体系。比如，采用职位薪酬体系的公司也一定程度上利用了绩效薪酬来增强其激励作用，只不过公司会根据其具体的情况和职位的不同性质来协调两者的比例。同时，职位薪酬体系各级别的薪酬本身也具有一定的浮动范围，并非固定不变。所以，从这个意义上说，宽带薪酬并不是现代薪酬管理的重大创新，而只是一种变革或改进而已。

二、宽带薪酬的功能

（一）宽带薪酬的优势

1. 支持扁平型组织结构

进入 21 世纪，为了适应竞争日趋激烈和灵活多变的外部市场环境，许多大型公司、跨国集团兴起了一场以扁平型组织取代官僚层级型组织的运动，该运动旨在以压缩组织层级来促使组织变得更加灵活，反应更加灵敏，上下沟通更加通畅。例如，通用电气的前董事长韦尔奇将通用电气的 25 层组织结构简化为 5 层。组织结构层级的减少就不再需要那么多的薪酬等级，同时，扁平化的组织结构要求有灵活的薪酬制度，能够根据市场的变化随时做出反应和调整。而宽带薪酬的出现可以说是为扁平化组织结构量身定做的，它的最大特点就是减少薪酬等级，增强薪酬体系的灵活性和弹性，更加突出外部市场的导向作用，使得企业组织结构变得更加有效率和灵活，提高了企业组织结构对外部市场竞争的适应能力。

2. 有利于员工个人技能的增长、能力的提高及职业生涯的发展

在传统的薪酬体系下，员工薪酬水平的提高只能依靠职位提升而达到。员工即

使掌握了更多的工作技能，工作能力有显著的改进，而薪酬却得不到提升。这样的结果导致员工的注意力在很大程度上放在了极力讨取上级的赏识和提拔，而不是放在对自身技能和能力水平的掌握和提高上。现实中就有很多技术人员虽然专长并非管理，但是却热衷于走管理道路，因为管理职位的升迁能够带来薪酬的大幅上涨。而在宽带型薪酬结构设计中，即使是在同一个薪酬宽带内，组织为员工所提供的薪酬变动范围比员工在原来的5个甚至更多的薪酬等级中可能获得的薪酬范围还要大。这样，员工就不需要为薪酬的增长而斤斤计较职位晋升等方面的问题，将更多的注意力放到提升自我的技术和能力上。当员工个人技能得到增长、能力得到提高的时候，他也就更具竞争力与价值，从而促进了他职业生涯的持续发展。

3. 有利于职位的轮换

在传统的组织结构下，员工职位的同级变动虽然也能够学到更多的技能和知识，然而由于不是晋升到更高级别的职位上，员工的薪酬不会得到大幅度的提高，同时由于岗位的更换增加了员工工作的难度，由此还可能造成工作绩效的降低而影响员工的绩效考评，因此员工一般都不会愿意接受这种职位的同级变换。而在宽带薪酬中，员工的薪酬主要取决于本人的能力水平，实际上是加大工资中知识技能的含量。在这种情况下，员工会非常乐意接受上级安排的职位轮换，甚至跨职能的职位"横向"流动，以此来提高自己的能力，并最终提高自己的薪酬水平。这样，在对员工进行横向甚至向下调动时所遇到的阻力就小多了。此外，组织可因此减少过去因员工职位的细微变动而必须做的大量行政工作，如职务称呼变动、相应的薪酬调整、更新系统、调整社会保险投保基数、更新档案等。

4. 有利于推动良好的工作绩效，提升组织的核心竞争优势

宽带薪酬结构通过将薪酬与员工的能力和绩效表现紧密结合来，更加灵活地对员工进行激励。在宽带结构中，上级由于对有稳定突出业绩表现的下级员工可以拥有较大的加薪影响力，因而能够及时地为能力强、业绩好的员工提供薪酬方面的奖励。而在传统的薪酬体制下，企业管理人员即使知道哪些员工工作非常出色，也无法向这些员工提供薪酬方面的奖励。因为那时的加薪主要是通过晋升来实现的，而晋升的制度却不会那么灵活。此外，宽带薪酬结构不仅通过弱化头衔、等级、过于具体的职位描述及单一的向上流动方式向员工传递一种个人绩效文化，而且还通过弱化员工之间的晋升竞争而更多地强调员工们之间的合作和知识共享、共同进步，以此来帮助企业培育积极的团队绩效文化，而这对于企业整体业绩和组织核心竞争力的提升无疑是非常重要的一种形式。

5. 有利于管理人员和人力资源专业人员工作重心的战略性调整

实行宽带型薪酬结构设计，即使是在同一薪酬宽带当中，薪酬区间的最高值和最低值之间的变动比率至少也有100%，因此给员工薪酬水平的界定留有很大空

间。在这种情况下,部门经理在薪酬决策方面拥有了更多的权力和责任,可以对下属的薪酬定位提出更多的意见和建议。这种做法不仅充分体现了大人力资源管理的思想,有利于促使直线部门的经理人员切实承担起自己的人力资源管理职责;同时也有利于人力资源专业人员从一些附加价值不高的事务性工作中脱身,充分扮演好直线部门的战略伙伴和咨询顾问的角色;更重要的是,人力资源专业人员可以更多地关注对企业更有战略价值的其他一些高级管理活动。

6. 有利于薪酬变动的市场化

宽带薪酬结构以市场为导向,它使员工从注重内部公平转向更为注重个人发展及自身在外部劳动力市场上的价值。在宽带型的薪酬结构中,薪酬水平是以市场薪酬调查的数据及企业的薪酬定位为基础确定的,因此,薪酬水平的定期审查与调整使企业更能把握其在市场上的竞争力;同时,有利于企业相应的做好薪酬成本控制工作。比如,市场上某些人才的市场薪酬水平大幅度上升的时候,企业在宽带薪酬结构下可以做出最快的调整,只要提高这些人员的起薪就可以了,而不用去调整整个企业的薪酬级别和结构,同时也不至于对企业内部的薪酬公平性造成太大的影响。

(二) 宽带薪酬的局限

1. 对绩效考核水平的要求更高

由于宽带薪酬的评估主要依据员工对组织的贡献大小,因此对这种贡献大小的绩效评估就成为组织管理的重要方面。宽带薪酬虽然可以节省花在职位评价所花费的时间和成本,但是对人的评价所花费的时间和精力却增加了,因为对员工绩效的考核并非易事。绩效评估的准确性受到很多因素的制约,如员工不能控制的人为因素导致的绩效不稳定性;绩效指标体系设计不合理;人际关系与个人好恶对绩效考核的主观影响;在群体作业中,个人努力与群体绩效的关系模糊,部分员工有"搭便车"的现象等。如果绩效管理做不到位,员工工资浮动大起大落,会给员工的心理造成极强的不稳定感,从而对组织缺少归属感。同时,如果绩效管理不到位,员工薪酬水平下跌,而员工又自认为自己工作卖力,则会使他对管理的公正性、公平性、合理性产生猜忌、怀疑等不健康情绪,极容易造成组织内部人际关系的紧张。因此,企业需要建立一套健全的绩效考核制度,明确而可行的操作程序,切实有效的审查系统及通畅便利的员工申述与反馈渠道。

2. 加大了员工晋升难度

宽带薪酬对职级的压缩导致同一级别的员工人数增加,而高级职位减少。对希望获得晋升激励的员工而言,晋升将变得更加困难。员工一生可能就只在一个职级里面移动,而不会晋升到另外一个职级。这可能会是一件令很多员工感到沮丧的事情。由于职级的上升对员工来说并不仅仅是一个薪酬增加的问题,也是个人价值提升的重要体现,采用宽带薪酬后只有薪酬的变化而没有晋升了,晋升产生的激励作用就得不到有效的利用。

3. 宽带薪酬适用范围有限

宽带薪酬在新型的"无边界"组织及强调专业化程度、多职能工作、跨部门流程、技能工种的团队型组织之中非常有用。因为这种组织要保持生产率并且通过变革来保持高度的竞争力,它们希望通过一种更具有综合性的方法,将薪酬与新技能的掌握、能力的提高、更为宽泛角色的承担及最终的绩效联系在一起,同时还要有利于员工的成长和多种职业轨道的开发,宽带薪酬的设计思路恰恰与这种组织的上述需求相吻合。另外,采用宽带薪酬模式还应该具备一些其他的条件,如技术、管理等智力因素,支付能力,团队协作型的企业文化,健全的人力资源管理体系等。而对于和上述组织有区别的相当多数组织来说,宽带薪酬的思路就不一定合适,比如,宽带薪酬就不适应劳动密集型组织。

4. 薪酬预测和人工成本控制的难度加大

宽带可以改变分配薪酬的方式,却不能改变分配的数量。经理们常认为更平坦的组织结构和薪酬分配结构可以降低成本,但事实正好相反。在宽带薪酬结构下,薪酬成本上升的速度比传统薪酬结构快。这是因为宽带薪酬体系增大了部门主管决定员工薪酬的自由度,而他们往往站在部门利益和员工关系的角度上,倾向于给员工增加薪酬。同时,员工的职位轮换、岗前培训机会增多,都将扩大企业这方面的支出,虽然从长远来看会有利于企业的发展。另外,浮动范围的扩大使得薪酬更加有弹性和灵活性,薪酬额度变化不定,预测值误差逐级扩大,很有可能使原来的薪酬计划与成本控制失效。

三、宽带薪酬的设计要点

(一) 确认宽带薪酬是否适合本组织

组织战略会影响和决定人力资源战略,进而决定组织的薪酬战略。薪酬结构的设计要与组织战略和人力资源战略保持一致,才能有利于推动组织战略的有效实施。因此,是否实行宽带薪酬结构取决于是否与组织战略相一致。例如,当企业处于发展时期并且采取的是比较激进的战略,如要在3~5年内从一个国内中等位势的企业发展成为世界级的企业,那么企业可以采用宽带薪酬结构,选择较低水平的基本工资和高奖金的报酬组合,这样的薪酬安排可以充分激励员工的创新能力和开拓能力;而处于转型时期的企业则最好采取较高的基本薪酬和较低的激励性薪酬,以此来保障员工继续留在企业以期再次创业，因此就不那么适宜采取宽带薪酬结构。另外，企业的文化背景、内外环境及人力资源管理水平等都是企业在决定是否应该采取宽带薪酬所应该充分考虑的。

(二) 确定宽带薪酬的主体框架

1. 确定宽带的数量

宽带薪酬的"宽"只是相对的，没有一个标准的数量安排。企业在设计宽带薪酬的时候不一定非要把多少级压缩到几级，而要根据企业特点、行业特点、员工的特点，以及职位的分布来决定自己的宽带薪酬管理体系。在设计时，首先要根据职位评价将价值相近的职位进行合并，确定宽带薪酬结构的等级或薪酬带数量。通常，在各个薪酬带之间会有一个分界点，它处在工作或技能、能力要求存在较大差异的地方。

2. 选择宽带薪酬的应用模式

在选择宽带薪酬的应用模式时应充分考虑企业的战略意图和企业的实际情况。战略意图和实际情况可以帮助企业决定宽带薪酬中等级和档次的提升依据。例如，企业强调构建学习型组织，就可以将能力、知识、学历作为提升的依据。一般而言，作为划分薪酬等级的依据主要有职位价值、能力和专业方向等；可以作为提升薪酬档次的依据主要有业绩、工龄和能力等。划分薪酬等级的依据可以与提升档次的依据进行搭配。相应的模式可以有以下七种。

(1) 以职位定级、以绩效定档模式（主流模式）。这种模式较适合有完备职位说明书且职位价值和员工业绩比较容易评定的企业。而其缺陷在于，在这种情况下，员工会选择短期业绩，而不关心企业的长远发展，对企业的可持续发展造成不利影响。例如，在研发型企业中，采用这种方式会造成科研人员热衷于选择较小的、易出成绩的项目，而不愿意选择研究周期长的基础研究项目。

(2) 以职位定级、以能力定档模式。这种比较常见的模式适合于职位价值明确但员工业绩不易评定的企业。这种模式能够鼓励员工注重学习，有利于创造学习型企业文化。但是，以能力水平来决定薪酬水平存在操作上的困难。因为能力的本质是能预测人们在工作或生活中是否能取得高绩效或成功的要素的集合。正如管理学的一句名言所指出的，"你不能管理你所不能衡量的"。

(3) 以专业方向定级、以绩效定档的宽带薪酬模式。该模式适用于职位价值难以明确界定而员工业绩容易评定的企业。例如，在高技术制造型企业就可以按照技术、生产和行政三个专业方向进行分级，按照公司的战略进行取舍，如果是重技术，可以将技术类职位定位最高级，然后按照员工的年度业绩在薪酬等级不变的情况下进行薪酬档次的提升。

（4）以能力定级、以绩效定档的宽带薪酬模式。这种模式适合于员工能力层次清晰、职位价值不明确、员工业绩容易评定的企业，其优点是能够将促进员工学习与注重业绩提升结合起来。

（5）以职位定级、以工龄定档的宽带薪酬模式。这种模式的优点在于能够培养员工的忠诚度，缺点是不能有效地激励员工，容易导致人浮于事。适用于职位价值明确、业绩评价不易、薪酬水平竞争力强、辞退员工简单、员工有一定危机感的企业。

（6）以专业方向定级、以能力定档的宽带薪酬模式。该模式适合职位价值不清晰且绩效难以评定的企业。

（7）以专业方向定级、以工龄定档的宽带薪酬模式。该模式适合于职位价值不明确、员工业绩不易评定、追求员工忠诚度的企业。

3. 建立宽带薪酬结构

当确定了宽带薪酬的应用模式和宽带数量后，即可开始建立适合组织的宽带薪酬结构。在结构设计中，应主要关注于宽带内的薪酬区间、宽带间的交叉重叠关系及各个宽带的定价。

（1）确定宽带的定价。各个宽带的定价应该照顾到各类职位的情况，并兼顾能力与绩效因素。各宽带中位值的确定可以通过薪酬市场上各职位的平均水平来确定，也可以由企业根据自身的实际情况并参考市场平均水平来确定。

（2）确定宽带内的薪酬区间。根据外部薪酬调查和内部职位评价结果来确定每一薪酬带内的薪酬区间。级差标准应该体现不同层级和职位对于企业战略的贡献率。薪酬区间越大，表明同等级员工的薪酬上升空间越大。另外，如果每一个薪酬带中，各个职能部门采用了分别定价的方式，那么各职能部门还要划分级别内的薪酬档次和各档次之间的薪酬差距。

（3）确定宽带间的交叉重叠关系。宽带薪酬结构可以采取重叠式、分离式或结合式的模式，但典型的宽带结构通常采用重叠模式。宽带的区间叠幅视具体情况而定。分离式结构拉大了等级间的差距，通常只在宽带数量很少的情况下采用。

（三）以职位评价为基准，建立健全绩效管理与技术能力评价体系

关于宽带薪酬的局限中提到宽带薪酬结构赋予了管理人员在薪酬决策方面更多的权力和责任，可以对下属的薪酬定位提出更多的建议和意见。但如果绩效管理做不到位，员工薪酬浮动大起大落，会给员工的心理造成极强的不稳定性，从而对组织缺少归属感，会使他对管理的公正性、公平性、合理性产生猜忌、怀疑等不健康情绪，极容易造成组织内部人际关系的紧张，并最终对组织造成不利的影响。因此，在建立宽带薪酬体系的时候，必须以职位评价为基准构建相应的绩效管理与任

职资格体系，明确薪酬级别标准及操作方法，既鼓励员工出众，同时通过拉大薪酬差距，限制平庸员工薪酬的上涨；也可以实行惩罚性措施，对工作业绩较差的员工进行薪酬扣减，从而从整体上限制薪酬的无限制上涨。只有这样才能客观、公平地确定员工的薪酬及变动。事实上，这也是企业实施宽带薪酬的一个前提条件。

本章小结

薪酬结构是指薪酬的各个组成部分及其各部分在薪酬总额中所占的比重，包括横向结构和纵向结构两个维度。薪酬结构的合理与否往往会对员工的流动率和工作积极性产生重大影响。因此，设计一个内部一致性与外部竞争性之间平衡的薪酬结构往往是企业关注的重点。

薪酬结构设计需要坚持战略原则、公平原则、激励原则、竞争原则、合法原则及可操作性原则；其横向设计及纵向设计均应把握设计步骤及要点。作为目前流行的薪酬结构，宽带型薪酬结构就是指对多个薪酬等级和薪酬变动范围进行重新组合，从而变成只有相对较少的薪酬等级及相应较宽薪酬变动范围。宽带薪酬结构的设计和运用要注意适用性及其前提条件。

思考题：

1. 简述薪酬结构的含义、包含的两个维度及其内容。
2. 简述薪酬结构设计的方法与步骤。
3. 根据固定薪酬与浮动薪酬在薪酬中所占比例的不同组合，薪酬结构可设计为哪几种类型？其主要内容是什么？
4. 在进行薪酬等级数目的选择与设计中应该考虑的主要因素有哪些？
5. 试述宽带型薪酬结构的含义、适用范围、优缺点。

第七章　薪酬控制、薪酬支付与人工成本管理

本章共分四个小节，第一节主要介绍薪酬控制的含义、功能与方法；第二节着重介绍薪酬预算、薪酬体系的诊断，以及薪酬体系的调整；第三节对薪酬支付原则、薪酬支付艺术作了简要的探讨；第四节则着重阐述人工成本的含义与构成，人工成本的影响因素，包括雇员数量与时间、人均现金报酬、人工主成本与人均福利成本、人工副成本，人工成本的核算程序与方法。通过本章学习，着重掌握薪酬控制的基本内容、薪酬控制的基本程序、薪酬支付及人工成本管理。

第一节　薪酬控制概述

一、薪酬控制的含义

薪酬控制贯穿于薪酬管理全过程。

所谓控制，指为确保既定方案顺利落实而采取的各种相关措施。在企业的实际经营中，正式的控制过程往往包括下面几步。

第一，确定相关标准及若干衡量标准。

第二，将实际结果和既定标准进行比较。

第三，如果二者之间存在差距，明确并落实补救性措施。

具体到薪酬管理方面，可以这样认为：企业通过薪酬预算，一般已经对自己在薪酬方面的具体标准和衡量指标有了比较清晰的认识，而薪酬控制的主要功用就在于确保这些预定标准的顺利实现。

具体来说，在外部劳动市场方面，由于企业在进行薪酬预算时通常是对市场平均薪酬水平、薪酬变动幅度等因素进行大致的估计或预测，因此在很多时候，针对实际情况进行调查、及时调整是十分必要的；以此类推，企业在进行薪酬预测时采

用的内部信息往往也未必准确（如年度员工流动率往往就是一种估计值），同时，实际雇佣状况也存在着随时变化的可能。在这种情况下，对于企业而言，为了实现薪酬预算及其管理目标，实施有效的薪酬控制就有重要的意义。

实际上，薪酬预算和薪酬控制应该被看成是一个不可分割的整体。企业的薪酬预算需要通过薪酬控制来加以实现，薪酬控制过程中对薪酬预算的修改意味着一轮新的薪酬预算的产生。在任何情况下，薪酬预算和薪酬控制都不能被简单看成是企业一年一度的例行公事，它们是持续不断地贯穿于薪酬管理的整个过程的。

二、薪酬控制的功能

对于薪酬控制，不仅要看到薪酬本身的高低情况，还应当从投入产出的角度去认识。因为虽然薪酬付出是成本投入，但由于人是最具有能动性的资源，人力资源更能为企业带来预期收益的可增值的资本，薪酬管理者就应当通过薪酬使企业获得员工的最大限度的回报。理想的状况应当是：人工成本合理增长，而促使企业收入加速增长，从而使企业利润最大化。这样，企业有效控制了人工成本，实现了利润最大化，员工也对自己的收入感到满意。

薪酬控制的主要指标包括人均薪酬成本、薪酬比率和人工成本比率。上述指标可以作为一个指标体系同时使用，其使用方法要遵循"一高二低"的原则，即人均薪酬成本要高，薪酬比率和人工成本比率要低。一般来说，这种情况就是人力资源高投入、高产出、高效益的表现。而与此相反，最糟糕的情形就是"一低二高"，即人均薪酬成本低，而薪酬比率和人工成本比率则高。一般来说，这是人力资源低投入、低产出、低效益的表现。

对薪酬体系的运行状况进行监控，其主要目的在于对之前的预期和之后的实际状况进行对比，但究竟采取什么样的补救措施或途径，则需视具体情况而定。

三、薪酬控制的方法

企业薪酬成本方面的支付能力是有限的，薪酬增长不能超过该企业的承受能力。但事实上，企业的薪酬水平始终存在着上涨趋势，如果企业不能在这方面采取有效措施，必将危及整个企业的经营发展。

控制企业薪酬成本的程序一般包括：薪酬预算、薪酬水平衡量、确定薪酬总额、确定薪酬内部结构及薪酬调整等方面。其中薪酬总额的确定和薪酬的调整是企业整个薪酬成本控制的重点和难点。

要调整偏高的薪酬成本，并非一定要裁员或减薪，因为它将打击员工的士气，使员工另谋高就，从而影响企业的生产经营活动，反而可能进一步影响企业的经济效益，甚至导致企业的衰退。因此，企业应当考虑更为积极的替代方法，即使万不得已，也要尽量减少裁员、减薪的频率和力度。实际上，控制薪酬成本可以从两方面去考虑：一是从生产经营的角度去提高薪酬的投入产出比，这是一个积极的途径；二是从控制人工成本总量的角度去谋求改善。

（一）改善生产经营管理

该途径主要是通过改善生产经营方面的措施，如增加销售收入和产品附加价值量，进而达到降低薪酬成本相对额度的目的。这是一种积极的对策，其主要内容有如下一些。

1. 增加销售额

确保销售收入的上升。在其他条件不变的情况下，销售收入增加了，附加价值可以随之增加，薪酬比率和劳动分配率也就降低了。从这个意义上说，增加销售是关键。为了增加销售，在稳定原有销售渠道的基础上，还可以通过加强销售部门力量、聘任兼职销售员、全员销售等措施，开辟新的销售渠道，提高开工率。另外，调整产品结构，根据市场需求调查，开发生产适销对路的高附加值产品，终止亏损产品的生产等。

2. 增加产品附加值

产品的附加价值，是指企业得到劳动者协作而创造出来的新价值。它由销售金额中扣除了原料费、劳动力费、设备折旧等后的剩余费用及人工费、利息、税金和利润等组成。企业通常可以通过小批量设计，运用新技术、新工艺，树立成功的品牌形象或者提高产品的文化内涵、艺术内涵等方式来增加产品附加值。

（二）提高生产效率

产品成本的高低取决于活劳动和物化劳动消耗的多少，即劳动生产效率的高低，而产品成本中薪酬成本的高低是由生产该产品的活劳动消耗量及其薪酬水平决定的。所以，对企业薪酬成本的控制，一定意义上体现为对单位产品薪酬成本的控制。相应的途径就是增加有效劳动时间、提高劳动效率、降低单位产品的劳动消耗量和薪酬成本。

在生产过程中，一定时期活劳动投入量和所生产产品数量决定单位产品劳动消耗量，而产品生产数量又取决于投入劳动的质量。因此，降低产品个别劳动消耗和薪酬成本，必须对活劳动的投入量和质量进行严格控制。

1. 控制活劳动的投入量

企业活劳动投入量，是指一定时期内投入生产的劳动时间，一般称为有效劳动工时。其核心问题是要确保完成最佳的成本目标所必需的劳动量。投入量高于最佳成本目标所需，会导致劳动时间浪费；反之，就缺少劳动能力保证。根据有效生产工时的构成，其控制的重点是劳动定员、出勤率和出勤工时利用率。

2. 控制活劳动投入的质量

控制活劳动投入的质量，旨在提高劳动资源的利用程度。因此，必须在控制劳动投入量的同时控制劳动质量，即控制劳动生产效率，以一定的劳动投入量产出更多的产品，减少单位产品的劳动消耗，降低产品成本。控制活劳动的投入的质量，包括控制工时效率，控制全员劳动生产率等。同时，要提高全员劳动生产率，必须减少非生产人员，这就需要企业合理的制定各类人员定员标准，克服机构臃肿、人浮于事的现象。要发挥职能部门和管理层的作用。企业生产组织水平及劳动管理水平，最终综合表现为全员劳动生产率指标水平，劳动方面的成本控制，应一手抓劳动资源的充分利用，增加制度内的实际工作工时；一手抓劳动投入质量，提高生产工人的工时效率和全员劳动生产率，降低单位产品实用工时，从而降低单位产品成本的薪酬含量。

（三）降低人工成本

薪酬控制在很大程度上指的是对人工成本的控制，在一般情况下，企业的人工成本控制可以用以下几个方式来进行。

1. 薪酬冻结

当人工成本过高或企业遇到了一时难以解决的资金紧张问题时，可以暂时冻结提薪。短期的薪酬冻结对员工工作积极性的影响不大，相反，会引起员工对自我工作的审视，从而思考如何改进工作，有利于提高工作的质量和效率。暂时的薪酬冻结使企业实力增加，节省下来的资金可以用来提高产品的质量或投入到营销工作当中去。这也稳定了员工的情绪，保证了企业生产的延续性。对于应该提薪的员工暂时推迟一两个月，等到企业摆脱了困境，经济效益好转之时再予以提薪。其实，企业不妨向全体员工说明企业所面临的现状，营造同仇敌忾的氛围，团结一心，共渡难关。

2. 提高获得奖金的难度

通过对企业当前生产率的分析，提高劳动定额从而提高奖金的获取难度，使大部分员工都达不到这个标准而只能获得基本薪酬。

3. 延长工作时间

在薪酬标准不变的情况下，适当延长工作时间，以增加员工工作量，提高工作效率，实际上是降低了单位时间或单位产品的薪酬率，有利于人工成本的控制。但必须注意有关加班工时限制及加薪的法律规范方面的问题，如8小时之外的加班薪酬应该按照原有薪酬的 1.5 倍来计算。因此，对于企业而言，就需要在调整员工人数和调整工作时数两种做法之间选择，选择的依据是哪一种成本调整方式的有效性更高。但在实践中，当一个国家的劳动法管辖效力不高的时候，很多企业都会通过变相增加员工的工作时数的做法来达到降低自己的劳动力成本的目的，这种情况在我国经济发达地区的一些劳动密集型加工企业中也经常能够看到。如采用限时的计件工资制，但在超过 8 小时工作定额时，又不相应提高计件单价的做法。

4. 压缩福利及其他费用支出

基本薪酬的刚性最强，不宜变动。但福利、津贴和奖金的某些项目则柔性比较强，尤其是企业的各种自主性的福利项目弹性较大，如娱乐活动、带薪休假、免费旅游等。通过适当压缩部分福利项目的开支，可以避免强行降薪带来的各种不利影响，如调整差旅费支出，禁止乘坐一等舱位，严格控制长途电话费、手机费，限制各种公费娱乐活动等。

所以，工资水平与福利费用要有一个适当的比例，如果将公司的工资水平定位在业界中的最高线，福利定在较低水平，那么一旦企业经营遇到压力，因为福利费用已经无法再降低而只能以减薪方式处理，这样减薪将会招致员工的反感并影响士气，也会有损企业在业界的形象。而且，如果工会组织要求参与决策的话，降薪还不一定能得以实现。

根据对薪酬预算与控制的作用大小，可以把企业的福利支出分为两类：与基本薪酬相关的福利及与基本薪酬无关的福利。前者由于与基本薪酬相联系，因而会随着基本薪酬的变化而变化；同时由于它们在企业整体支出中所占份额较大，因而会对薪酬预算和薪酬控制产生较大的影响。而后者则主要是一些短期福利项目，它们对企业的薪酬状况所能发挥的作用要相对小得多。从强制性上来划分，则福利有法定福利和自主福利之分，法定福利是不能随意减少的，压缩福利开支主要指的是企业自主福利这一块。

5. 裁减富余人员

所谓富余人员，指那些劳动边际成本超过其劳动边际收益的人员，裁减这些富余人员对企业是有利的。因为，在支付薪酬水平一定的情况下，企业里的员工越少，企业的经济压力就越小，而富余人员又是产出效益最少的人。但产出效益高的核心人才或熟练工人不应在裁员之列，否则将影响企业的人力资本储备。

6. 裁减边缘产品线或部门，保留核心部门

主要指企业为了摆脱包袱，裁减掉盈利不高甚至亏损部门，或者前景不明的项目，进而将整个部门人员裁减掉，达到节约营运成本、控制薪酬支出的目的。这种方法现在被大量使用于 IT 高科技企业，如大家耳熟能详的 IBM 裁减掉个人电脑事业部，将其出售给联想公司；西门子出售利润低下的手机业务给明基公司（后该合

资公司申请破产）；SUN 的自动化研发部门因前景不明被整体裁掉；HP 公司根据市场变化而进行的内部大调整，等等。

值得引起注意的是，在裁减部门的同时，必须根据当地法规，对被裁员工给予相应补偿，如 $N+2$ 或 $N+3$ 补偿，即在该公司的工作月份加上 2 个月或 3 个月的薪资作为补偿。从长远来看，这些措施都对企业的发展和增强竞争力有相当大的好处。

7. 减薪

对薪酬的控制，更直接的、效果最明显的还是对薪酬水平和薪酬结构的调整，但减薪并不是能经常采用的，一般是企业不得已而为之的办法。从利润分享的角度讲，降低浮动薪酬较容易得到员工理解，而基本薪酬是刚性的，调整余地不大。因此，浮动薪酬相对于基本薪酬所占的比例越高，企业劳动力成本的变化余地就越大，而管理者可以采取的控制预算开支的余地就越大，还可以保持员工薪酬与其绩效之间的高度相关性，发挥更大的激励作用。

但减薪的方法应该慎用，因为在人才市场，人们对工作的稳定性期待越来越高，浮动薪酬比例的扩大不易于公司内部人员的稳定，会给员工带来强烈的不安全感，就算是 IT 类公司中人员流动性较大之一的 DELL 公司，其基本工资与浮动工资的比例也从 6：4 改为了 7：3。在这方面，做得比较成功的是日本的企业，其浮动工资控制得很好，易给员工一种归属感，使其把公司当成自己的事业，从而在这方面对员工是一种激励。

货币性薪酬作为一种保健因素，处理得好可以起到稳定员工的作用，但不能满足员工时，就会引起员工极大的不满，并会严重影响其工作积极性，所以一定要谨慎行事。首先，减薪应当是自上而下、分层逐级进行，因为员工们会认为，经济效益好的时候，高层人员获利最大，而经济效益不好的时候，高层人员也应该率先降薪，以作同舟共济的表现。同时也一定要做好解释工作，争取得到工会的支持和员工的理解，否则会使员工产生抵触情绪，挫伤工作积极性。同时，减薪应该是短期的，企业效益一旦回升，就应当恢复原有薪资水平。另外，还要注意尽可能少伤害企业核心的研发、技术骨干员工和熟练工人，否则一旦造成这些劳动力市场上的稀缺资源的流失，不仅会使企业陷入员工困难的境地，对以后的经济复苏也会产生长远的不利影响。

与此同时，企业还可以通过增加非经济性薪酬，来鼓舞员工的士气，例如，工作再设计、增加工作自主性、增加晋升的机会、口头激励等，以尽可能减轻或转移经济压力给员工带来的心理压力。但以上这些措施只能是权宜之计，最根本的途径还是要通过经济效益的改善来提高企业的薪酬支付能力。

第二节 薪酬控制的基本程序

一、薪酬预算

(一) 薪酬预算的含义及功能

薪酬预算是管理者在薪酬管理过程中进行的一系列成本开支方面的权衡和取舍。薪酬预算属于事前控制。

所谓预算,简单地说指一个特定的主体准备以何种成本或代价来实现一个特定目标的过程。由于薪酬问题对于企业财务状况具有重要的影响,因此,薪酬预算也就成为企业财务预算的一个重要组成部分。所谓薪酬预算,指薪酬管理过程中各项人力费用支出权衡取舍的一个计划,它规定了在预算期内企业可以用于支付薪酬费用的资金。由于企业的薪酬管理、人员配备、员工培训等方面存在着直接的联系,因此,由薪酬预算可以清晰地看出企业人力资源战略的调整状况。企业在进行薪酬预算时,一般都会希望凭借薪酬预算的制定来合理控制员工流动率、降低企业人力成本、激励员工有更好的绩效表现。

(二) 薪酬预算的主要方法

企业在制定薪酬预算时,首先要对企业所处的内部和外部环境有充分的了解,这样可以清楚地知道企业目前的处境、竞争对手的情况,以及面临的机遇与挑战,有助于企业预测下一个预算期需要支付的薪酬成本。企业常用的预测方法有两种:"自上而下法"和"自下而上法"。

1. "自上而下法"

"自上而下法"与人们常谈到的"宏观接近法"类似。一般是在对下一年度企业的计划活动进行评估后,以企业过去的业绩和以往年度的薪酬预算作为预算的根据,按照企业下一年度总体业绩目标,确定出企业该年度的薪酬预算。常用的操作方法较多,企业一般可以根据本企业的实际情况来选择一种适合自身的薪酬预算方法。在企业经营业绩较稳定的情况下,通常可以采用比较简单便捷的方法,即根据企业以往的经营业绩和薪酬费用来估测出本企业的薪酬费用比率(薪酬费用比率=薪酬费用总额/销售额),并以此为依据对未来的薪酬费用总额进行预算(薪酬费用预算总额=预算年度预期的销售额×薪酬费用比率)。如果本企业经营业绩不佳,则可以参考同行业一般水平来确定薪酬费用比率,进而确定薪酬费用总额。薪酬费用比率会因企业规模和行业的不同而有所不同。企业确定薪酬费用比率的方法也有多种,如依照劳动分配率来推算、根据盈亏平衡点来推算等等,无论哪种方法其目的都是相同的,就是通过确定薪酬费用比率来计算出预算期内的薪酬费用总额。

2. "自下而上法"

"自下而上法"与人们常谈到的"微观接近法"相似。首先,组织机构内各部门根据企业确立的预算期目标提出该部门在预算期内的人员配置数量和人员标准,以及员工薪酬调整建议;同时人力资源部门根据劳动力市场现有状况、企业内部环境、生活成本变动水平等方面的因素对薪酬水平造成的影响,确定出适合于本企业的薪酬水平增长率。

薪酬水平增长率=(年末平均薪酬-年初平均薪酬)×100%

然后依据相关数据和建议,逐个确定出各部门的员工数量及薪酬水平,从而确定出该部门预算期内的薪酬预期总量,将各部门的数据整理汇总,就可以得出企业的薪酬预算。

单一地使用"自上而下法"来制定企业的薪酬预算,会因为忽略外部变化(社会薪酬水平的变化、行业发展状况的变化等)和内部变化(企业内部组织机构的调整等)对企业的影响,而使薪酬预算缺乏科学与合理性;而"自下而上法"会因为其不能从企业总体角度考虑人力成本的分配,而导致薪酬预算无法正确有效地分配使用。因此,企业在制定预算的实际操作中应把"自上而下法"与"自下而上法"结合起来使用:首先采用"自上而下法"确定薪酬费用比率的浮动范围,充分考虑内外部变化对企业的影响及企业对这些影响的承受能力,确定薪酬费用总额的浮动范围,再运用"自下而上法",确定各部门的员工数量及薪酬水平,从而确定该部门预算期内的薪酬预期总量,将各部门的数据整理汇总,得出薪酬费用总额。将通过两种方法做出的结果进行比对,对两种方法得出的结果的差异进行分析后,找出计算过程中数据不合理之处,经过反复讨论推敲修改,最终得到通过两种计算方法基本一致的结果,这时可以确定出趋于科学合理的薪酬预算。

(三)薪酬预算的实施

制定出科学合理的薪酬预算并得到企业决策层认可后,并不意味着薪酬预算工作的结束,只有薪酬预算得以有效实施才是薪酬预算目标的实现。这包括如下几方面的工作:首先,要对薪酬预算的执行过程进行严格监控;其次,要保持与各部门管理者及员工之间的沟通渠道畅通。

1. 对薪酬预算执行过程的监控

在薪酬预算的执行及监控过程中,如检查出薪酬预算与实际情况间存在差异,企业应及时快速地做出相应调整。对薪酬预算执行过程的控制，通常企业会通过控制员工总数及限制加班时数来达到控制薪酬总量的目的。由于企业薪酬总额＝员工总人数×平均薪酬，当企业的平均薪酬水平得以有效的控制后，影响企业薪酬总额变动的因素就是员工总人数了。因此，有效地控制员工总数是控制企业薪酬总量的一个重要方法。此外，企业也可以通过控制员工的加班时数来达到降低企业人力成本的目的，这是因为，对员工在法定工作时数以外的工作时间，企业需要额外支付工资的1.5至3倍不等的加班费，在合理合法的前提下，企业必须在增加员工人数还是增加员工工作时数两者之间做出选择。企业还可以通过控制本企业的平均薪酬水平来控制企业的薪酬总额，企业应根据行业的薪酬水平和企业的自身实际，合理定位本企业薪酬水平。如果企业正处于一个快速发展的上升阶段，通常会将本企业薪酬水平定在行业薪酬水平的一个较高位置，这样可以吸引企业所需的优秀人才的加入，以保证企业快速发展的需要；如果企业处于平稳发展时期，一般会将本企业的薪酬水平控制在行业薪酬水平的一个较低位置，使企业能够在留住所需人才的基础上，通过控制人力成本来增加利润。薪酬费用应与企业的业绩目标相匹配，后者是前者的前提，前者是后者的重要保证。盲目加大薪酬费用或一味压缩薪酬费用，结果都是得不偿失。

2. 与各部门管理者及员工之间的沟通

企业在薪酬预算执行过程中应保持与各部门管理者和员工之间及时顺畅的沟通。通过与管理者的适时有效的沟通，可以及时了解到企业经营战略的实施及调整状况，以保证薪酬预算的动态性与灵活性，确保薪酬预算与企业经营战略相配套。同时，通过与管理者及员工的有效沟通，可以及时发现现行薪酬体系存在的问题，也可以使管理者和员工深入地了解企业执行的薪酬政策，并予以认可和接受，使薪酬方案更加适合企业发展的需要，以达到预期的目标。沟通的方式方法很多，在进行沟通之前，应明确沟通的目的是什么？是要让沟通的对象深入地了解现行薪酬方案政策还是要让沟通的对象接受即将产生的变化，是希望通过沟通了解现行方案的优缺点还是了解员工对自身薪酬的看法与建议。沟通目的明确后，应了解一些基本信息，比如：想通过沟通查找现行薪酬方案的优缺点，就要了解员工对薪酬方案的认知程度，员工是否已经准确地掌握了薪酬方案的相关信息，何种沟通方式比较有效等等一些基本信息。通过对这些基本信息的分析，选择有效的沟通方法，是选择广泛宣传的方式还是细微渗透的方式比较适合本次沟通，是选择电子媒介、纸质媒介还是选用人际媒介进行沟通等等。每次沟通后，一定要对沟通的过程和结果进行分析。通过对沟通前后的具体情况进行比较，不仅可以对本次沟通结果做出正确的评价，而且还可以为今后的工作提供经验与教训。

通过对企业薪酬预算执行的监控，可以知道企业现有的薪酬水平是否适合本企业现阶段发展的需要，企业预期的薪酬变动水平与行业薪酬变动水平之间是否存在着差异，从而拿出有效的应对办法。在企业经营策略进行调整时，薪酬预算也要作出相应调整，以保证薪酬预算与企业经营策略相配套。对薪酬预算进行调整时，必须从实际出发，既要坚决，又要避免武断。

合理制定薪酬预算是实现企业既定目标的开始，有效实施薪酬预算是实现企业既定目标的保障。只有制定合理的薪酬预算并有效实施，才能为企业实现战略目标提供强有力的支持。

二、薪酬体系的诊断

对薪酬体系的诊断是薪酬控制的重要内容。在薪酬预算确定和实施过程中，薪酬体系是一个关键因素。薪酬体系的健全与否、效果如何，可以从管理性、明确性、能力性、激励性、安定性几方面因素予以诊断。

（一）管理性的诊断

内容包括以下几点。

（1）是否设有专门负责薪酬管理的主管人员。

（2）是否每年举行一次薪酬调查。

（3）企业是否与工会或职工代表定期开会，听取职工对薪酬的意见；是否定期对薪酬制度进行检讨、修订。

（二）明确性的诊断

内容包括以下几点。

（1）是否有明确的薪酬表。

（2）是否在进行薪酬提升和发放奖金时进行人事考核。

（3）大部分职工是否会计算自己应得的薪酬。

（4）规章是否完备。

（5）是否定立了长期的薪酬计划和薪酬协定。

（6）津贴的种类是否未超出10种。

（三）能力性的诊断

内容包括以下几点。

（1）是否引入职务薪酬或职能薪酬。

（2）是否进行职能分析或职务评价。

(3) 是否设定各职务的最高任职年数。
(4) 同一职务内的薪酬提升有无最高限额。
(5) 是否通过技能测验、资格考试、考核制度来决定薪酬的职级。
(6) 是否设置了职务评价委员会等专门的薪酬管理委员会。

（四）激励性的诊断

内容包括以下几点。
(1) 是否设定了个人能力薪酬和团体能力薪酬。
(2) 是否根据目标生产量、利润额确定业绩薪酬或奖金。
(3) 是否设立了以奖励为目的的全勤津贴。
(4) 奖金是否采取利润分配或业绩奖励的方式。

（五）安定性的诊断

内容包括以下几点。
(1) 现行的薪酬制度是否能达到生活水平的要求。
(2) 企业现行薪酬制度是否达到市场一般水平，甚至比其更高。
(3) 过去五年中，企业基础薪酬增加的比率是否与一般市场水准相同。
(4) 多年来，薪酬的上升有无高于劳动生产率的情形出现。
(5) 多年以来，劳动分配率是否一直保持在55％以下（大企业则在45％以下）。

三、薪酬体系的调整

通过上述指标对薪酬体系进行诊断后，一般可以得出对企业薪酬管理现状的总体分析。基于此，薪酬控制的重点则转入下一个程序，即薪酬体系的调整。企业有竞争力的薪酬调整策略必须以企业的经济承受力为基础，否则就将失去整个薪酬调整的坚实基础。因此，企业必须在确定每个岗位薪酬级别与福利以后，对薪酬总量进行测算，以满足在提供有竞争力薪酬的同时，能有充足的资金支撑公司的经营发展。

（一）薪酬水平的调整

薪酬水平的调整，是指薪酬结构、等级要素、构成要素等不变，调整薪酬结构上每一等级或每一要素的数额。在薪酬水平的调整中，除了贯彻薪酬调整指导思想之外，还要处理好以下关系。

1. 选择调整战略和新的政策

企业总体薪酬水平的主要作用是处理与外部市场的关系，实现一种能够保持外部竞争力的薪酬水平。为了贯彻新的薪酬政策而进行的薪酬调整，反映了企业决策层是否将薪酬作为与外部竞争和内部激励的一个有效手段。

公司也可实行领先薪酬水平对策，将薪酬水平提高到同行业或同地区市场上整个薪酬调整期内都可以维持的优势水平。在制定领先的薪酬水平政策时，可以暂时不考虑企业当前的财务状况，不要单纯把薪酬作为一种人工成本投入，而要作为一种战略投资或者说风险投资进行设计。假设企业调薪的期限是每隔一年，预计当前市场薪酬年增长率为 10%，那么企业薪酬增长率就必须高于 10%，在下一个调整期到来之前，薪酬水平仍然不落后于市场水平。

2. 重视经验曲线规律

对不同岗位和员工采取有区别的调整政策。经验曲线是指随着时间的增加，某个人对某个岗位、某项工作的熟悉程度、经验积累乃至感情会越来越深，从而有利于员工改进工作方法，提高工作效率，更好、更合理地完成本职工作。但是这种经验不是永远增加的，随着时间推移，经验的积累也将越来越慢，直至停止。经验曲线在不同性质的工作之间的作用程度和积累效应是不同的，一般而言，技术含量高的工作经验曲线的积累效应大，反之则小。例如，从事技术工作的员工，随着年限的延长和经验的积累，其研究和开发能力会逐步提高。因此，越是简单、易做的工作，其经验积累就越快，并且这种经验也将很快达到顶峰，不再继续增加。但如果工作本身难度很高，需要较强的创新精神，那么这种经验的积累速度将是十分缓慢并且是长期的，这种经验只要稍微增加就可以促进员工能力和工作效率的大幅度提高。

因此，薪酬增加应该尊重经验曲线规律的作用，主要体现在经验曲线效应较强的工作，随着时间的推移，从事这些工作的人员的薪酬需要上涨，而且在曲线上升期间，薪酬不仅应该增加，而且应该按照递增的比例增加；到经验曲线下降或者不起作用之时，可以适当地降低薪酬增长幅度或者采取其他激励方式。对于经验曲线效应不强的简单工作，如熟练工和后勤人员等，其技能与工作经验之间的相关性不强，薪酬调整可以不过多考虑经验与增资之间的关系。

（二）薪酬结构的调整

薪酬结构的调整包括纵向结构和横向结构两个领域。纵向结构是指薪酬的等级结构；横向结构是指各薪酬要素的组合，本书第六章已作介绍。

1. 纵向等级结构的调整

（1）增加薪酬等级。增加薪酬等级的主要目的是为了将岗位之间的差别细化，

从而更加明确按岗位付薪的原则。等级薪酬制是与以岗位为基础的管理制度相关联的一种比较传统和正规的管理模式。薪酬等级增加的方法很多，关键是选择在哪个层次上或哪类岗位上增加等级。例如，是增加高层次岗位，还是中、低层次的岗位，是增加管理人员的等级层次，还是一般员工层次，增加以后，各层次、各类岗位之间还需要重新匹配，调整薪酬结构关系等，这些都要慎重考虑。

（2）减少薪酬等级。减少薪酬等级就是将等级结构"矮化"，是薪酬管理的一种流行趋势。目前倾向于将薪酬等级线延长；将薪酬类别减少，由原有的十几个减少至三五个；每种类别包含着更多的薪酬等级和薪酬标准；各类别之间薪酬标准交叉。薪酬等级减少的直接结果是薪酬等级"矮化"，形成"宽带"，即合并和压缩等级结构，其优点在于：第一，使企业在员工薪酬管理上具有更大的灵活性；第二，适用于一些非专业化的、无明显专业区域的工作岗位和组织的需要；第三，有利于增强员工的创造性和全面发展，抑制员工功利性地获取高一等级的薪酬而努力工作的倾向。

（3）调整不同等级的人员规模和薪酬比例。公司可以在薪酬等级结构不变动的前提下，定期对每个等级的人员数量进行调整，即调整不同薪酬等级中的人员规模和比例，实质是通过岗位和职位等级人员的变动进行薪资调整。例如，通过对高、中、低不同层次的人员进行缩减或增加，可以达到三个目的：一是降低薪酬成本；二是增强企业内部的公平性；三是加大晋升和报酬激励。具体做法有以下几点。

第一，降低高薪人员的比例。主要是为了采取紧缩政策，降低企业的薪酬成本。因为一个高级管理人员的收入往往是低级和中级员工的数倍，甚至是数十倍。

第二，提高高薪人员比例。这是企业为了适应经营方向和技术调整，增加高级管理人才或专业技术人才而采取的政策。如在激烈的市场竞争中，一些采取经营者年薪制的企业，之所以不惜花重金雇佣高级经理人员，是因为企业的竞争力主要取决于高级管理人员长期的战略眼光及高级管理班子的稳定性。这两个因素是制定高级人员薪酬计划和实行年薪制的主要依据。

第三，调整低层员工的薪酬比例。一般是通过改变员工的薪酬要素降低员工的薪酬水平，如压低浮动薪酬，升高奖励标准，使得员工在一般情况下，只能获得基本薪酬，很难获得奖金和浮动薪酬；或者在薪酬水平不变或增加幅度不大的情况下，延长工作时间，减少带薪休假，提高工时利用率等。

2. 横向薪酬结构的调整

横向薪酬结构调整的重点是考虑是否增加新的薪酬要素。在薪酬构成的不同部分中，不同的薪酬要素分别起着不同的作用，其中，基本薪酬和福利薪酬主要承担适应劳动力市场的外部竞争力的功能；而浮动薪酬则主要通过薪酬内部的一致性达到降低成本与刺激业绩的目的。

薪酬要素结构的调整可以有两种方式，一是在薪酬水平不变的情况下，重新配置固定薪酬与浮动薪酬之间的比例；二是通过薪酬水平变动的机会，增加某一部分薪酬的比例。相比之下，后一种方式比较灵活，引起的波动也较小。员工薪酬要素结构的调整需要与企业薪酬管理制度和模式改革结合在一起，使薪酬要素结构调整符合新模式的需要。

（三）员工薪酬调整

除了薪酬水平和薪酬结构的调整之外，常见的员工薪酬调整的情况还包括以下几个方面。

（1）效益调整（普调）。这是指当企业效益好、盈利增加时，对全员进行的普遍加薪，但以浮动式、非永久性为佳，即当企业效益下滑时，全员性的报酬下调也应成为当然。但需注意的是报酬调整往往具有"不可逆性"。

（2）业绩性调整。业绩性调整是为了奖励员工做出的优良工作绩效，鼓励员工继续努力，再接再厉，更上一层楼，也就是论功行赏。

（3）职位晋升（技术等级晋升）。

（4）岗位调换。

（5）试用期满调薪。

（6）工龄调整。工龄调整要体现对公司贡献积累的原则，鼓励员工长期为公司服务，增强员工对企业的归属感，提高企业的凝聚力。

（7）特殊调整。这里指企业根据内外环境及特殊目的而对某类员工进行的报酬调整。如实行年薪制的企业，每年年末应对下一年度经营者的年薪重新审定和调整，企业应根据市场因素适时调整企业内优秀人才的报酬以留住人才等。

第三节　薪酬支付

一、薪酬支付原则

要保证企业的薪酬支付对企业人力资源管理活动起到积极的作用，薪酬支付的原则也是一个不可忽视的问题。概括地说，薪酬支付必须遵循以下原则。

1. 及时性原则

以实施月薪的企业为例，月薪必须每月支付一次，并且时间要相对固定。如有特殊情况不能按约定的日期发放，企业有责任事先向员工解释清楚。因为员工已把劳动给了企业，因此员工的薪酬不是企业的施舍，而是企业对员工的负债。企业能否按时兑现，是企业的信誉问题。

月度绩效薪酬和福利薪酬一般都要求随基本薪酬一并发放。季度奖励工资和年度奖励工资也相应的要求在绩效考核完成之后的某一段时间内支付。年薪的结算和年度奖励工资的支付，最晚不应超过春节假期开始之前，即必须在放假之前将年薪结算款和年度奖励工资发放到员工手中。

如果薪酬支付没有时间规范，就会给人造成员工应得薪酬数额不确定的感受，员工会认为企业在欺骗自己，或者让员工感到企业的发展遇到了重大困难，从而影响员工的工作情绪和忠诚度。

2. 足额原则

足额原则是企业薪酬支付的基本原则之一。企业承诺的薪资必须按时间约定足额支付，不得有任何截留。在现实中，有些企业只按一定比例发给员工薪资，余下的部分承诺在未来的某一天兑现。如果企业经营发生困难，这是不得已而为之的办法。如果企业有能力全额支付，选择这种办法，往往会给员工留下企业面临经营危机的印象，使员工产生另找出路的想法。

3. 现金原则

现金原则是薪酬支付的一个重要原则。企业支付给员工的基本薪酬和事先约定以现金方式兑现的可变薪酬，如奖励工资、附加工资等，企业必须采用现金的形式发放，不能选用企业股金或者企业产品的形式。在现实中，有些企业为高层次人员承诺高薪酬，但又觉得过多地支付现金会影响企业的经营效益。一般是承诺薪酬的时候并没有明确界定以何种形式支付薪资，到年底，要拿出大额现金兑现时，感到过多的现金流出会让企业的流动资金吃紧。因而单边改变主意，把奖励工资改为奖励股份，从而使受奖人有一种受骗的感觉，致使员工的工作积极性和创造性受挫。有的企业直接用企业产品折价抵扣员工工资，而员工拿到这类产品，或者是自己消费不了，或者是没有家庭财务计划安排这种消费，使之不得不再打折转让，或者想办法处理，一方面，这为员工带来了再销售的麻烦，增加了员工的额外付出；另一方面，又因为转让打折而降低了员工的工资收入，从而使员工对企业失去了信心。

4. 薪资扣除的约定原则

企业在日常经营管理中，对员工的某些行为进行惩戒性罚款是必不可少的，如考勤制度可能约定的对员工旷工、迟到和缺勤的扣款等。但需要注意的是，这种扣除必须事先有明确的制度约定，并让每个员工熟知这种制度约定，不能是事后的任意追加。而每个员工扣薪项目的统计和计算必须公开，使员工自己心里有数。个人所得税的代扣代缴，由于是遵守国家有关法规所进行的操作，企业在执行这些法规的时候必须做耐心的解释工作，不能先斩后奏，不能让员工提出疑问之后再做解释。

此外，薪资支付还体现支付给本人及预支原则。一般情况下，企业应将工资支付给员工本人，员工本人因故不能领取工资时，可由其亲属或委托他人代领。

某些企业为了体现人情味和提高员工对企业的归属感，常常会有薪资预支的规定。一般在员工结婚、生育、丧葬、受伤、疾病、意外灾害的情况下，经本人或者其家属的申请，可预支已出勤时间的基础工资和附加工资及已核定的奖励工资。如果员工感到已出勤和已核定的薪资数额不足以应付所发生事件的支出时，也可以酌情进一步预支。为了减少企业的风险，可以附加担保条款，让其他员工以其薪资收入为其担保。

企业薪酬的支付在遵循以上原则的同时，为保证薪资发放的准确和安全，以及员工领薪的方便，还应对薪资从核定到发放如何操作作出程序规范，尤其要避免因为薪资核定、签批而拖延薪资的发放时间给员工带来的不满，以充分发挥薪酬支付环节所应起到的正激励效果。

二、薪酬支付艺术

大部分企业会认为，薪酬支付，不就是把工资和福利发到员工手中吗？而如果薪酬支付也存在艺术的话，薪酬管理者的工作未免过于细致。或者，聘请了管理顾问的企业会认为薪酬支付是企业薪酬管理的一部分，经过管理顾问的薪酬设计早已不成问题。而事实上，薪酬支付是有艺术的，创新是薪酬支付艺术产生的源泉，薪酬支付艺术将对企业的薪酬管理起到超乎寻常的作用。

薪酬支付的艺术不外乎体现为以下原则：配合员工的喜好、配合员工达成的业绩、抓住适当时机、让员工参与薪酬设计方案、支付手段不断翻新、保持薪酬支付方案公开而富有弹性、薪酬支付方式与公司理念一致、合理拉开档次，以及因人而异选择支付的频率和内容等。

1. 薪酬支付的差异化策略

不同的员工会有不同的薪酬要求。在同一行业之内，选择差异化的薪酬支付手段也有助于企业吸引人才、树立企业形象、提高企业竞争力。薪酬支付的差异化策略体现为不同的行业薪酬支付存在差异，同一行业内的薪酬支付因员工所从事工作的不同、年龄层次的不同等而有差别。例如，销售人员的薪酬支付一般应遵循有效性、灵活性、竞争性、激励性、稳定性、便于理解和管理、配合性及相称性原则；青年员工的薪酬支付，则应更多考虑奖励休假、设立类似于"在职训练最佳奖"或"员工成长最佳奖等奖项"、随时准备奖励、设立冒险工资、妥善处理加薪要求及给予培训、学习机会等。

2. 薪酬支付的时机艺术

薪酬支付的时机选择是尤其需要关注的一种艺术。企业应根据员工的年龄差异、员工的知识水平、员工的心理反应、企业的需要、企业不同任务的性质,选择不同的奖励时机。

3. 薪酬支付的环境艺术

假如企业能够选择在合适的场合奖励员工的话,则薪酬会发挥更大的作用。

薪酬支付的环境设计应遵循以下原则。

（1）准备充分、组织得当的原则。

（2）互相配合的原则。

（3）隆重而热烈的原则。

（4）因人而异的原则。

（5）适当控制成本的原则。

（6）强化企业经营理念的原则。

薪酬支付的环境设计内容包括以下几点。

（1）场地的选择与设计。

（2）宣传橱窗的布置。

（3）内部报刊、企业内部网站的配合。

（4）标语、口号的制作。

（5）纪念物品的设计。

（6）颜色的运用等。

员工愿意接受的薪酬方案、激励体系和公平感都是非常主观的,对薪酬的满意度薪酬与感知及价值观联系紧密,很多的冲突也由此产生。正是在协调、平衡这种冲突的过程中产生了无数种薪酬支付方案,正如世上没有包治百病的灵丹妙药一样,薪酬支付永远也没有标准答案。

第四节　人工成本管理

人工成本是与薪酬相联系又相区别的一个概念。本节将简要介绍人工成本管理的内容。

一、人工成本的含义与构成

（一）人工成本的含义

人工成本是企业在生产经营和提供劳务过程中依等价或不等价关系，以直接支付或间接支付方式投资和分配于劳动者的全部费用。按通行的财务会计制度，这些费用要纳入企业财务成本项目核算利润水平，所以称之为人工成本。

定义中所谓的等价和不等价关系，是指企业在使用劳动者进行生产经营全过程中的人工耗费，有些是依据劳动者提供的劳动量计量的，如工资、奖金和一些与生产有关的补贴；有些并不以劳动量多少为依据，而只是因使用劳动者过程中的需要，如劳动者的招聘和培训费用及劳动保护方面的一些费用。

（二）人工成本的构成

人工成本由以下内容构成。

1. 全部职工劳动报酬

全部职工劳动报酬包括从业人员劳动报酬和不在岗职工生活费。

2. 社会保险费用

社会保险费用指企业实际为职工缴纳的养老保险、失业保险、医疗保险、工伤保险和生育保险费用。

3. 福利费用

福利费用指企业在工资以外实际支付给全部职工个人，以及用于集体福利费用的总称，包括冬季取暖或夏季高温补贴费、医疗卫生费、生育补贴、生活困难补助、文体宣传费、集体福利设施及福利事业补贴、丧葬抚恤救济费等。

4. 教育经费

教育经费指企业为全部职工学习先进技术和提高文化水平而支付的培训费用。

5. 劳动保护费用

劳动保护费用指企业为实施安全技术设施、工业卫生等产生的费用，用于职工保护用品；

6. 住房费用

住房费用指企业为改善全部职工的居住条件而支付的所有费用，包括住房补贴、住房公积金、宿舍的折旧费。

7. 其他人工成本

其他人工成本指不包括以上各项的其他人工成本项目，如工会经费、企业因招聘从业人员实际花费的费用等。

二、人工成本分析指标

常用的人工成本分析指标有三类：人工成本总量指标、人工成本结构指标、比率型指标。

（一）人工成本总量指标

人工成本总量指标反映的是企业人工成本的总量水平。由于不同企业员工人数不同，因此常用人均人工成本来反映企业人工成本水平的高低。该指标可以显示本企业员工平均收入的高低，企业聘用一名员工大致需要多少人工成本支出，企业在劳动力市场上对于人才的吸引力有多大等。人均人工成本能够表示企业员工的工资和保险福利水平，也就能作为企业向劳动力市场提供的劳动力价格信号。企业要提高员工的劳动积极性、吸引高素质的劳动者到企业来，就需要建立人均人工成本指标，以便企业对人工成本水平进行更全面的分析和控制，有利于企业的生产发展。

（二）人工成本结构指标

人工成本结构指标指人工成本各组成项目占人工成本总额的比例，它可反映人工成本投入构成的情况与合理性。其中，工资占人工成本的比重是结构指标中的主要项目。

（三）比率型指标

人工成本分析比率型指标是进行企业人工成本分析控制常用的指标，是一组能够将人工成本与经济效益联系起来的相对数。

1. 劳动分配率

劳动分配率表示企业在一定时期内新创造的价值中有多少比例用于支付人工成本，它反映分配关系和人工成本要素的投入产出关系。同一企业在不同年度劳动分配率比较，在同一行业不同企业之间劳动分配率的比较，说明人工成本相对水平的高低。

$$劳动分配率 = \frac{人工成本总额}{增加值（纯收入）} \times 100\%$$

2. 人事费用率

人事费用率主要指人工成本占销售收入（营业收入）的比重，表示企业生产和销售的总价值中有多少用于人工成本支出，同时也表示企业员工人均收入与劳动生产率的比例关系、生产与分配的关系、人工成本要素的投入产出关系。

$$人事费用率=\frac{人工成本总额}{销售收入}\times100\%$$

劳动分配率和人事费用率实质上反映的是人工成本作为一种投入的效益，由于是相对数指标，有利于国际、国内企业的人工成本水平比较。但应该注意的是，不同行业的企业之间，由于资本有机构成或劳动装备水平不同，增加值率和利润率不同，劳动分配率和人事费用率存在明显差异。因此，劳动分配率和人事费用率指标适合同行业的企业之间进行比较。

3. 人工成本利润率

人工成本利润率主要指企业投入的人工成本代价与企业最终获得的以利润表现的经济效益之间的关系。该指标表明在企业新创造价值当中从业人员直接和间接得到的全部报酬与企业利润之间的关系。计算公式为：

$$人工成本利润率=\frac{利润总额}{人工成本总额}\times100\%$$

4. 人工成本占总成本的比重

人工成本占总成本的比重，反映活劳动对物化劳动的吸附程度，这一比值愈低，反映活劳动所推动的物化劳动愈大，反之，活劳动所推动的物化劳动愈小。该指标用于衡量企业有机构成高低和确定人工费用定额。由于各行业要素密集程度不同，有资本密集型、技术密集型、劳动密集型，因此，不同行业人工成本占总成本的比重这一指标可能差异很大。

三、人工成本管理程序

企业人工成本管理的程序，具体而言，就是在编制切实可行的人工成本总额计划的基础上，进行认真的人工成本统计分析，从而科学地实施人工成本控制，以实现有效的人工成本管理，提高企业竞争力，促进企业的发展。

（一）树立人工成本管理观念

实施人工成本的中长期规划和管理必须树立以下观念。

1. 人工成本管理与控制是涉及企业所有部门的系统工作

降低人工成本在总成本、销售收入和劳动分配率中的比重，不仅需要人力资源部门的策划管理、计划财务部门建立执行人工成本预决算制度；同时需要企业的业务部门提高劳动生产率、降低经营成本、提高利润，是一项涉及公司决策层到一般员工的系统工作。

2. 人工成本管理不等于降低人工成本

人工成本管理是对人工成本进行核算、分析、控制的过程，是将人工成本支出水平与结构调整到最适合企业发展战略要求和实际经济效益情况的最佳点，只有企业在难以承受人工成本支出时才采取降低人工成本的做法。

3. 人工成本水平的高低不完全取决于员工收入水平的高低

衡量人工成本应当从绝对量和相对量两个方面分析，一般而言，员工收入水平较高但劳动分配率和人事费用率低的企业利润水平较高，也就是说效益好的企业一般人工成本低于平均水平。控制人工成本主要是合理调控人工成本在总成本、销售收入和劳动分配率中的比重。

4. 人工成本是企业为了追求更长远的利润而对人力资源的一项投资

人工成本包括各项保险费、福利费、住房费、招聘解聘费等，这些项目并非是为短期收益服务的，而是为企业远期收益支付的项目。

（二）编制人工成本总额计划

1. 确定人工成本总额

人工成本总额是人工成本管理的核心内容，确定人工成本总额的方法很多，根据美国经济学教授魏茨曼的分享经济学理论，可将公司的销售收入和目标效益与人工成本投入量联系起来计算确定人工成本总额的方法。

2. 人工成本总额的分配

人工成本额的分配是将人工成本在工资总额、劳动保护费、职工福利费、教育经费、社会保险费（养老保险、失业保险、医疗保险、工伤保险、生育保险）、工会经费、住房费用之间进行分配。由于我国对企业的劳动保护费、职工福利费、教育经费、劳动保险费（养老保险、失业保险、医疗保险、工伤保险、生育保险）、工会经费、住房费用的计算是规定以工资总额为基数，按照一定的比例提取，因此人工成本的分配主要是确定工资总额。具体可用以下方法计算分配：

工资总额＝人工成本总额／（1＋劳动保护费、职工福利费、教育经费、劳动保险费、工会经费、住房费用的提取比例）

本章小结

薪酬，是一种对人力资源的投资行为，这改变了过去那种仅仅将薪酬看作成本的思维方式，更多的是考虑如何有效利用这种投资，对企业有限的资源进行有效的利用，使其投放在最有效的领域，发挥最有效的作用。企业要思考的是投资多少（薪酬总量），投资在哪里（关键业务领域），怎样组合投资（薪酬项目），对什么进行投资（业绩结果），谁会获得投资及怎样获得这些投资（不同员工群体与薪酬的关联），投资的回报如何（激励产生的价值）等问题。而薪酬控制、薪酬支付与人工成本管理正是薪酬管理中成本控制与有效激励之间能否兼顾的关键。

思考题：
1. 薪酬控制的功能是什么？
2. 简述薪酬控制的基本程序。
3. 思考薪酬支付原则设计的考虑因素。
4. 人工成本的影响因素有哪些？

第三篇 设计应用篇

本篇介绍的基本薪酬、绩效薪酬及员工福利是薪酬管理的实践性职能活动,它所制定的各项制度和开展的一系列活动都对员工的工作积极性、劳动所得、企业的绩效及企业的发展产生最为直接、明显,而又深远的影响,是整个薪酬管理活动的综合体现。

本篇包括第八、九、十章。第八章介绍了基本薪酬概述、基本薪酬的构成要素及基本薪酬的主要制度;第九章介绍了绩效薪酬概述、个人绩效薪酬制度、团队绩效薪酬制度和长期绩效激励制度;第十章介绍了员工福利概述、员工福利项目设计、员工福利管理。

第八章 基本薪酬的制度设计

本章分三节介绍基本薪酬的制度建设。第一节介绍基本薪酬的概念、作用、特点与设计步骤;第二节着重介绍基本薪酬表现形式的含义、特点、计量方法与适用;第三节对基本薪酬的主要制度作了简要的探讨。通过本章的学习,将初步了解基本薪酬的制度设计的基础知识,将薪酬管理的基础理论知识与基本薪酬的制度设计结合起来,为以后在组织薪酬制度设计方面的管理实践打下基础。

第一节 基本薪酬概述

一、基本薪酬的内涵

1. 基本薪酬的含义

基本薪酬又称标准薪酬、基础薪酬等,一般指组织在全面考虑员工年龄、技能、学历和平均生活费用的基础上,以员工的劳动程度、劳动强度、岗位及责任大小为基准,按照员工实际完成的劳动定额、工作时间或劳动消耗而支付的稳定性劳动报酬。

基本薪酬是一个集合词,它可以包含基础工资、工龄(年功)工资、职位工资、技能(能力)工资等,多以计时形式(小时工资、月薪、年薪等)来衡量。在我国,一般对各种层次的员工都采用月薪的基本薪酬形式。在英美国家,许多企业采取二元制实现基本薪酬的付酬方法。这两种分配方式是根据员工所在岗位的性质而确定的,即对一部分员工实行根据工作时间付酬的小时工资制,它是支付给蓝领工人的基本薪酬,通常采取钟点薪或周薪的形式。这些职位的工作职责都比较具体和狭窄,这类工人加班时企业必须支付加班工资;而对另一部分员工实行根据工作总量付酬的薪水制,它是支付给管理人员、技术人员等的基本薪酬,通常采取年薪或月薪的形式,对这类人员强调的是工作本身及员工的工作成效而不是时间,因此是不发给加班工资的。不过，近几年，很多大企业都倾向于将员工的基本薪酬定位在薪水制上，因为大多数企业目前更倾向于认为，现在的员工大多都以团队的形式在组织中进行工作，且现在更注重员工的效率而降低了对表面时间的要求。

2. 基本薪酬的确定及调整依据

基本薪酬是企业确定员工其他报酬形式的基础，大多数情况下，企业是根据员工所承担的工作本身的重要性、难度或者是员工对企业的价值来确定员工的基本薪酬的，即采取职位薪酬制。有的企业还以组织中的一些特殊人员或者依员工所拥有的完成工作的技能（能力）的高低来确定基本薪酬，即采用技能薪酬制。

员工基本薪酬的确定依据通常是员工所进行的工作本身或者员工所具有的完成工作的技能和能力，而基本薪酬的变动则主要取决于以下四个因素：一是员工所具有的知识、能力及由此而导致的员工绩效的变化；二是同类工作的其他劳动者所获得的基本薪酬水平；三是企业所在行业的利润率、地区经济状况的影响；四是同层次劳动者基本生活费用的变化或者通货膨胀的程度，都会对员工的基本薪酬水平构成影响。员工的基本薪酬的刚性总体上来说比较高，其中绩效加薪（成就工资），是一种重要的基本薪酬增长方式。这是一种用来承认员工过去工作满意度及工作业绩的基本薪酬增长方式。同时绩效加薪是一种对员工过去绩效的肯定而产生的工资永久性增加，其增长特性表现为增长水平不高，加薪次数有限，因此激励作用不强，而对员工的工作行为影响较小，其实际作用更多的表现在潜在的激励每个员工方面，但是绩效薪酬的积累性质还容易增加企业的成本。所以，绩效加薪政策正在越来越多地被不具有积累性质的绩效奖励政策所代替。

3. 基本薪酬的作用

基本薪酬是员工从企业那里获得的较为稳定的经济收入，这一组成部分对于员工来说是至关重要的，因为基本薪酬不仅为员工提供了基本的生活保障和稳定的收入来源，而且还往往是确定员工其他薪酬水平的重要依据。基本薪酬主要体现的是薪酬的保障与补偿职能，其激励作用有限。正常情况下，基本薪酬对于员工来说是固定的和有保证的，员工不需要过多地费心，只要正常工作就可获得，根据激励理论：达到目标的可能性中等时，员工的动机越强，而基本薪酬的稳定性使其觉得达到目标的可能性（员工的期望值）接近100%，员工不是通过努力来实现的一般情况下，具有极低的激励性。并且随着总收入的增加，基本薪酬在员工心中的价值会逐渐下降，固定薪酬的稳定性使得员工对此回报的重视程度降低，从而导致基本薪酬的激励效果逐渐下降。因此，基本薪酬所起的主要是一种"保健作用"，不能起更大、更有效的激励作用。这也是新中国建立初期，刚经历苦难的工人们对基本薪酬情有独钟；这也是改革开放后，国企在进行经济体制改革初期，要废除"三铁"（铁工资、铁交椅、铁饭碗）的重要原因之。如今，我国企业改革进入"深水区"，面对复杂的全球经济形势，想要激发企业发展活力，应通过基本薪酬制度改革，努力提高基本薪酬的激励性作用。

由于基本薪酬风险低，收入的稳定性高，一般短时间内不随个人的工作业绩和企业的经营状况而发生较大的变化，因此对于一些刚参加工作，缺乏工作经验、技能的新手和那些不愿意承担责任与风险的员工来说，在一定范围内，他们更愿意接受一个较低但较为稳定的薪酬，而不愿意接受一个较高但需要更多的个人努力且不稳定的薪酬。

二、基本薪酬的特点

基本薪酬、可变薪酬及间接薪酬（福利与服务）是员工货币性薪酬体系的三大组成部分，与其他薪酬分配形式相比较，由于基本薪酬在整个薪酬收入分配体系中占据主导地位，因此其除了具有货币性薪酬的共同属性外，还具有其独有的特点。

1. 常规性

基本薪酬是一般状态下劳动者在法定工作时间内所获得的劳动报酬。普通状况下，员工应该完成该岗位固定时间内的定额劳动，得到相应的劳动报酬。从这个意义上说，基本薪酬的本质功能是保障而非激励。对于企业的管理系统工程及企业员工的日常生活来说，其活动大多依据惯例。基本薪酬的常规性使基本薪酬在企业的员工薪酬管理中影响深远。

2. 导向性

基本薪酬作为员工薪酬的主体部分，反映了整个薪酬体系的大致水平和基本倾向。企业有倾向地通过基本薪酬的设置来引导其员工的关注点，也只有将基本薪酬的设置重点跟能激励员工的主要因素紧密联系，才能真正长期地、有效地发挥基本薪酬的作用，使企业的人力资源管理具有坚实的根基。基本薪酬的导向性具体表现在：当企业注重员工所具有的技能水平和工作经验时，企业政策会倾向于激励员工提高自身技能而采用技能薪酬体系；而当企业关注岗位价值（职务职责）时，企业会按照岗位等级薪酬体系进行企业的薪酬管理；同理，企业会因为关注结果而绩效工资制的方式向员工支付薪酬。

3. 基准性

这里的基准性包含两层含义：第一，基本薪酬是其他辅助薪酬的计算基准，薪酬的数额、比例及变动均以基本薪酬为基准。在薪酬管理中，通常把基本薪酬作为辅助薪酬的平台。第二，为保证员工的基本生活需要，政府对企业基本薪酬的最低额度做出强制性的限定，推行最低薪酬制度。因此，对那些只能获得基本薪酬的员工来说，其基本薪酬的数量不低于法定的最低薪酬基准。从这个角度来讲，基本薪酬也称标准薪酬或基准薪酬。

4. 稳定性

基本薪酬的相对稳定有利于相关各方。对于员工来说，它能保障员工的基本生活。基本薪酬在一定时期内是稳定的，这种稳定性表现在支付周期和支付数额的稳定，薪酬数额大小的确定以企业预先确定的基本薪酬等级标准为依据，而预定等级标准具有更大的稳定性，那么，员工的基本薪酬的数额变化也就相对趋于平缓了。作为整个薪酬体系的主体，基本薪酬又是确定其他薪酬的基准和风向标，它的稳定性就愈显重要。因为牵一发而动全身，基本薪酬对企业组织和个人都产生深远的影响，所以企业一般保持基本薪酬的稳定性，并随着经济发展适度呈上扬趋势。

5. 综合性

基本薪酬的确定必须全面考虑员工所具有的年龄、技能、学历和工作本身的复杂程度，熟练程度及岗位责任大小等各项因素，甚至还包含员工基本生活费用的水平，可见基本薪酬所包含的全局性和综合性。基本薪酬是员工薪酬收入的基础，也是企业薪酬管理要考虑的首要问题，因此它也常常成为政府调控和监督的重要对象。从这些方面都可以看到基本薪酬的综合性。

三、基本薪酬的设计步骤

基本薪酬的设计实践中要体现薪酬管理的公平、竞争、激励及补偿等重要原则，特别是要考虑两个因素：一是企业内部的公平性，这是通过职位评价来实现的；二是外部公平性，这是通过薪酬调查来实现的。基本薪酬的设计一般按照下面的步骤来实施：首先要进行工作分析，界定各职位的工作职责和任职资格要求；其次要进行职位评价，界定各职位相对的价值大小；然后进行薪酬调查，将调查的结果和职位评价的结果结合起来，建立薪酬曲线；最后要根据薪酬曲线来确定薪酬等级。

（一）工作分析

工作分析主要是对职务的分析，指收集和处理与某一具体职务的相关工作信息，对该工作的内容进行描述，进一步明确该工作或职务对员工的素质要求的系统过程，它是人力资源管理和薪酬管理的基础工作。工作分析是建立以职位为基础的薪酬结构的第一个步骤，是职位评价的前提条件。它有利于明确不同工作之间的相似与差异，有助于建立内部平等的工作结构，从而为管理者确定薪酬差异、建立合理的薪酬结构提供与工作相关的理论基础。

由于薪酬是员工工作的报酬，工作的异同构成了组织内部薪酬结构的等级和级差,所以无论是建立职务岗位的薪酬制度还是基于任职者的薪酬制度,都需要对员工从事的工作本身或员工所具备的工作技能进行分析,两者的基本过程是一样的。

1. 工作分析的主要内容

可用一个简单的5W1H公式来概括,即:完成该工作的主体(Who);该工作具体内容(What);该工作的时间(When);该工作地点(Where);该工作的价值(Why);怎么工作(How)。

2. 工作分析的程序

工作分析是一项技术性强、复杂细致的任务,需按下列程序进行。

(1) 计划制定阶段。它是指分析活动的确立,主要完成以下工作:明确分析的目标,即确定分析结果用于人力资源管理的哪个方面,解决什么问题;确定所需收集资料的类别和收集方法,通常,重点收集工作内容、工作特性及从事该工作人员所需知识、技术、能力及人际关系的信息;选择有代表性、典型性的工作作为被分析对象的样本;设立工作分析的专门机构,明确权责,制定分析的规范等;进行广泛宣传,使员工对配合该项工作有心理准备,提供及时、完整、可靠的信息。

(2) 方案设计阶段。这是指进行分析工作的实施计划:选择分析的信息来源,主要有工作的执行者、管理监督者、有关专家、政府部门或行业协会等颁发的文件、有关专业的书刊等;选择工作分析人员,他们应有一定的工作分析经验和学历;选择收集信息的方法和分析信息适用的系统。

(3) 信息收集阶段。工作分析所需的信息包括工作任务、工作活动、工作条件、业绩标准、担任角色、关键因素和体现工作特性的风险与责任、所受约束等。一般可采取问卷调查、直接参与、工作笔记、访谈、观察、对象描述等方法。

(4) 综合分析阶段。对所收集的各种信息进行汇总、整理、分类,再进行综合分析,具体的工作分析内容包括:工作任务分析,即调查分析各个职位的任务性质、内容、形式、执行任务的步骤、方法、使用的设备和工作影响的对象等;工作职责分析,即对各职位任务范围、职位责任、重要程度的分析;职位名称分析,即用简洁明确的文字对某职位工作进行概括,包括工种、职称、等级等;职位关系分析,即对某特定职位与其他相关的各职位之间的关系进行分析;劳动强度和劳动环境的分析;职位对员工应具备的知识、技能、经验、体力、心理素质等要求的分析;上述分析构成工作描述的主要内容。为了验证工作描述的准确性,需要召集从事具体工作的员工及有关技术、管理人员,提出他们判断工作描述结果的客观性、全面性,并记录所有的遗漏、模糊和需要改正之处并进行修改。

(5) 结果的表达阶段。工作分析的最终结果是写出职务说明书(工作描述、工作规范),为人力资源管理的各方面工作如人力资源规划、薪酬管理、员工招聘、员工培训、工作安排、绩效评估、安全卫生等提供基础性信息资源,有助于管理者为薪酬标准、职工招聘和培训等决策作出正确的判断。当然，组织的生产经营、技术设备、分工协作、机构设置的变化，会使组织内部职位与工作的内容发生变化，这就要求及时地对职务说明书进行调整修订。

（二）职位评价

职位评价是指借助一定的方法，确定企业内部各职位相对价值大小的过程。职位评价的主要方法有排序法、分类法、要素计点法、要素比较法和海氏职位评价系统（本书第五章第三节已作详细介绍）。

（三）薪酬市场调查

为确保企业的竞争能力，为公司薪酬的制定提供有力的依据，对外部劳动力市场的薪酬水平、行业公司的薪酬水平、地区公司薪酬水平必须进行调查和了解。本书第四章的第二、三节对薪酬市场调查已有详细介绍。

将市场薪酬调查得到的报酬水平和职位评价结果结合起来，会发现两者之间的配合形成了一条函数曲线，这条曲线的含义是按照市场目前的薪酬标准，本企业中各种工作应该得到的报酬。因此，可以把这条曲线称为薪酬曲线。薪酬曲线，可以反映企业的薪酬制度与管理价值；用来检查薪酬制度的合理性，作为改进薪酬制度的依据，因此可以通过薪酬曲线看出某些职务的薪酬的偏离程度，从而制定纠正的策略，使它们回到薪酬曲线中正常的工资点上。

（四）确定基本薪酬结构

包括确定薪酬等级，即以职位评价的结果为依据，将各类职位划分成若干个等级；确定各个等级的薪酬波动范围，即薪酬区间。具体操作可参见本书第六章相关内容。

第二节 基本薪酬的构成要素

基本薪酬在各类型组织中的作用差别不大，但由于组织的特殊性和组织成员的需要却是千变万化的，且组织的发展和人性的变化要求组织的基本薪酬的形式要符合时代的要求、社会的发展和组织的特征等多种因素。归纳起来，基本薪酬的构成要素包括以下几种。

一、计时工资

（一）计时工资的含义

计时工资是根据预先规定的单位时间的标准，按单位劳动时间支付劳动报酬的一种形式。因为劳动之间存在着复杂程度、责任程度和繁重程度的差别，所以在确定劳动标准时，需要制定各种等级测量标准。例如，技术等级标准、岗位等级标准、职务等级标准及劳动强度标准等。测量劳动的时间不是按照劳动的自然时间，而是指员工的有效劳动时间，所谓有效劳动时间指包含劳动成果（数量和质量）的有效劳动时间。常用的劳动报酬时间的计量单位有小时、日、周、月和年等。因此，计时工资是技术标准与时间单位的综合，也称"单位时间的工资标准"。计时工资的内涵可通过下列计算公式表示：

计时工资＝特定岗位的单位时间工资标准×实际有效劳动时间

计时工资是风险较小、激励水平较低的工资形式。企业向员工支付计时工资的同时，实际上就是向员工提供了保险，并将风险转移到了企业一方，特别是在外部环境不好的情况下，企业承担的风险更大。

（二）计时工资的计量形式

根据时间单位的跨度，计时工资又分为小时工资、日工资、月工资和周工资等。

1. 小时工资

小时工资指根据实际有效工作小时数支付劳动报酬的工资。

2. 日工资

日工资指按照实际有效工作日数支付劳动报酬的工资。日工资又分为多种计算标准，如按平均月规定出勤天数计算，按当月规定出勤天数计算，按平均月日历天数计算，按当月规定天数计算等。

3. 月工资

月工资指按照实际有效工作月数支付劳动报酬的工资。月工资标准是确定日（小时）工资标准的基础，即日工资相对稳定；受劳动对象和劳动条件差异的影响小；对员工出勤率有较强的制约作用。

（三）计时工资的适用范围

计时工资的适用范围很广，特别适用于以下几类工作：随着机械化和自动化程度的提高，劳动数量和劳动成果主要看工具的发展水平的工作，如大型的生产线作业等；技术复杂、分工细致、一般以团体形式进行的工作，展现的是团队的工作，如大型石化企业、机械制造业等；劳动成果无法计量的工作，如管理、辅助和服务工作等；劳动成果难以直接反映员工的技术水平和业务能力，如基础研究和实验性生产工作；生产规模小、生产场地集中，便于监督管理的工作。总之，计时工资适用于岗位责任明确、等级和工资标准规范的工作，以及劳动成果不便于直接计量的工作。

（四）计时工资管理的特点

（1）计时工资制是参照劳动者的劳动复杂程度、熟练程度、繁重程度，根据工作时间长短支付工资的一种形式。

（2）计时工资的内容和形式简便明确，便于计算和管理，实施范围广泛，任何部门、任何单位及各类工种、职务均可采用，劳动者的工资取决于本人的工资标准和实际劳动的持续时间。

（3）计时工资制是按照一定质量的劳动时间支付工资的，因此它能促进劳动者不断提高技术业务水平，能保证劳动质量，它不会使职工工作情绪过度紧张，而且工资收入水平取决于现实的工资标准，有较大的稳定性。

（4）出于管理的需要，企业通常采用多种计时标准，以便能找到更好的薪酬制度来反映和激励员工的努力。例如，对生产线上的员工来说，因为生产线的变动频率是非常高的，因此最好的衡量时间单位是小时。对于管理人员来说，尽管也可以用小时来反映努力程度，因为管理者的工作是易变的，工作任务也不是十分明确的。因此，按照月工资或者更长的时间来计算管理者的工作更能有利于他们在一个较大的时间范围内规划工作，并合理地安排自己的工作时间。

（5）许多管理人员是不享受加班费的人员，因此也没有必要计算加班费。而蓝领工人的加班和领取加班费是一种比较常见的现象。

现代企业中仍然有很大一部分企业还是选择计时工资，是企业一种不得已的选择。但是对一些不能按照成果计量报酬的工作，企业只能选择计时制按照劳动时间计算报酬，主要原因是对这些工作的价值无法根据个人的产量和一些劳动成果形式进行有效衡量。例如，一些管理者和科室人员的工作，即使最为常规的部分，也无法用计件标准衡量。在这种情况下，最好是忽略个人之间的差异，支付一个按固定标准计算的工资，即计时工资。对于员工特别是缺少知识和技能的员工来说，计时工资也是一种更理性的选择。因为与计件工资相比，计时工资是一种水平较低但风险较小的工资。尽管计件工资可以刺激员工对报酬的欲望，进而激励员工的努力程度，但是在无法控制产量的情况下，许多员工宁可选择风险小的工资形式。例如，在市场不景气的情况下，销售人员尽了最大的努力，仍然不能完成销售任务，在这种情况下，销售人员就可能愿意实行计时工资。

二、计件工资

（一）计件工资的含义

计件工资是指以劳动定额为依据预先规定计件单价，按照工人完成合格产品的数量或以其他产品计算的工作量，来支付劳动报酬的一种形式。它是结合员工的劳动数量与质量，通过所完成的产品或工作量来计算报酬的。计件工资的计算公式为：

工资＝完成产品的数量×每件产品的工资

（二）计件工资的构成要素

计件工资的构成要素主要包括以下几方面。

（1）某项工作的定额要求，即员工从事某项工作的单位时间的劳动定额或工作量要求。劳动定额的水平应该先进合理，如果水平落后则达不到预期的经济效益，而水平过高则会挫伤职工的积极性。

（2）计件单价的参考标准，从事某项工作的单位时间工资标准，即按小时计算的计时工资标准。

（3）计件单价，即员工每完成一件合格产品或每一单位量工作时应得的计件工资额。计件单价最基本的计算方法是与工作物等级相应工资标准与产量劳动定额（或工作量）相除而得。

（4）计件单位，即根据生产特点与生产劳动组织的需要而确定的计量合格产品量（或工作量）和计算计件工资额的基本结算单位，可以有个人计件和集体计件两种形式。

（三）计件工资的适用范围

计件工资比较适合以下性质和特点的工作。

（1）产品的数量和质量直接与劳动者的技能、劳动熟练程度及努力程度挂钩的工作。

（2）能够单独计算产品数量、单独检验产品质量和单独反映员工劳动成果，生产的直接目的是增加产品件数的工作。

（3）生产过程持续、稳定，大批量生产产品的工作。这些工作的劳动定额、计

件单价等要素条件相对稳定，易于管理，也可以保证员工对生产工艺的掌握程度。

（4）管理完善、操作规范的工作。例如，有健全的产品数量统计和质量检验制度，科学的劳动定额和定额考核制度，以及高水平的管理监督人员。但是还有一些工作不适宜采用计件工资制，如对从事质量检验工作的员工，不能依据产品合格率来评定工资，否则助长人为提高产品不合格率的现象。

（四）计件工资的特点

计件工资的特点包括以下几点。

（1）操作非常简单，计算方法简便，因而得到普遍的使用。

（2）计件工资制能更好地体现按劳分配的原则，能够直接和准确地反映劳动者实际付出的劳动量，以及不同劳动者之间的劳动差别。

（3）计件工资制能推动企业管理制度的改善和管理水平的提高。

（4）计件工资制具有较强的物质激励作用，有利于生产的发展。

（5）计件工资制能有效促进职工提高自身素质，提高劳动生产率。

计件工资在员工方面有比较明显的激励优势，尤其在一些以员工个人能力和努力程度为基础的工作中，如营销人员，使用计件工资激励不仅会促使劳动效率提高，而且还能促成员工的薪酬层次差异。

计件工资的主要弊端是因为它是按照劳动成果的数量来计量报酬，在管理中容易导致员工注重产品的数量而忽视产品质量的现象。计件工资另一个管理难点是较高的监督成本。

（五）计件工资和计时工资的区别

计件工资与计时工资的区别有以下几点。

（1）计件工资能区别同等级工人因其他因素的不相同所取得的不相同成果，所以在一定的条件下，计件工资是一种可以更直接地和明显地体现按劳分配原则的较好的工资制度。

（2）在劳动的计量上和付出形式上也不同。计时工资的多少，它只表明劳动者在一定时间内应该提供的劳动量，但它不能准确反映劳动者在生产过程中实际提供的劳动量。计件工资的多少是待劳动者完成生产任务之后才确定的，它能够更准确地反映劳动者付出的劳动。只要计件单价规定得合理，劳动者完成合格产品的数量和工作量越多，得到的工资也就越多。

（3）工资的计算标准的确定所注重对象的差异。计时工资注重员工的原有的知识、经验及技能等，计件工资却只看合格产品的数量。

（4）采用的前提不一样，计件工资采用的基础前提是对每件产品的劳动工资率标准生产时间进行事先测算，测算的精确程度对劳动工资率的确定非常重要，如果测算不够精确，必然会导致劳动工资率的偏离，这对员工和企业都是不公平的，所以推行计件绩效制的关键是要掌握产品的标准生产时间。这种方法将员工的报酬与劳动效率相结合，可以激励员工更好地工作，完成产品数量多的员工收入增加，可以使员工更加积极勤奋地工作，提高工作效率。计时工资采用的前提是，能对员工的单位时间的劳动价值作出准确的计算。

三、技能工资

（一）技能工资的含义

技能工资是依据员工技术水平及其他综合能力支付的劳动报酬。技能工资，又称为知识工资或能力工资，是根据员工掌握的不同技能和他们所拥有的新增知识，而不是根据分配给他们的工作支付工资的。

技能工资有两种主要的表现形式：一种是技能等级工资，它是基于员工专业技术和能力测评而制定的等级工资，该制度注重任职者的能力和资质；另一种是企业为了适应技术变革的需要，与员工技能培训相配合的报酬奖励计划。技能或能力工资已经成为未来企业薪酬发展的主要方向之一。

（二）技能工资的优缺点

当今社会是一个信息技术空前繁荣的新时代，更是一个知识呈指数增长的新时代，员工的能力愈发成为企业能力的重要体现。企业需要以技能工资为辅助工具，刺激员工提升自我能力以应对瞬息万变的市场环境，同时也要扬长避短，认识到技能工资的缺陷与不足。

1. 技能工资的优点

技能工资是结合员工对公司的贡献程度的一种工资支付形式，因此具有较强的合理性，一是有利于提高员工的工作效率，促使员工主动、持续地提高个人能力，以适应企业的发展要求；二是可增加员工的稳定性；三是当组织需要新技术或现代化的技术时，技能工资也可以鼓励员工接受培训。

2. 技能工资的缺陷

但技能工资仍然有其不足：一些企业限制了员工应该获得的最高薪酬数额，所以，一旦获得最高工资，员工就可能不愿意继续接受教育培训；而且必须机会均等，否则，那些没有得到这种机会的员工就会抱怨。由于技能工资是一种强调个性的工资形式，长期实行不利于企业向工资职务化的趋势发展。在正常情况下，员工的技能随年龄和工龄的增加会逐步提高，而在达到其能力顶峰之后，又会随年龄的增加而降低。技能工资能够反映出这一能力曲线的变化，但却难以体现日常工作中综合能力和潜能的发挥程度和水平。

四、年功工资

（一）年功工资的含义

年功工资（简称年资）是按照员工为企业服务期的长短而支付或增加薪酬的一种管理制度，往往与终生雇佣制相关联。年功工资的理论基础主要是人力资本理论，它假设随着员工在公司时间的延长，其人力资本存量，包括知识、技能、经验和人际关系等方面的积累越多，员工对公司的价值也在增加。年资是对长期工作人员的一种薪酬支付形式，其目的是承认员工以往劳动的积累。

（二）年功工资的特点

年功工资的基本特点表现为员工的企业工龄越长工资越高。年资是薪酬结构的辅助单元，一般设计也比较简单，通常采用递增法来设计年资。年资是整个薪酬构成中唯一一个只能增加不能减少的基本薪酬单元，随着时间的变化、企业老职工的增多，年资在整个薪酬总额中所占的绝对值越来越大，这将成为企业的一个沉重包袱。这也是目前很多福利国家面临的问题之一。基于年资的这一特点，大多数企业采用的是压缩递增法，压缩递增法的特点是在某一个工作年限阶段，实行一种幅度的递增，在另一个工作年限阶段，又实行另一种幅度的递增，避免了绝对值的快速增长。

五、资历工资

（一）资历工资的含义

资历工资是以员工个人的年龄、工龄、学历、本专业职位年限等因素为依据的工资。资历工资制度以日本为代表，是劳动积累工资，以资历作为加薪的客观标准，员工易产生公平感。

（二）资历工资的优缺点

1. 优点

（1）资历工资对企业的主要作用是刺激员工为本企业服务，挽留员工，特别是工作经历长的老员工。

（2）增加员工对企业的依赖性和安全感，避免失业风险。

（3）起点低，利于成本管理。资历工资不是根据行业或产业竞争决定，而是由企业决定，一般起点比较低，增资时期固定，可以预知工资的增长量。

（4）有利于企业的人工成本核算和成本控制。

2. 缺点

资历工资最大的缺陷是缺乏竞争和激励。长期实施之后会造成这样一种后果：对同等学历和能力的人来讲，无论贡献大小，工资变动只能决定于企业工龄的累加；对学历和能力不相同的人来讲，工龄也会成为掩盖其劳动差别的主要因素。因此，该工资制度容易造成员工工资与劳动质量和数量的脱节现象，并形成起点工资低、工资差别大的工资结构，不利于薪酬激励功能的发挥。

（三）资历工资与年功工资的区别

资历工资与年功工资有所区别，它设计与实施的主要目的是为了奖励那些已经达到了特定薪酬等级最高工资标准，但又不可能晋升到上一个等级的员工。企业为了激励这些资深员工，减少其流失率，在岗位晋升受到限制的条件下，通过增加这些员工的基本薪酬而解决增加薪酬与职位晋升之间的矛盾。换言之，将职位晋升与增加报酬各自独立开来。资历工资较为广泛地应用在一些公共事业单位、非赢利性单位和政府公务员的薪酬设计中。

六、工作津贴与补贴

（一）工作津贴

工作津贴也称劳动津贴，指为补偿特殊工作条件给员工造成的损失而支付的报酬。工作津贴一般与劳动岗位、职务和工种等工作条件直接相连。工作津贴又可细分为岗位津贴、职务津贴、工种津贴等。岗位津贴是对特殊劳动条件下工作的补偿。传统的特殊条件包括时间、空间和环境三个方面，如非正常工作时间（夜间加班）、超常工作空间（高空、地下、水下作业等）和恶劣的工作环境（高温、潮湿和接触有害物质等）。与特殊劳动条件相关的津贴项目有：补偿员工额外劳动消耗的津贴，如高空、高温、夜班津贴等；补偿身体健康伤害的津贴，如有毒有害岗位津贴，林区、高原、水下和井下作业津贴等。

津贴有实物和货币两种支付形式。在一般情况下，与额外劳动补偿有关的津贴支付货币，并构成工资的一个部分；与身体健康补偿有关的津贴，有的采取实物的形式，有的采取货币支付形式，基本以货币形式居多。支付周期通常以出勤日累计，按月随工资支付。现代意义上的劳动条件与传统的概念有所区别。例如，激烈的市场竞争、紧张的脑力付出及频繁地置换工作地点和工作内容等，这些都需要员工做出额外付出，也应该给予特殊的补偿。

（二）补贴

补贴发放与员工的生活和收入水平息息相关，补贴与津贴一样，也是补偿性薪酬的一种重要形式。补贴与津贴的主要区别在于，津贴是为特殊劳动付出而提供的劳动补偿性报酬，支付对象仅与工作性质有关。换言之，只有部分从事特殊工作的员工才可以得到。而补贴多是因为受企业外部环境因素影响，或者企业经营管理方式变化导致员工收入损失而提供的一种补偿，发放范围包括全体员工。津贴与工作岗位、职务和工种有关，而补贴发放与员工的生活和收入水平有关，与工作性质没有直接的关系。一种划分津贴和补贴的简单方法是，属于生产性质的称作津贴，属于生活性质的称作补贴。

在企业实践中有两种类型的补贴：一是政策性补贴，主要指受一些外部因素的影响，如物价上涨、国家福利政策变动等，造成员工实际收入下降时发放的补贴；二是企业内部补贴。

在补贴的发放管理中，应该掌握两个基本的原则：一是使员工的现有工资水平不降低的原则。无论是政策性补贴，还是企业内部的补贴，其目的都是为了保证员工的实际薪资水平不因外在的因素而降低，因此维持原有的薪资水平是发放下限。二是发放的比例不宜过大。对员工补贴的比例和方法目前大多数观点不倾向于比例过大，甚至有观点认为，应该把政策性补贴和企业补贴纳入基础工资，称之为"无补贴薪酬"。这样做的好处是有利于管理，而且如果与绩效工资挂钩，还可以部分浮动。其弊端在于，如果将补贴纳入基础薪酬之后，将成为企业永久性的人工成本支出，不利于享受国家的税收优惠。根据一些企业的经验，补贴转基本工资的工作可考虑结合薪资改革或薪资调整进行。

七、协议工资

1. 协议工资的含义

协议工资,也称协商工资或谈判工资,是指劳动者和企业双方通过直接谈判或协商来确定工资支付,并以劳动合同等正式契约的形式确定的一种工资。协议工资通常是企业出于对短缺人力资源的需要,按照雇佣双方协商的形式制定这些员工的基本薪酬,此时的基本薪酬具有协议薪酬的性质;而不是企业、工会等团体进行谈判的工资。

2. 协议工资的适用范围

当经营中遇到特殊困难或者特殊机遇时,企业需要利用工资机制最大限度地调动员工的积极性,特别是企业亟须人员的积极性。在这种情况下,企业也可以把协议工资制作为一种应急措施。鉴于协议工资的不确定性、随意性和可变性很大的特征,因此,它不是在任何场合都适用的,它的使用要受到一定的限制。对于有组织的劳动力市场或者已经建立了企业内部劳动力市场的企业,最好不使用这种工资制度。最初的协议工资制一般使用在"临时员工"中,这些员工也有两种性质:一种是企业中的辅助人员,从事一些临时性、非技术性的工作,有些是小时工或非全日制工,不宜采取与正式员工统一的薪酬管理制度和管理形式,故采取协商的方式决定工资的支付;另一种是对于企业特殊需要的员工,因为他们自身或者企业的原因,不可能纳入企业正式薪酬管理体系中,也可以采取协议工资制,如企业特聘技术人员、管理人员、专业咨询人员等。

从目前的发展趋势看,我国一些企业,包括国有企业开始对部分员工实施协议工资制,并收到一些成效,其主要目的是为了留住和激励一些企业需要的技术人才和管理人才。对这些企业来讲,实际上实施的是双轨制的薪酬管理体系。然而,协议工资制必须协调好两种薪酬体系的关系,否则将引发薪酬的外部竞争力与内部公平性的矛盾,在相应激励一部分员工积极性的同时,有可能挫伤另一部分员工积极性。

第三节 基本薪酬的主要制度

企业薪酬管理制度可分为基本制度、辅助制度和间接制度等类别,由此构成企业薪酬管理的制度体系。企业可以选择不同性质和特点的薪酬系统,但任何一种薪酬管理模式都是建立在基本薪酬制度之上的,换言之,基本薪酬制度是其他薪酬管理制度的平台。在现实的企业薪酬管理中，很少使用单一的薪酬管理制度和管理机制，一般都是将几种制度有机地结合起来运用。因此，一种薪酬管理模式，往往是以一种或一种以上的制度为主，辅助以其他的管理制度和管理形式。需要说明的是，由于在基本薪酬制度的发展过程中基本薪酬、绩效薪酬及员工福利的内容并非恰如本书所述的界线分明，因此，在下述部分基本薪酬制度中有可能涉及绩效薪酬与福利的设计内容。

基本薪酬制度是组织对基本薪酬实施分配的制度形式，与其他薪酬分配形式相比较，它具有主体性、稳定性和基础性等特点，在整个薪酬收入分配体系中占据主导地位。

一、结构工资制

结构工资制是一种活性工资制度，它的运动方式是个别运动推动整体运动，运动形态是相对稳定基础上的绝对运动，其特点是劳动者的物质利益与社会生产的发展，与国家、企业的利益相一致。其构成如图 8-1 所示。

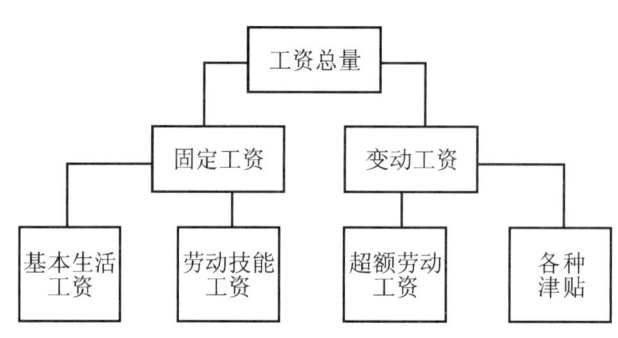

图 8-1　结构工资制的构成

（一）固定工资

固定工资是一定时间内（如一年内）数值保持相对不变的员工工资。它与员工的实际劳动量没有直接的因果关系，它构成劳动者的固定收入。固定工资包括以下组成部分。

1. 基本生活工资

这是员工最基本的劳动收入。一个人无论技术高低、贡献大小，只要他实际地参加了组织规定的劳动，就可以取得基本生活工资。同时，由于职工随着工作年限（工龄）的自然增长，劳动的不断积累，其基本生活需要也相应的提高，作为实现这种需要的基本生活工资也就相应的增长。因此，决定基本生活工资的主要因素有三个：一是国家、地区一定时期内经济发展水平决定的劳动者所达到的生活必需品消费水平。社会经济发展愈快，消费水平提高得愈快，则基本生活工资增长得愈快。二是劳动者实际参加社会劳动的时间，即工作年限。工作年限愈长，则基本生活工资愈高。三是自然地理条件。条件愈艰苦，基本生活工资愈高。

2. 劳动技能工资

劳动技能工资是职工最重要的劳动收入。一个人无论他参加工作多久，工作年限多长，只要具备了一定的劳动技能并已在相应的工作岗位运用，他就可以取得相应的劳动技能工资。另外，职工的劳动技能水平不是永远停留在一个水平上的，或者是因为本人的努力而提高，或者是因为本人的故步自封而降低，即使是停留在原来的水平上，也会因为企业生产力发展水平的提高而相对降低个人的劳动技能水平。这种或高或低的变化，反映到工资上，就是劳动技能工资额的或升或降。因此，决定员工劳动技能工资的主要因素有两个：一是员工本人的劳动技能水平。劳动技能水平越高，则劳动技能工资越高，劳动技能水平提高得越快，则劳动技能工资增长得越快。二是企业生产力的发展水平。若企业劳动技能工资总量不变，员工人数不变，企业生产力发展水平提高了，如果某员工的劳动技能水平没有相应的提高，那么他就不能保持原来的劳动技能工资，尽管他仍然保持而并没有降低原来的劳动技能水平。这样，在企业生产力发展水平不断提高的条件下，只有那些不断提高自己劳动技能水平的职工才能保持和提高自己的劳动技能工资。

（二）变动工资

变动工资是计划期内（通常是一个月），随着劳动者所提供的实际劳动量而变动其数值的员工工资。它与员工的劳动效果直接联系，同时它还与固定工资、集体和个人序列相互制约，与企业的经营管理状况相互制约；它随着企业的经济效益增高而增高，随着劳动者的劳动效果增高而增长，它构成劳动者的变动收入。变动工资包括以下部分。

1. 超额劳动工资

一个人的劳动量（由产品的使用价值量和价值量所表示的劳功量）因其劳动技能水平不同而不同，所以职工的劳动定额（这里特指价值定额）也就不同。这些不同量的劳动定额就是不同员工的法定劳动量（显然，这里包括必要劳动量和部分剩余劳动量）。在此基础上，一个人只要付出的劳动量大于他的法定劳动量，为企业创造了超额劳动，他就可以依照一定比例取得相应的超额劳动工资。

因此，决定超额劳动工资的主要因素有三个：一是劳动者的超额劳动量。超额越大，超额劳动工资则越多；反之，则越少。二是法定劳动量的大小。在员工总劳动量中，法定劳动量所占比例越大，则超额劳动量必然越小；反之则必然越大。三是超额劳动价值的分配比率。分配给劳动者个人的比例越大,则超额劳动工资越多。

2. 各种津贴

津贴和超额工资一样,都是经常变动的。超额劳动工资的可变性在于超额劳动的可变性,津贴的可变性在于员工工作岗位的可变性。

二、岗位技能工资制

(一)岗位技能工资制的含义

岗位技能工资制是以劳动技能、劳动责任、劳动强度、劳动条件等基本劳动要素评价为基础,以岗位、技能工资为主要内容的企业基本工资制度。其实质是在等级工资框架基础上,综合岗位工资因素的一种结构工资。

(二)岗位技能工资制的构成

岗位技能工资由技能工资、岗位(职务)工资两个基本单元和辅助工资单元(奖励工资和津贴、福利)组成。其中技能工资是根据不同岗位(职务)对劳动技能的要求和员工的实际劳动技能水平来确定的,其等级和档次设置采取纵横结合的方式,即纵轴按高、中、低分类划等级来划分,横轴在每一等级中再设若干档次,这样就形成了一个网状工资图。

岗位工资是根据员工所在的岗位或职务的责任轻重、劳动强度大小、劳动条件好坏等因素确定,岗位工资标准,则是通过对岗位的测评打分把岗位按序划分成不同档次,再按档次分别确定岗级。岗级相同的岗位取同一岗位工资标准,因此,在相同岗位下的不同岗级,具有不同的工资标准;而岗位不同但岗级相同,则工资标准相同。

(三)岗位技能工资制的特点

岗位技能工资的特点是,通过复合的衡量尺度去考核各个岗位的劳动差别并确定相应的工资报酬。但实行岗位技能工资制要根据行业、企业的特点合理确定两个单元工资的比例,技术要求高的行业、企业,技能工资比重可适当提高;而岗位责任重、劳动强度大、劳动条件差的行业、企业,岗位工资比重应大些。要对岗位工资实行动态管理,员工个人工资随岗位而动,技能工资的增加要视企业的经济效益、支付能力和企业发展的需要,而且应与职工的培训、考核相结合。在我国,岗位技能工资制始于20世纪80年代末90年代初,是我国企业工资制度的一项重大改革，也得到较为广泛的推广运用，但发展至今，其弊端在实践中也愈加明显。

三、岗位薪点工资制

(一) 岗位薪点工资制的含义

岗位薪点工资制，是以薪点形式表现的岗效工资，即采用要素分析法求出各岗位薪点以区别和测评劳动差别的薪酬制度。操作中通常按员工的岗位因素和个人表现因素，测定每个职工的薪点，薪点的点值根据效益浮动，用点数和点值相乘计算工资。

(二) 岗位薪点工资制的特点

岗位薪点工资制有其独有的特性。

(1) 劳动评价联系实际，细密准确而又突出岗位因素的重点，有利于贯彻按劳分配原则。

(2) 工资水平由点值和点数两因素的大小决定。点数多少取决于员工的岗位类别高低和个人表现好坏，两者成正相关；点值大小主要取决于企业所获得的经济效益，两者成正比关系。点数和点值的决定机制不同，一方面，在工资分配上体现出员工的劳动差别；另一方面，又把员工个人收入与企业经济效益相联系，促使职工从自身利益出发去关心企业的经济效益。

(3) 员工个人工资随岗变动但同岗不同薪，导向明确又区别对待，有利于贯彻效率优先原则，优化工资增长机制，强化工资的激励功能。

(三) 岗位薪点工资制的内容

岗位薪点工资制的基本内容是确定薪点的组成及其点数、点值。

薪点的评定主要由岗位因素点和个人因素点组成。一方面，岗位因素点是根据岗位的劳动技能、岗位责任、劳动强度、劳动条件四大要素，分解成若干子因素，经过精细测评，按提供劳动量的不同，量化为不同的点，各子因素之和即为该岗位的"岗位点"。在对企业各个岗位和点数进行测评和平衡基础上，最后正式确定各岗位的点数，以后基本不变，不论谁上该岗位，岗位点数均保持基本的稳定。另一方面，个人因素点可分成表现点数和加分点数。表现点数是依据员工考核期内劳动工作表现状况来定，企业按不同岗位规范对各类人员的不同劳动要求，先确定每一类人员应有的若干表现项，每一项又分成若干等级，再确定每个等级具体的标准和点数，由主管人员评定每个员工考核期内的表现，得出每人的表现点数。因此，岗位薪点制是岗位因素和个人因素的综合，岗位因素点加个人因素点即为员工的薪点。但每个薪点的点值，则随企业经济效益决定的工资总额变化而浮动，点值的计算公式为：

$$点值=\frac{企业工资总额}{工薪点总和}\times员工个人工资=点值\times个人薪点$$

为更好发挥作用，在运用中岗位薪点工资制仍需与灵活的工资分配形式相结合，因为其薪点因素考核只决定了员工的分配薪点，实际报酬最终取决于企业经济效益。此外，加分点数是在个人表现点数基础上对员工另加的薪点，其作用是反映岗位点数所无法体现，但在工资收入分配中必须考虑的那些因素，包括工龄或岗龄、学历、技术等级或技术职称、多工种技能及在生产经营管理等各方面表现突出、成绩卓著等因素。对这些因素适当加点，有利于鼓励员工努力学习以提高知识技能，安心于本企业或本岗位工作，并在工作中发挥自身最大的潜能。

四、技术（技能）等级工资制

（一）技术等级工资制的含义及适用范围

技术等级工资制是以员工能力为基础的等级工资制度形式，它是根据技术复杂程度和劳动熟练程度来划分工资等级，规定相应工资标准的薪酬制度。该制度强调的是以技术工人实际达到的技术水平，确定其技术等级和标准工资。技术等级制的评价主要考虑技术等级标准、工资等级表和工资标准三个因素，适用于技术复杂程度高、劳动熟练程度差别大、分工粗和工作物不固定的岗位和工种。

（二）技术等级工资制的操作

在我国，制定技术等级工资的具体步骤如下。

（1）参照人力资源和社会保障部颁发的《国家职业资格目录》，进行工种的划分和设置。

（2）划分工种等级线。工种等级线是工种技术复杂程度的客观反映，行业、企业可根据合理设置工资等级数目的要求，再具体细化等级或分档。

（3）确定技术等级标准。可采用国家（行业）统一规定的标准，企业也可在此基础上制定相应的细则。

（4）确定各等级工资标准，制定工资等级表。

（5）对工人进行技术等级考核，确定其技术等级和相应的标准工资。

（6）制定技术等级工资制实施细则。

五、岗位等级工资制

（一）岗位等级工资制的内涵

岗位等级工资制是根据岗位的各种要素要求（技术要求、责任心、劳动强度和劳动条件等）的差异，对不同岗位进行测评分类，再对同一岗位内部以技术复杂性为主划分等级，由此构成岗位的类别和岗位内部等级序列，来确定相应工资序列的工资制度。

岗位等级工资制既体现了各个岗位之间的劳动差别，又反映出同一岗位内部技术熟练程度的差别；既具有岗位工资制有利于劳动力合理流动的特质、有利于职工在最佳年龄作出最大贡献并获最高报酬的优点，又具有技术等级工资制激励职工自觉学习文化知识技能、不断提高自身素质和能力的优点。

岗位等级工资制适用于岗位生产特点较显著，同一岗位内部对技能要求有一定差异的企业和工种，如石油化工、钢铁等自动化程度较高、生产连续性较强的企业，或者运输行业的驾驶人员等。因此，实行岗位等级工资制必须具备一定的条件：企业劳动工资管理基础较好，有先进合理的定员定额标准，对各类岗位的性质功能、劳动规范、技术等级，能运用科学的方法加以测评、量化、考核管理。

（二）岗位等级工资制的制定程序及其实施原则

1. 制定程序

（1）制定岗位工资制，应配备专职人员，对用人单位的各个岗位的性质、任务、责任、人员资格要求进行岗位分析，初步确定岗位种类，并创定规范的岗位说明表。

（2）进行岗位测评，用统一的标准对不同岗位的工作进行定量评估，分类分级，确定其相对价值。

（3）在此基础上，确定各个岗位的工资标准，通常先确定最高岗位与最低岗位的工资标准差别（幅度），再确定其他岗位的岗差系数，最后根据组织的工资支付能力、现行工资水平（市场工资率）、岗位的相对价值等因素，确定最低岗位的工资标准，然后根据岗差系数计算出岗位工资体系。具体方法与技术等级工资制确定等级工资标准相类似。

（4）把各类职工纳入岗位工资标准进行测算，对不合理的部分进行调整，综合平衡各岗位、各工种的工资关系，最后绘出用人单位按序排列的统一的岗位工资标准体系表。

(5) 结合岗位的生产、工作特点制定实施细则，根据需要和可能，配合采取适当的工资形式。岗位工资制不必制定技术标准，但必须在岗位说明书里详细说明岗位的技术要求、操作规程、职责范围、上岗条件、考核要求。

(6) 加强劳动定员和劳动定额管理，建立健全企业各项规章制度，为高效发挥岗位等级工资制的作用创造有利的环境。

2. 岗位等级工资制的实施原则

"只对岗位不对人"是岗位等级工资制的核心原则。实施过程中要求：工资的确定和分配以岗位要素为依据，这些要素通常包括岗位工作的复杂程度、繁重程度、责任大小、精确程度及劳动条件等。岗位要素决定各岗位和职务之间的相对顺序和等级序列。任职者根据岗位任职情况获得相应的工资等级收入。

(三) 岗位等级工资制的类别

岗位等级工资制的类别主要有一岗一薪制、一岗多薪制和复合岗（职）薪制。

1. 一岗一薪制

一岗一薪制指一个岗位或一个职务只有一个工资标准。其特点是一岗一薪，同职同薪，标准互不交叉，提职才能增薪。任职者只要达到岗位要求，就可以获得相应的标准工资；岗位变动，工资随之变动。一岗一薪制强调了不同岗位和职务之间的工资差别，在同一岗位上的人员执行同一工资标准，员工增薪的渠道只能是职位和岗位提升。这种工资制度的优点是简便易行，比较适合于新建企业、青年员工多的企业，以及专业化程度高、工种间技能比较单一、工作物等级也比较固定的企业。其缺点是对绩效的敏感性差，在同岗位人员之间难以体现绩效差别，缺乏激励。

2. 一岗数薪制

一岗数薪制即在一个岗位等级中设置几个档次的工资标准，一职数薪，标准互不交叉，不升职亦可增薪。与一岗一薪制相比，它可以反映同岗位员工之间的报酬差别，一岗数薪制比较适合生产专业和自动化程度高、同一岗位技能要求差别不大但需要反映员工能力或绩效差别的工作。

3. 复合岗（职）薪制

复合岗（职）薪制，即每个岗位和职务内设若干个工资标准，但不同等级的工资标准有部分交叉。这种工资制度的特点是一职数薪，同职可不同薪，不同职可同薪，不升职亦可增薪。复合岗薪制综合考虑了在同一岗位任职的员工之间在个人资历、技能水平及工作绩效方面的差别，同时也考虑了市场工资率对特定岗位薪酬标准的影响。有两种复合岗薪模式，一是同跨度模式，二是不同跨度模式。同跨度模式是指岗位等级之间使用同样的工资重叠率；不同跨度模式是在低薪酬等级中使用较小的工资重叠率；而在较高的薪资等级中使用较大的重叠率岗位等级工资制的管理。

岗位等级工资制隐含着这样一个假设：企业内部存在着某种适当的工资结构，而这种工资结构又是与员工在企业等级结构中所处的层次相对应的。因此，这种工资结构会使职位晋升对员工来说至关重要。晋升意味着工资的大幅上升，意味着一切物质报酬和非物质报酬的更多实现。人力资源管理经济学中，用"锦标赛理论"来解释提拔、晋升及相应的物质激励问题。例如，在网球比赛中，奖金是事先固定的，谁赢谁拿奖金，不取决于绝对绩效，而是相对绩效。这种情况也适合于企业，职位都是事先固定的，与每一个职位相连的是一个等级的薪资，只要职位等级晋升，薪资数额则已经确定。员工的能力只是体现在他是否能够击败竞争对手，是否能拿到这个职位，而与他升到这个岗位之后的能力程度无关。现实中，许多企业的晋升都是在企业内部进行的，并且往往是被限制在所需要填补空缺的那些岗位的竞争者之间。一位员工干得好，是因为他与同处于一个等级的员工相比，干得好。因此，员工追求晋升的努力程度取决于与晋升相连的薪资的上升幅度。如果两个职务等级之间的薪资差额大，竞争者的努力程度则大；差额小，努力程度则小。因此，在这种机制下岗位薪资等级之间的差额表明，这种差额的激励主要不是作用于在岗员工，而是下一个等级的员工。工资上涨的诱惑力是促使他们努力工作的主要动力。"锦标赛理论"说明了两个问题：其一，工资水平要足够高，才能吸引员工到企业中来参赛；其二，工资等级间的差额要足够大，才能诱发员工的努力程度。此外，岗位等级薪资也表明，加大报酬激励程度并不一定增加企业的工资成本或提高工资水平，只要调整薪资等级之间的差距，即可产生足够的吸引力。

六、职能等级工资制

（一）职能等级工资制及其特点

职能等级工资制是按员工所具备的完成某一职位等级工作所要求的工作能力，确定工资等级的工资制度。其特点包括以下几点。

（1）主要由个人工作能力决定工资等级，只要据此对各个职位等级的工作进行定量化评估，分类分级，即可确定各种工作的相对价值。

（2）职能等级及相对应的工资等级数目较少。

（3）工资等级由考核确定，必须有严格的考核制度。

（4）因工资等级不随职工职位等级变化而变化，人员调整弹性较大，适应性强。

(二) 建立职能等级工资制的步骤

建立职能等级工资制的步骤有以下几点。

(1) 建立组织机构，组织专门人员，如劳资人事由工程技术、经营管理人员参加。

(2) 工作标准化，由定额人员对各岗位工作进行分析改进后确定。

(3) 工作分析与工作评价，对各种工作的性质、任务、责任、人员资格进行科学系统的分析制定出工作（岗位）说明书。然后，作出评价。

(4) 编制职能等级资格标准表，即应用分类法，按序排列出所有不同等级的职位及相对应的任职能力资格条件，为个人评定职能等级提供标准。通常要编制单位各职种（同类职务、职位、工种）共同使用的标准表和各职种的职能资格标准。前者为单位内公平地确定各职种的职能等级资格标准奠定统一基础，后者对各职种的职能资格标准予以具体、详细的规定，可参照政府或行业制定的技术等级标准、任职条件规定予以细化。进行职能分析，为每个员工编制职能基准表，反映每个员工具备的工作能力、现实表现出的工作能力和潜在工作能力。

(5) 以职能基准表为基础，对每个员工进行职能评价并确定职能等级，实际已确定了员工的职能工资等级。

(6) 制定职能等级工资标准表，应根据用于职能的工资总额、职能等级数目、职能等级的系数、各职能等级人数，并参照市场工资率，进行计算、平衡。

(7) 制定实施细则，包括指导思想和原则、适用范围、职能等级确定的依据和方法、考核周期和考核方法、晋升考核方法和职能工资标准的调整等内容。

本章小结

基本薪酬是员工薪酬收入的基础，是组织全面考虑员工年龄、技能、学历和平均生活费用的基础上，以员工的劳动程度、劳动强度、岗位及责任大小为基准，按照员工实际完成的劳动定额、工作时间或劳动消耗而支付的稳定性劳动报酬，具有常规性、导向性、基准性、稳定性及综合性的特点。基本薪酬的设计经由工作分析、职位评价、薪酬市场调查及薪酬结构设计的路径完成。计时工资、计件工资、技能工资、年功工资、资历工资、工作津贴与补贴、协议工资等是基本薪酬的构成要素。

基本薪酬制度是组织对基本薪酬实施分配的制度形式，它直接关系到成员的基本收益，因此对组织的成本和成员的整个工资水平有着重要的作用。常见的基本薪酬制度包括结构工资制、岗位技能工资制、岗位薪点工资制、技术等级工资制、岗位等级工资制、职能等级工资制等。

思考题：
1. 简述基本薪酬的内涵。
2. 简述基本薪酬的设计步骤。
3. 试述津贴与补贴的区别。
4. 简述计件工资的适用范围。
5. 试述岗位等级工资制的类别及其主要内容。

第九章 绩效薪酬的设计

本章着重介绍绩效薪酬的制度建设。第一节首先介绍绩效薪酬的内涵、特点、作用,分别简述三种形式的绩效薪酬制度,明确绩效薪酬在企业薪酬管理应用体系中居于重要地位;第二节主要介绍个人绩效薪酬制度的内涵、表现形式和优缺点;第三节重点介绍团体绩效薪酬制度的内涵、表现形式和优缺点;第四节对长期绩效薪酬制度的内涵、表现形式和优缺点作了简要探讨。本章侧重于阐述绩效薪酬制度设计的相关基础知识,并将绩效薪酬基本理论知识和绩效薪酬的制度设计有机结合起来。

第一节 绩效薪酬概述

一、绩效薪酬的内涵

近年来,随着全面质量管理、服务顾客理念、成本管理、战略管理等新的管理思想的出现,企业越来越强调顾客需要导向、效率追求和成本控制等组织目标,并迫切需要对薪酬制度进行改革,以获得一种有效方式激励员工将工作重点放在更好地为顾客服务上。在这种大环境下,企业将员工的薪酬与其绩效挂钩,可以有效地控制人工成本,提高生产率,进而培育出自身的竞争优势。实践显示,当绩效制度与企业的战略目标相一致时,更能改善组织绩效,促进员工与企业形成利益共同体。因此,绩效薪酬制度已经成为高绩效工作系统的重要特征。

绩效薪酬又称浮动薪酬、可变薪酬,指随着个人、团队或者组织绩效的评价指标而变化的一种报酬。

绩效薪酬具有两大理论基础——科学管理理论与激励理论。素有"企业管理之父"之称的泰勒认为,员工作为一个追求个人利益最大化的"经济人",会为收入最大化而竞争和挑战。他认为金钱是对员工的主要刺激因素,主张从组织的角度建立一种报酬体系，使员工的收入随个人产出的不同而有所差异。因此，他建议通过组织和文化氛围，利用收入机制激励员工为企业多做贡献。这些思想是早期绩效报酬管理的理论基础。之后，随着行为科学引入企业薪酬管理实践，激励理论引起广泛关注。企业人力资源管理进入科学化、系统化、目标化的发展阶段，特别是受人本主义思想的影响，强调员工对企业的贡献、员工与雇主的协同合作，对员工的行为管理和内在激励等新的管理思想成为企业人力资源管理的主线。

绩效薪酬的根本目的在于提高员工在工作中的努力程度，而报酬与努力程度之间的关系可以用期望理论来解释。弗罗姆的期望理论认为，个人努力程度取决于绩效目标的难度、任务成功所带来的报酬。也就是说，如果员工认为更努力地工作将产生更好的绩效，并进而带来更多的报酬，那么他就能受到激励，产生努力工作的动机。该理论揭示两个问题：一是在员工获得的报酬和其工作绩效紧密相关时，将提高努力程度。这构成了绩效薪酬概念的理论基础，说明绩效薪酬确实有可能对员工产生激励作用。二是指出了绩效薪酬发生作用的必要条件，即企业必须使员工认为"绩效""报酬"存在必然的联系。

二、绩效薪酬的特点

绩效薪酬之所以区别于其他薪酬形式，是因其具有自身的特点。

（1）绩效薪酬的目的是激励工作绩效的提高。激励作为薪酬的主要功能之一，其目的是提高员工的工作绩效，在各种报酬形式中绩效薪酬是最直接的一种。

（2）绩效薪酬是根据工作的成果进行支付的。所谓工作成果，就是企业要求的工作结果，也就是通常所讲述的绩效。因此，绩效是绩效薪酬的基础，正确地认识绩效，测量绩效，是绩效薪酬能否有效激励员工的基础。

（3）绩效薪酬的变化幅度比较大，受到的制约因素比较少，现实生活中有多种绩效薪酬的表现形式，如计件奖励、销售提成等。因此，在薪酬设计中可以灵活地使用绩效薪酬，达到有效激励的目的。

（4）支付时间可以根据需要安排。绩效薪酬的支付时间可以根据具体的需要安排，常见的支付周期可以按照小时、天、月、季、年来计算，还可以按照工作周期支付。

（5）绩效薪酬受主观因素的影响比较大。不管是绩效考评的管理者，还是绩效薪酬的获得者，在绩效薪酬的操作和实施过程中都会加入更多的个人理解，因而绩效薪酬就越来越受到各方的注意。

三、绩效薪酬的作用

由于绩效薪酬是建立在对员工行为及对其达成组织目标的程度进行评价的基础之上的，因此，绩效薪酬有助于强化组织规范，激励员工调整自己的行为，并且有利于组织目标的实现。事实上，在绩效管理这一理念最开始引入企业的时候，企业并没有把绩效薪酬同所有员工联系起来。初期的绩效薪酬仅在高层管理人员、销售人员及部分行业的生产工人范围内适用。随着经济的不景气逐渐蔓延，企业为了战胜竞争对手，不得不提高员工的自动自发的能动性。这样，员工从"螺丝钉"的地位变成了有一定权限、能够承担一定的责任和组织风险并同时能够分享组织成功的价值创造者，这时，浮动型的绩效工资受到了重视。而绩效薪酬在另一方面也缓和了企业固定成本过高的压力。到了今天，绩效薪酬的作用已不仅仅是这些，它还担负着组织目标的实现、强化组织规范、激励绩效及认可不同员工的贡献度的作用。一般的，设计绩效薪酬的作用包括以下几点。

（1）较高的绩效薪酬能吸引那些有利于企业发展的关键员工。

（2）绩效薪酬促使员工不断提高技能和工作经验。

（3）通过绩效薪酬的引导，员工会努力完成业绩，并使行为朝着有利于企业的方向发展。

（4）绩效薪酬促进了员工在企业内部的轮换和调动，以利于他们进入到最适合自己的职务岗位中。

（5）降低企业的固定成本的同时还提高企业的激励控制力。

虽然绩效薪酬对企业管理有着种种的益处，但有一点绩效薪酬的设计者是要认清的，也就是说，绩效薪酬只是企业整体薪酬体系中的一个重要组成部分，它尽管对激励员工的行为和绩效有着重要的作用，但是它不能取代其他薪酬计划。事实上，绩效薪酬只有与其他薪酬计划密切配合，才能确保绩效薪酬的作用正常发挥。不能以为只要有了设计良好的绩效薪酬，企业对员工的报酬和激励就可顺理成章地解决。这是因为绩效薪酬还存在一些潜在的缺点：

首先，绩效薪酬所使用的产出标准很可能无法保持足够的准确和公正，在产出标准不公正的情况下，绩效奖励计划很可能会流于形式。

其次，绩效薪酬有可能导致员工之间或群体之间产生不当竞争，而这种竞争不利于组织的总体利益。

再次，在绩效薪酬的设计和执行过程中还有可能增加管理层和员工之间的摩擦，因为员工与主管在制定绩效目标的时候会发生讨价还价的问题。

另外，绩效薪酬还会成为部分企业，特别是劳动密集型企业降低产品成本的借口。

除此之外，绩效薪酬常使企业从一个绩效标准向另一个更为苛刻的标准迈进，这样很容易使员工因疲于奔命而导致对工作的反感。所有这些问题都说明，光靠绩效薪酬管理员工是不行的，必须把绩效薪酬纳入整个的薪酬计划体系中，使绩效薪酬成为薪酬制度的有力补充而不是居于决定地位。

第二节 个人绩效薪酬制度

一、个人绩效薪酬制度的内涵

绩效薪酬（亦称绩效薪资）制度是一种根据员工工作绩效发放薪酬的薪酬制度。员工"工作绩效"的含义与范畴包括了三种：个人绩效、团队绩效、组织绩效。由此也就产生了各种各样的绩效薪酬制度。一般来说，按绩效付酬一直是意味着按个人绩效付酬，其典型的形式主要有计件奖励制、业绩提薪和奖金计划等。个人绩效薪酬制度重在奖励个人的工作绩效，给予差别化的薪酬，从而激励员工努力向高能力、高绩效、高薪酬的员工看齐。在实际工作中，这种基于物质利益基础上的薪酬制度对促进员工积极投入工作、努力参与劳动竞争还是起到了积极的作用。因此，国内外优秀的大企业普遍采用这种薪酬制度。

个人绩效付酬有助于吸引和留住成就导向型的员工。根据员工个人的能力与工作实绩计酬，高能力、高绩效者拿高薪酬，低能力与低绩效者拿低薪酬，让员工感到收入差别的压力，产生追求高薪酬的动力，追求高绩效的成就感，树立"能者多劳""多劳多得""少劳少得"的观念，进而引导和树立一种重绩效的企业文化，以吸引和留住成就导向型的员工。

二、个人绩效薪酬的表现形式

个人绩效薪酬的典型形式主要有计件奖励制、业绩提薪、奖金计划、月/季浮动薪酬和经营者年薪制等。

（一）计件奖励制

1. 计件奖励制

计件奖励制是按照工人的产量支付绩效奖励工资。工人几乎是被保证有基本工资,工资严格按照超过基本工资的工作成果付结。但是这种方法执行费高,因为保持标准的科学合理性需要动态的、差异性制定,同时,计算工资需要大量书写归档工作;每次基本工资率改变时,计件工资率也必须改变。

2. 标准计时奖励制

标准计时奖励制是根据"赢得的时间"支付奖励工资的。与计件制很相似,其基本工资率保证在一定水平(标准产量)上,超过一定水平就支付奖金。唯一不同之处,标准计时奖励制在每次基本工资率改变时,不必像计件工资法那样,一定要改变标准。这是标准计时法的主要优点。

(二)业绩提薪

业绩提薪又被称为绩效加薪,是建立在绩效基础之上的基本薪酬增加的一种绩效奖励计划。指在该年的年度绩效评价结束时,根据事先确定的加薪制度和对员工绩效评价的结果,决定员工在第二年的基本薪酬增长。在同一个企业中连续服务年限的增加会使绩效加薪所产生的基本薪酬在员工以后的职业生涯中得到累积。绩效加薪计划的一个关键要素是加薪幅度。就企业整体而言,绩效加薪的幅度主要取决于企业的支付能力、企业薪酬水平与市场薪酬水平的对比关系,以及对员工绩效评价等级的高低。按此原则,高绩效者应当得到较大的加薪幅度,低绩效者加薪幅度较低或者是不加薪,有时甚至还要被降薪。但由于企业薪酬体系的复杂性,有时绩效加薪并非仅仅以绩效评价等级为基础。

1. 早期以绩效评价为主体的绩效加薪

这是绩效加薪计划中最简单、最基础而且运用也非常普遍的一种。在这种情况下,加薪的唯一依据是绩效评价等级的高低。

加薪的绝对额=员工加薪前的简单基本薪酬×该员工的加薪百分比

2. 以绩效和相对薪酬水平为基础的绩效加薪

员工公平感和满意度主要取决于薪酬体系的内部一致性和外部公平性,而绩效薪酬的推行往往会使既有的平衡体系受到冲击,自然也就容易招致员工的不满。例如,简单地以绩效考核结果为依据加薪,给考核结果相同的员工以同样的加薪比例,就会出现基本薪酬越高绝对加薪额度越高的现象。这可能会导致企业内部薪酬差距过大,或企业薪酬成本增长失控。比较合理的做法是先对员工薪酬与内部、外部平均薪酬水平间的关系进行判断,如果薪酬已经达到较高水平,企业可以在同等条件下酌情降低员工的加薪幅度,以此来控制成本以及维持薪酬体系的整体平衡。

(三)奖金计划

奖金是员工劳动报酬的一种分配方式,是对员工超过定额的劳动量支付的报酬。奖金的分配基于如下思考：企业某些工作的贡献要大于其他工作；有些员工的贡献大于其他员工；贡献大的员工应该获得更多。

1. 奖励金的特点

（1）补充性报酬。奖金可以弥补基本工资制度的不足。比如，计时工资主要是以员工技术能力和实际劳动时间来确定劳动报酬，但难以准确反映经常变化的超额劳动；计件工资主要是从产品数量上反映劳动成果，却难以反映优质产品、原材料节约和安全生产等方面的超额劳动。这些都可以通过奖金形式进行弥补。

（2）激励功能。奖金分配的依据是员工超额劳动量的大小。员工贡献的大小形成了收入的差别。企业可以利用这些差别，根据工作需要，有针对性地激励某项工作的进行；也可以抑制（负激励）某些方面的问题，有效地调节企业生产过程对劳动数量和质量的需求。

（3）竞争性。现代企业更趋向于用奖金计划在企业内部形成竞争性氛围，如加大奖金比重。这样也能提高企业在市场范围内的竞争力。

2. 奖金的计划

奖金计划主要包括一次性奖金和团队奖金两种计划。

（1）一次性奖金是一种非常普遍的绩效加薪计划。从广义上讲，它属于绩效加薪的范畴，但却不是在基本薪酬基础上的累积性增加，而是一种一次性支付的绩效加薪。对企业而言，一次性奖金的优势是很明显的：它可以有效解决企业固定薪酬成本增加的问题，也保障了既有薪酬等级和薪酬水平的稳定性，同时还保护了那些薪酬水平已处于薪酬范围顶端的高薪酬员工的工作积极性。对员工而言，一次性奖金相对于绩效加薪的优势要少很多，虽然员工一次可以拿到很多奖金，而不是像绩效加薪那样，要在下月甚至更长时间里慢慢获得基本薪酬的增加，但是从长期来看，员工一次性得到的奖金肯定要比绩效加薪情况下少得多。那些即将面临退休的员工对这个问题尤为关注，因为在传统的薪酬体系中，退休金只和员工的基本薪酬挂钩而与一次性奖金没有任何关系。为了解决这个问题，有的企业将一次性奖金算入员工的退休金确定基础当中，有的企业则将一次性奖金与福利联系起来。但企业不应长期以一次性奖金代替基本薪酬的增加，否则有可能导致员工的消极行为。

（2）团队奖金计划。现代企业生产过程需要组织内的高度协作配合。企业实行集体奖金计划的原因，在于激励员工积极工作的同时，促进员工的相互协作关系。事实上，当企业以班组或部门（分厂）为奖励对象时，集体奖励计划对提高企业总体业绩水平会起到比较明显的作用。但以团队为对象的奖励同时存在不容易激发员工个人积极性等问题。因此，很多企业往往是针对不同员工的需要而灵活采用奖励计划。

(四) 月或季浮动薪酬

月或季浮动薪酬是介于一次性奖金和业绩提薪之间的一种折中奖励方式。它一般根据月度/季度业绩支付的绩效薪酬，往往与基本薪酬保持一定比例，同时又具有一次性奖金的灵活性，不会对企业形成太大的成本压力。

定期绩效认可计划是月或季浮动薪酬的一种形式，即员工在一段时间内远远超出工作要求，表现出特别的努力，实现了优秀的业绩或者做出了重大贡献的情况下，组织给予他们的小额一次性奖励。其特点是具有高度的灵活性，它可以对那些出人意料的各种各样的单项高水平绩效表现，比如开发新产品、开拓新的市场、销售额达到高水平等，予以奖励。当员工或者某个团队出现超出预期的优秀绩效，但是企业利用其他报酬形式却无法提供报偿时，定期绩效认可计划是一种非常有效的奖励方式。其类型多种多样，既可以是在公司内部通信或者办公室布告栏提及某个人，也可以是奖励一次度假的机会或者一定数额的奖金。定期绩效认可计划所能够产生的作用包括：强化绩效卓越者，认可员工表现出的理想行为或对企业有益的活动，等等。当然，定期绩效认可计划也同样存在自己的局限。

(五) 经营者年薪制

经营者年薪制又称绩效年薪，是我国在近年改革中试行的以年度为周期确定经营者的基本收入，并根据经营成果浮动发放风险收入的一种薪酬制度。我国的经营者年薪制主要着眼于建立国有企业经营者的考核管理制度，通过激励和约束相互制衡的机制，把经营者的责任与利益、绩效的收入紧密结合起来，以保护国家的利益，促进企业的发展。年薪制结构中的风险（绩效）收入，是随经营者工作努力程度和经营成果的变化而变化的部分，具有很强的绩效奖励的性质。我国经营者年薪制和西方国家通行的年薪制在资产所有制、手段、目的等方面有很大的差异。

三、个人绩效薪酬的优缺点

(一) 个人绩效薪酬的优点

1. 从组织角度看

个人绩效薪酬制度重在奖励个人的工作绩效，从组织角度看，有助于建立一种绩效倾向的组织文化，从而吸引和留住成功导向型员工；注重绩效的薪酬制度，有助于倡导并养成一种注重绩效的企业文化，尤其是对能者形成一种吸引力，使他们愿意加入到企业中来，以优异的绩效获得高额的酬劳，有助于给员工带来个人公平感和上进心。

2. 从员工的角度看

个人绩效薪酬制度给予差别化的薪酬,从而激励员工多"产出",努力向高绩效、高薪酬的员工看齐;在重绩效的文化氛围中,员工会不断地追求卓越;员工还能在这种环境下通过自己的劳动,创造出可量化的工作成绩,获得相应的劳动,使员工感到企业对自己劳动的尊重,产生公平感。同时,也激励员工更加努力工作,去争取高额的薪酬。在实际工作中,这种基于物质利益基础上的薪酬制度对促进员工积极投入工作、努力参与劳动竞争还是起到了积极的作用,因此,被国内外企业普遍采用。

(二) 个人绩效薪酬的缺点

虽然个人绩效薪酬制度有以上优点,但在实践中存在的问题和弊端也很多。

1. 鼓励员工注重短期效益,损害企业长期利益

在衡量绩效时,企业往往侧重的是可量化的绩效,如销售量、销售收入、产量等,以之与员工薪酬挂钩,而忽视了其他能影响企业长期效益的因素。比如,按销售量获取分红的推销员会推销无用的产品,从而损害长期客户关系,甚至可能不顾企业能力做出超出生产能力的订货和承诺。

2. 有损团队精神,员工间合作水平低,易引发不良竞争

在个人绩效薪酬制度下,个人劳动间的衡量、报酬之间的联系更加紧密,员工相信能否获得高的奖励,取决于个人努力所创造的绩效,如销售量、产量等。在企业奖励金额有限制的情况下,容易造成员工之间开展不良竞争,这种竞争无形中阻碍了员工之间互相交换和学习他人的有益经验,导致合作水平较低,甚至会在员工之间造成强烈的敌对状态,产生内耗,从整体上损害企业竞争力。

3. "员工的努力与取得的绩效"二者间的关联度往往不高

实践中,这两者的关联度往往不高,从而影响了个人绩效付酬制的客观性、公正性,难以达到满意效果。

4. 操作存在复杂性,衡量单个员工所贡献的绩效要受到多个因素的影响

首先,员工个人对自己的绩效很难拥有单独的控制能力,企业要明确区分究竟谁具体负责了多少生产率、质量或销售量是十分困难的,甚至几乎不可能。其次,员工绩效的取得不可避免地要受到员工个人无法控制的市场经济环境的影响,如经济周期、市场竞争力。对绩效的衡量标准会因环境的变化而显得不适宜,与员工的努力脱节。

第三节 团队绩效薪酬制度

一、团队绩效薪酬制度概述

伴随着创新驱动发展带来的新业态、新组织、新技术的出现以及共享经济的兴起，企业组织从高度集权的金字塔式的组织结构逐渐向扁平化、网络化、虚拟化、平台化的方向发展，组织结构和组织管理体系发生了重大变化。与之相伴的是组织结构与职位设计的过度分明，进而造成组织整体效率降低。因此在工作分工的基础上越来越重视协调和沟通。团队模式已经越来越受到青睐，因为，今天的团队更需要各个队员之间的默契配合，从而使整个团队的效率达到最优。与个人绩效薪酬制度相比，团队绩效薪酬制度具有更多的优势，它也越来越受到重视和广泛的应用。

团队绩效薪酬制度指以团队（部门）为考核对象，把员工的薪酬同所在群体的绩效相联系的一种绩效激励制度。它能弥补个人绩效薪酬的缺陷，防止强调个人业绩而对团队精神的侵蚀。推行以组织或团队整体业绩为基础的团体绩效薪酬是一种有效的策略。团体绩效薪酬可以促进团体内各成员间的合作精神，集体统一计算奖励还可以节省不少行政费用和时间。

但同样需要看到，如果薪酬是根据集体的工作绩效及集体成员的共同努力确定的话，个人可能出现"搭便车"的情况，寄希望于分享队友的业绩。因此，选择实施团队绩效薪酬制度需考虑的前提因素是：

首先，企业目标或者工作本身要求员工之间协作配合。

其次，还需考虑组织经营状况。在一定环境压力下，劳动要素组合和个人绩效标准多变，则不宜采用个人绩效薪酬而适宜选用团体绩效薪酬。

第三，也要考虑组织中是否存在团队合作文化，因为团体绩效薪酬与团队合作精神、关注组织整体目标有很强的一致性。

第四，工作产出是团队合作的结果，个人在其中的贡献无法得到衡量时，适宜采用基于团队业绩的薪酬支付方式。例如，收益分享方案、成功分享方案及小群体或团队奖励计划等。

二、团队绩效薪酬的表现形式

以团队为基础的薪酬制度能较好地兼顾对员工的外在物质激励和内在群体精神

激励，促进合作，提高团队精神；符合现代经济实体提高团队综合素质与能力的要求，有助于整个团队的能力开发与提高。研究表明，近十年来，大量的企业开始实施以团队为基础的薪酬制度，特别是当管理者发现缺少合作导致的生产和创造困难时。在美国，现在大约有1/3的大公司在进行各种形式的尝试。团队绩效薪酬的表现形式主要有：利润分享计划、收益分享计划、成功分享计划和班组奖励计划。

（一）利润分享计划

1. 利润分享计划的主要内容

实践中组织绩效薪酬制度使用范围较广，其中利润分享计划是比较有效的方式。利润分享计划，要求企业在注重以提高组织绩效来增加薪酬的基础上，强调做好两个方面的工作：大力培养共同支持、共同参与的气氛；鼓励员工积极参与各种组织、制度、秩序的决策，从而提高组织绩效并带来组织范围的奖金。

利润分享计划是指根据对某种组织绩效指标（通常是指利润这样一些财务指标）的衡量结果来向员工支付报酬的一种绩效奖励模式。利润分享计划是一种分红式的计划，即如果企业的利润超过某个水平，雇员们就可以得到一部分来自利润的奖励。在利润分享计划中，每个人都根据公司的经营状况获得红利，而不论个人的实际业绩水平如何，这与基于个人业绩的个人绩效奖励计划是不同的。

利润分享的关键在于以利润实体获得的总体利润为基数，在组织和员工之间分享总利润。西方国家的利润分享制度有两种方式：一种是现金式利润分享，即将从利润中提取出来的利润分享金在当年就以现金支付方式支付给员工，政府对此不审批，也不给予减免税的待遇；另一种是递延式利润分享，即在监督委托管理的情形下，企业按预定比例将一部分利润分享金存入雇员账户，在个人名下保留若干年后（例如，保留到退休之时），再以现金形式支付给个人。这类计划使雇员可以享受税收优惠，因为个人收入所得税的支付要延期到雇员退休后，这样，他只需以较低的税率纳税。

2. 利润分享计划的主要缺陷

利润分享计划的主要缺陷在于：在直接推动绩效改善及改变员工或团队行为方面所起作用不大。因为普通员工个人或群体很难看到自身努力与企业最终绩效之间的直接联系，他们对最终利润的实现通常也没有控制力。这样，他们不会因为这一计划的存在而更加努力地工作，也不愿承担这种计划可能给他们带来的收入风险。而如果员工不承担因企业经营下降可能产生的收入风险，这个计划在控制劳动成本方面的优势就不复存在了。因此，使该计划发挥更好作用的可行办法，一是将实施的范围由组织整体缩小到承担利润损失责任团体；二是将其他薪酬激励方案作为实施利润分享的补充。

(二)收益分享计划

1. 收益分享计划的主要内容

收益分享计划是企业提供的一种与员工分享因生产率提高、成本节约和质量提高而带来的额外收益的绩效激励模式。这种收益虽然是额外收益,但是它常常是与某一项经济活动效益相联系,而不是与企业的总体利润直接挂钩,其目的是使员工在满足企业生产经营的一般要求的基础上,尽可能创造更好的业绩。

收益分享计划鼓励多数或全体雇员共同努力以达到公司的生产率目标,并在雇员和公司之间分享成本削减带来的收益。与利润分享计划一样,收益分享计划的基础也是群体绩效而不是个人绩效,并且这种群体绩效通常是短期的。与利润分享计划不同的是,首先,收益分享计划并不使用整个组织层次的绩效衡量指标(利润),而是对某一群体或部门的绩效进行衡量,这些绩效常常表现在因生产率和质量改善所导致的成本节约。由于这些成本、质量和效率指标与员工的工作行为联系紧密,员工也更容易对其实施控制,因而收益分享计划的激励性就可能比利润分享计划更强。其次,收益分享下的奖励支付比利润分享下的奖励支付的周期更短、更频繁。在很多组织中,收益分享计划的收益分配依据是月绩效(或者季、半年、年绩效,一般以能够有效衡量绩效的最短周期为基础),并且通常不采取延期的方式支付。

2. 收益分享计划的分配方式

由于收益分享计划的基础是群体绩效而不是个人绩效,因此当企业按一个事先设计好的收益方案获取一定比例的绩效改进带来的收益后,通常会在群体内对所有员工之间公平地进行分配,也可以采用以下分配方式。

(1) 每个成员获得同等数量的奖励。
(2) 所有成员按基本薪酬的比例获得奖励。
(3) 按员工的类别确定分配比例和标准。
(4) 根据分配标准,不同的表现获得不同的比例或数量。
(5) 结合多种方案确定分配比例和标准。

当然,收益分享计划这种薪酬分配思想也可以运用于个人绩效薪酬的一次性奖金计划。

(三)成功分享计划

1. 成功分享计划的主要内容

成功分享计划又被称为目标分享计划,是运用平衡计分卡方法来为某个经营单位制定目标,然后对超越目标的情况进行衡量,并根据衡量结果来对经营单位提供绩效奖励的一种方法。这里的经营单位可以是整个组织,也可以是组织内的一个部门,还可以是某个员工群体。成功分享计划的报酬支付基础是经营单位的实际工作绩效与预定绩效目标之间的比较,即既定绩效目标的达成情况或绩效改善的程度。成功分享计划下的绩效目标,既不同于收益分享计划下主要关注因生产率和质量改善所导致的成本节约,也不同于利润分享计划下主要关注组织层次上的财务目标(利润),它关注的是组织或部门更广泛的绩效结果,包括财务绩效、质量和客户满意度、学习与成长,以及流程等经营领域中的各个方面。而平衡计分卡方法要求薪酬系统与之配合,通常与浮动薪酬相联系。换言之,成功分享计划是平衡计分卡方法与薪酬管理系统的有机结合。

2. 成功分享计划的设计程序

步骤一:建立成功分享计划委员会。

成功分享计划的目的是将每个员工的注意力都集中到组织的目标上去,而达到这一目的的最好方法莫过于在目标的制定阶段就吸收来自不同部门和不同层次的员工参与进来,并且由该委员会负责对全体员工进行如何达成这些目标的指导和培训。委员会的人数视组织的文化和规模而定,这些人应当能够代表准备实施该计划的各个部门。委员会的成员必须对本经营单位的业务和经营状况有一个总体的概念,对群体激励计划本身有一个清楚的认识,同时他们必须是受到同事尊重的人,具有良好的职业道德。

步骤二:制定经营绩效指标并且确定不同指标之间的权重。

成功分享计划委员会在对组织的经营战略和环境有了全面了解之后,接下来要做的就是确定组织的重要经营绩效指标。这些指标是一些年度经营指标,并且能够与过去的一些绩效进行对比。可以首先列举出所有可能存在的各种经营绩效指标,然后在所列举的指标中按对经营单位的重要性最终确定几个。在确定下来最为重要的绩效指标之后,还要为这些指标分配权重。权重的分配是以该指标对于经营单位在未来几年中乃至长期的绩效所产生的影响大小为依据的。

步骤三:为绩效指标确定公平合理的进展目标并确定奖励的办法。

由于成功分享计划所关注的是经营单位的整体绩效改善程度,因此报酬支付的依据是在上一绩效周期基础上所取得的绩效进展程度。因此需要和组织成员共同协商,以组织绩效目标和进展目标为依据,结合各部门的实际特征和部门成员的个性,确立本部门科学的、公平合理的与具体可操作的奖励制度和办法,并以制度或规定的形式固定下来。在这个过程中要注意该制度的可操作性、稳定性和可变性。

(四) 班组奖励计划

班组即小团队。班组奖励计划是群体绩效薪酬制度中最简单也是最接近个人奖励制度的一种,在这个计划中,只有当班组目标实现后,每个成员才能得到奖金,个人努力要在群体成功后才能得到奖励。此时，企业往往会对班组和团队进行奖励，即采用班组奖励计划。班组的目标是由企业根据企业整体和班组的工作来确定的，可以是会计利润、客户满意度、质量指数、安全记录和生产记录等。

在班组奖励计划中，班组奖金最后要在班组成员间分配的。分配方式一般有三种选择：第一种是将奖金在班组成员间平均分配，这种方案可以加强成员的合作，但是同样会遇到有成员搭便车的行为；第二种是根据班组成员对班组业绩的贡献大小来决定其奖金金额，这种方案把奖金和成员绩效挂钩了，但是却可能招致班组内成员的恶性竞争；第三种是根据每名成员的基本工资占班组所有成员基本工资总额的比例来确定奖金分配比例。

三、团队绩效薪酬制度的优缺点

（一）团队绩效薪酬制度的优点

与个人绩效薪酬制度相比，团队绩效薪酬制度可以有效避免对团队的集体精神的损害，防止成员忽视群体利益或整体组织目标，也可以避免因上下级之间由于工作差距过大而导致的下层人员的心理不平衡，从而引导员工互相合作，共同完成组织的整体目标。它提倡协作配合与集体主义精神，能够有效地提高团队成员的团队意识，这与当前业界所倡导的团队合作哲学是一致的。另外，对于组织来说，团队绩效更容易衡量，开发衡量团队绩效的考评体系的成本相对较低，因为团队的数量显然比个人的数量少，团队绩效薪酬指标也比员工绩效指标的总和少得多。从激励的角度看，虽然团队绩效薪酬制度是一种现金激励制度，但团队奖励如采用会餐、联欢会、集体旅游等非货币形式往往对员工团队精神的培养更有作用。

以团队为对象的奖励是否有效，在很大程度上取决于群体规模的大小。当团队规模较小，可以在一定程度上避免团队绩效薪酬制度的缺点。如果团队规模过大，员工就会认为，他们的努力对于整个团队工作业绩的影响微不足道，因而作为结果的最终奖励的作用也必定是微乎其微的。因此，在复杂工作需要依靠员工的相互协作才能完成，而且团队规模较小时，以群体为对象的薪酬奖励计划就会起到比较明显的作用。

（二）团队绩效薪酬制度的缺点

1．"搭便车"或"社会懒惰行为"是团队激励中面对的重大潜在问题

因为团队绩效薪酬制度也在一定程度上淡化了员工个人努力、贡献与报酬之间的关系，一些团队成员可能会不付出或付出较少努力，而分享团队其他成员努力的

成果，如中国古时候的"南郭先生"。而且，群体规模越大，产生"搭便车"行为的可能性就越大。其产生的主要心理原因有以下几方面。

（1）个人努力与报酬之间的关系模糊，个人的贡献不能准确衡量，个人报酬也与其努力没有直接的联系。

（2）个体知觉，认为团队其他成员不如自己努力，从公平的角度出发，降低自己的努力。

（3）团队责任扩散，团队活动的结果不能归结为具体某个人的作用，个体投入与群体产出之间的关系模糊，员工也不认为自己的努力会对团队绩效产生多大的影响，从而导致个人责任心的丧失。

（4）大的团队中管理协调的复杂性，人际关系会有意无意地受到影响，从而产生内讧，如群体中表现出色的员工可能不愿意看到其他员工影响自己的收入，对群体中的后进成员存在怨气，也可能引发对群体奖励计划的不满。

（5）员工获得高报酬还必须依赖团队其他成员的表现和外部的一些因素，因此也可能降低团队绩效薪酬制度对员工的激励作用。

（6）高绩效者因为自己的努力和成绩得不到认可和回报而放弃努力或者干脆离开群体，如果大家都希望不用努力而分享团队的好处，就必然会使团队绩效陷入低水平状态。这些也同样是"大锅饭"分配制度产生的心理弊端。

2. 团队绩效薪酬制度可能会引起团队间的竞争

类似于个人绩效薪酬制度，各个群体之间也会为了自己的小集体利益互相竞争，在有些情况下也不利于整个企业的协作和发展，甚至是损害整体的工作效果。当然这只是对一些消极的恶性竞争而言，如一些团队可能不愿向企业其他部门调动有助于整体业绩的优秀员工；有些群体还可能不愿意接受新员工，因为对新成员的培训可能会影响该群体的短期绩效；抵制对各种标准的修改，甚至以损害其他团队的利益为代价来获取一己之利。而根据整个组织的效率予以全体员工奖励的组织激励，可以减少个人和群体间的竞争。全员奖励的依据是，全体员工为共同目标而努力工作将会使企业的收益增加，这个增长就应该由大家来分享。

3. 团队绩效薪酬制度可能增加内部冲突

团队绩效薪酬制度虽然增强了团队的凝聚力，但面对团队需要团队成员做出某种程度的牺牲和团队追求目标失败时，更易导致团队成员的相互推卸责任，增加了整个组织的协调成本和内部冲突。

4. 并非组织中的所有成员都可以放到团队中

因为有些工作只需要个人完成，所以并非组织中的所有成员都可以放到某个团队中。当工作任务能够由个人单独完成时，团队反而可能产生消极作用，尤其是当员工个人并无合作意向时。

5. 要设计对所有团队都公平的目标比较困难

因为各个团队从事的工作不同,判断各项任务的相对难易程度比较困难,这不可避免地会在目标设定及奖金分配方面引起争端。

第四节 长期绩效激励制度

一、长期绩效激励制度的内涵及设计要点

(一)长期绩效激励制度的内涵

长期绩效激励制度指绩效衡量周期在一年以上的对既定绩效目标的达成提供奖励的计划。一年为一个周期,它强调长期绩效奖励计划的支付通常是和对组织未来可能产生影响的那些决策相关的。一方面,通过这类计划使那些对企业发展有重要作用的人员(如高管人员)在决策时更注重长期观念;另一方面,这类计划为企业经营者和员工提供积累财富的机会,鼓励他们与企业共同奋斗,促进企业的长期发展。正因如此,这类计划也叫资本积累方案。大多数长期绩效奖励计划以经济目标为导向,但随着员工绩效评价的改进,越来越多的计划也开始向涵盖其他绩效要素扩展,比如客户满意度及质量改善。就长期绩效奖励计划的内容而言,尽管大多数长期绩效奖励计划都是围绕股票所有权计划来设计的,但是其他一些经济奖励也同样可以成功运用。例如,软件设计师有时可以从自己所设计的软件的销售中获得一定的版税。这种长期奖励计划非常适用于奖励基金来源有限的情况,或者团队或个人的贡献对于项目的成功与否起着至关重要的作用的情况。

(二)长期绩效激励制度的设计要点

当前具体的长期绩效激励制度的设计主要是通过股权激励体现,而股权激励的设计可以通过各个设计因素的调节来组合出不同效果的方案。这些设计因素可以归纳为以下六个方面。

1. 激励对象

由于企业整体业绩(或效益)指标完成情况与普通员工个人工作努力的关联度不高,而且员工对企业长期发展的影响甚微,所以传统的股权激励对象一般以企业经营者(如 CEO)为主。但是,由于股权激励的良好效果,国内外企业中股权激励的范围正在扩大,其中包括普通雇员的持股计划、以股票支付董事长、总经理薪

酬等，一些企业也有员工持股会，但这种员工持股更多地带有福利性质。我国证监会 2018 年发布的《上市公司股权激励管理办法》提出的股权激励对象包括上市公司的董事、高级管理人员、核心技术人员或者核心业务人员，以及公司认为应当激励的对公司经营业绩和未来发展有直接影响的其他员工，但不应当包括独立董事和监事。外籍员工任职上市公司董事、高级管理人员、核心技术人员或者核心业务人员的，可以成为激励对象。同时，证监会也对不得获取股权激励的对象作出明确规定。

2. 购股规定

购股规定包括购买价格、期限、数量、购股资金来源及是否允许放弃购股等。上市公司的购股价格一般参照签约当时的股票市场的价格确定，其他公司的购股价格一般参照净资产确定。购股期限包括即期和远期。购股数量的大小影响股权激励的力度，一般根据具体情况而定。

我国证监会《上市公司股权激励管理办法》在股票数量方面作出的规定是：上市公司全部有效的股权激励计划所涉及的股票总数不得超过已发行股本总额的 10%；其中个人获授部分原则上不得超过股本总额 1%，超过 1% 的需要获得股东大会特别批准。

3. 售股规定

售股规定即对激励对象同售股权的相关规定，包括出售价格、数量、期限的规定。出售价格按出售日的股权市场价值确定，其中上市公司参照股票的市场价格，其他公司则一般根据预先确定的方法计算出售价格。股票的出售条件往往规定，激励对象在达到绩效目标或服务达到一定期限时才能出售，并对可出售的数量进行一定限制。大部分公司允许经理人在离任后继续持有公司的股权。国内企业一般要求在经理人任期结束的一定时间后，方可出售股权，一些企业则要求经理人分期出售。

4. 权利义务

在股权激励中，需要对激励对象是否享有分红收益权、股票表决权和如何承担股权风险等权利义务作出规定。不同的规定对应的激励效果是不同的。

在期股到期购买前，激励对象一般只享有分红收益权，没有表决权。期权拥有者在行权前也不具有股权对应的表决权。而在现股激励中，由于股权已经发生了转移，因此持有股权者一般都具有股权相当的表决权。现股和期股激励都预先购买了股权或确定了股权购买的协议，当股票贬值时，激励对象需要承担相应的损失。而在期权激励中，当股票贬值时，激励对象可以放弃期权，因而没有任何风险。另外，在期股和期权激励中，都不需要激励对象现期的资金投入，但购买价格参照即期价格确定，同时从即期起就享受股权的增值收益权。因此，期股和期权的激励对象实际上获得了购股资金的贴息优惠。

5. 股权管理

股权管理包括管理方式、股权获得原因和股权激励占总收入的比例等。比如在期权激励中，国外一般规定期权一旦发出，即为持有人完全所有，公司或股东不会因为持有人的重大错误、违法违规行为而作出任何扣罚；国内的一些地方的规定中，则认为企业经营者经营不力或弄虚作假时，公司的股东大会或主管部门可以对其所持期权作扣减处罚。股权获得来源包括经理人购买、奖励获得、技术入股、管理入股、职位持股等方式，公司给予经理人的股权激励一般是从经理人的薪金收入的一部分转化而来。股权激励在经理人的总收入中占的比例不同，其激励的效果也不同。

6. 操作方式

操作方式包括是否发生股权的实际转让关系、股票来源等。有时为了避开法律障碍或其他操作上的原因，在股权激励中，设计为实际未发生股权的实际转让关系，如虚拟股票。在激励股权的来源方面，有股票回购、增发新股、库存股票等，具体的运用与证券法规和税法有关。在我国，股权激励中的股票来源问题还存在法律上的障碍，渠道较为狭窄，主要有公开发行时预留股份、向高管人员发行股份和回购本公司股份三种方式。

二、长期绩效激励的作用

因其天然的优势，以股权激励制度为代表的长期绩效激励制度已经越来越受到企业和社会的重视。对于员工、经营者和所有者而言，长期绩效激励制度均能够发挥重要作用：

第一，从员工的角度看，长期绩效激励制度可以改善员工福利，激励员工积极参与企业的各项活动，以主人翁的姿态做好每天的工作。

第二，对经营者而言，有利于减少经营者的短期行为，促使他们关注长期效益。长期绩效激励制度把经营者的薪酬与公司的长期业绩联系起来，引导经营者在经营过程中更多地关心公司的长期价值，防止其短期行为和约束其长远思考。此外，长期绩效激励还能激励经营者提高经营决策水平。

第三，从维护所有者的利益方面考虑，首先，长期绩效激励能够促使经营者和企业所有者的目标达到最大限度的统一，减少企业经营的代理成本。按照委托—代理理论，代理人（经营者）与委托人（企业所有者）所追求的目标不一致、信息不对称、监督乏力等因素会导致代理人寻求利益最大化而做出损害委托人的利益的行为，如偷懒、贪污等，即发生所谓的代理风险。而长期绩效激励机制使经营者成为企业股东，让经营者为自己工作，从产权上对管理者进行激励，使所有者和经营者在一定程度上得到融合，形成"共荣共损"的利益共同体。从而减少了企业的代理成本。其次，长期绩效激励能够更好地吸引优秀人才，并避免企业人才流失。再次，有利于进行企业人事调整，特别是高管人员的调整。最后，长期绩效激励还能够减轻企业日常支付现金的压力，有利于企业的财务和风险转移，有利于鼓励经营者负担必要的风险，有利于企业的税收减少等。

三、长期绩效激励的种类与方式

（一）股票期权计划

1. 股票期权计划的内涵

股票期权计划是一种以管理人员为主要激励对象的绩效薪酬形式，它以约定的价格允许管理人员在一定时期买入本公司约定数额的股票，即管理人员获得一份标的为本公司股票的看涨期权。这种股票本身不可转让，也不能任意变现，但享有分红、配股权，且只有在管理人员离任后方可带走。这种激励机制将企业长期利益与管理者个人利益有效地结合起来。实行股票期权计划，管理人员于规定时期按约定价格购买本公司股票的行为称为"行权"，其个人收益产生于约定价格和行权日市价之差，其实质为一种延迟或有性报酬。

2. 股票期权计划的功能

相对于及时性报酬激励，股票期权计划作为一种延迟或有性报酬激励具有多方面的功能。

首先，股票期权计划能抑制企业经营者的短期行为。企业所有者与经营者之间存在一种委托代理关系，所有者委托经理人经营管理资产。而事实上在委托代理关系中，由于信息不对称，所有者和经营者之间的契约并不完全。双方追求的目标是不一致的，所有者希望其持有的股权价值最大化，经营者则希望其自身效用最大化。在这种情况下，年度奖金制、固定年薪制等即时性报酬等激励机制往往蕴含着企业经营者的道德风险，这些报酬激励方式一般以财务指标的考核来确定经营者的收入，因此与公司的短期业绩表现关系密切，而与公司的长期价值关系不明显，经理人有可能为了短期的财务指标而牺牲公司的长期利益。而从企业所有者角度来说，他关心的是公司长期价值的增加。尤其是对于成长型的公司来说，经营者的价值更多地在于实现公司长期价值的增加，而不仅仅是短期财务指标的实现。为了使经营者关心企业所有者利益，需要使二者的利益追求尽可能趋于一致。对此，股票期权计划是一个较好的解决方案。它不仅将企业管理者的激励性报酬推后，而且还使其与股票期权到期时企业的经营业绩挂钩,从而保证经营者的决策符合企业长期发展目标。

其次,股票期权计划可以吸引和优选管理人才。在签订合同之前,潜在优秀人才难以与平庸人才明确区分,若同时给予高薪与职位,则势必使庸才沉淀。但如果将业绩报酬完全延至成效显著时,又势必使优秀人才因补偿标准不确定而丧失信心,导致人才流失。股票期权计划有助于解决这一矛盾,经营者是否愿意提出、接受此计划,就在一定程度上显示了其区别,而收益的明确性与延迟性,必将激励人才潜力的发挥。这就为优秀管理人才的选拔提供了一条捷径。

3. 股票期权计划的设计要点

在设计股票期权计划时,需要考虑以下几个问题。

(1) 期权的执行价格。执行价格是期权方案设计中的关键,它可以分为三种:低于现值、高于现值和等于现值。低于现值的期权,相当于向持有者提供了优惠,股东权益被稀释,老股东不愿意接受。高于现值期权,一般是用于公司股价看涨的时候,由于它提高获利的难度,所以对经营者会产生更大的压力。在成熟的证券市场中,股票价格能够对公司的业绩提升做出及时、准确的反应,为公司股票期权的设定确立一个参照系,使期权的激励效果比较理想。而我国当前的证券市场,对业绩的增长反应还不够灵敏,使股票期权执行价格的确定面临一种两难境地:执行价格高于市价,经营者将放弃这种选择权,不可能产生激励效果;执行价格低于市价的程度过高,利益的重新分配又会对老股东造成损害。所以,执行价格的确定需要有合理的计算依据。

(2) 期权价值。一般来说,期权是无偿授予的,表现为一种"特权",而非"义务"。当公司经营业绩上升,股票市价高于执行价格时,期权持有者会被禁止短期行为。例如,购买股票转让套利的最短期限不能低于一年;分期购买,即规定期权拥有者每年只能购买总量中的一定比例的股票,转让套利。

(3) 授予数量。国外的经理股票期权计划中,期权的授予一般每年进行一次,授予数量及授予条件由董事会薪酬委员会决定,薪酬委员会通常由董事会1/3以上人员组成,大多是外部的非雇员董事。在每年年初,薪酬委员会制定出经营者的年度目标和相应的期权授予数量。期权的数量和价值参照竞争对手的一般水平作出。在年度结束的时候,薪酬委员会根据经营者是否实现经营目标,确定股票期权授予的实际数量。实际上,股票期权的激励对象并不只限于高级管理人员,尤其是在市场激烈竞争和企业面临复杂经营环境时,更应把各种业务骨干和富于创新精神的员工纳入股票期权计划的激励范围,制定广泛意义的股票期权计划。

(二) 福利性期权计划

福利性期权计划是向所有员工提供的一种期权,其显著特点是:个人绩效不能直接影响所获得的期权数量。期权授予量通过一个简单公式来计算（如薪酬的一定比例），或直接采用统一数量，即不论员工处于何种薪酬等级和职务等级，都将获得相同数量的期权。这种期权的规模相对较小，在总的期权方案中只占几个百分点。其主要目的在于加强公司的企业文化，体现团队精神，同时把员工的报酬与公司的业绩紧密联系起来，履行把员工为公司创造的价值分配给员工的义务。

（三）报酬性期权计划

报酬性期权的授予对象相当广泛，同时授予额度很大。其授予数量在很大程度上取决于员工的实际绩效。在该计划中，期权的分配要体现两大原则：一是高层次员工与低层次员工之间要充分拉开档次，使高层次员工能享受到更大数额的期权激励；二是要充分体现员工个人绩效对获得的期权数量的影响。

（四）核心雇员期权计划

核心雇员期权计划的目的是通过奖励留住对企业未来成功起着重要作用的核心员工。对核心员工的期权授予期一般超过一年甚至更长时间，这种在长时期内给核心员工大量期权的做法能有效地降低优秀人才被竞争对手挖走的可能性，同时也提供了一种正式的沟通工具，企业可以通过这种工具向核心员工表明他们对企业的价值，以及企业对他们的重视程度。目前，学界在期权的授予对象上出现了一种新的观点，认为应根据员工的未来业绩和贡献来确定谁有资格获得期权及获得多少期权，也就是说，企业应该把期权主要授予那些能在整个期权持续期内为公司带来最大价值的员工。对于为公司做过巨大贡献，但已经没有多大提升潜力的员工，则应给予他高额的奖金以表彰他所取得的成绩，但不应授予大量的期权，因为他并不具备为企业增加长期价值的潜力。

（五）员工持股计划

传统的股票所有权计划主要是针对企业中高层管理人员的，目前有向普通员工扩展的趋势。以员工持股的形式，吸引企业大多数普通员工参与股票所有权计划，对促使员工关注企业的长期绩效和经营结果，同样可能是有效的。员工持股计划是指公司内部员工个人出资，享受优惠价认购本公司的部分股份，并委托公司员工持股会在一段时间内集中管理股份的一种产权组织形式。一般在实行时，公司要制定一个雇员持股计划，并向员工公布和宣传这个计划。然后，公司在支付员工工资时，从雇员的工资支票上减去一小部分用于让雇员购买公司股份。大多数情况下，公司会打折向员工出售股份。雇员持股计划往往要实行一个很长的周期，由员工分期购买，并没有大幅削减员工的总收入，在经过数年后，每个员工个人股票账户中都会沉淀有数量不少的股份。随着员工持股数量增加,一方面,员工的收入逐年增加;另一方面,也在一定程度上缓解了劳资之间的矛盾。在计划实施中,托管机构发挥着连接公司、员工、银行三方面的重要作用。托管机构分为两类:一类是公共托管机构,这样的机构可以同时从事多家公司雇员股的托管工作;另一类是公司自己组成的托管机构。托管机构负责进行股份登记、收购、转让和发放红利等事宜,并代表雇员行使表决权。

员工持股的主要运作模式可描述如下:

公司与员工达成协议,自愿将部分股权转让给员工。拟实行雇员持股计划的公司,一般是由公司出面向银行贷款转给托管机构,或公司出面担保由托管机构向银行贷款。托管机构获得贷款以后,按市场价格回购本公司一定数量的股份并存入托管机构的雇员暂记账户。在一段时间内,托管机构用股份分红的红利分期偿还银行的贷款本息。托管机构还清银行的贷款后,股份从托管机构的暂记账户转到员工的个人账户。每个员工都有一个个人资本账户,把股份记录在个人名下,但账户中的股份由托管机构保管。在雇员退休或不再工作时再发给他们,然后他们可以选择是把股票出售给本公司或是在股市上转让。到目前为止,员工持股主要存在于这几类公司:定向募集公司;股份合作制发起设立的股份有限公司;部分上市公司。在各类公司中,定向募集公司和股份合作制公司占的比例最高。

本章小结

绩效薪酬是组织物质激励的主要形式,它是随着个人、团队或者组织绩效的评价指标而变化的一部分报酬。绩效薪酬具有变化大、主观性强、依成果或成员需要设置等特性。因此,绩效薪酬在推动社会发展、提高组织绩效和激发组织成员的积极性进而全面提高各个层次的效率方面都具有重要的作用。绩效薪酬制度体系的建设分个人绩效激励制度、团队绩效激励制度和长期绩效激励制度三个层次展开。具体的制度设计中,要采用系统的思考方法,根据组织结构、组织目标和组织成员的特性建立相应的组织绩效薪酬制度体系。

思考题:

1. 简述绩效薪酬的内涵。
2. 简述绩效薪酬与基本薪酬的区别和联系。
3. 简述团队绩效薪酬制度的特点和适用条件。
4. 试述长期绩效薪酬制度的作用及其主要内容。
5. 试述股票期权计划的设计要素。

第十章 员工福利的设计与管理

本章主要介绍员工福利管理与制度设计。第一节首先介绍员工福利管理的内涵、功能与分类；第二节着重介绍员工福利管理的两种最重要的形式：法定福利和企业福利；第三节对员工福利管理的原则、计划与控制作了简要的探讨，并详细介绍自助餐式福利制度设计。

第一节 员工福利概述

一、员工福利的内涵

员工福利的含义有广义和狭义之分，广义的员工福利指的是直接津贴以外的任何形态津贴。在这个意义上，员工福利的内容可分成五大类。

第一类是对于员工经济安全所需的法定给付，包括养老保险、健康保险、失业保险和工作能力丧失收入补偿等；

第二类是其他承诺的给付，如员工购买商品的折扣、免费培训、员工认股、员工子女学贷补助等；

第三类是非生产时间时的给付，包括在休息时间、午餐时间、洗涤时间、外出时间、更衣时间、准备时间和工作期间休息时照付工资；

第四类是非工作时间的结付，包括带薪休假和放弃休假的特别奖金，如带薪病假、服役、陪审等公假照付的工资；

其他福利为第五大类，即除上述四类之外的其他所有福利。

按照狭义的解释，员工福利是指雇主和员工单方面或共同赞助所创立的任何形态的给付措施，其目的是提供死亡、意外、疾病、退休或失业等正常工作中止期间员工的持续收入和伤害通常面临的特殊费用之补偿。其所包括的内容就只限于私人疾病、退休或失业所提供的经济安全保障，而带薪假、员工折扣优惠、工作期间的休息、免费进餐等都不包括，同时也不包括由国家所支付的养老保险、工伤保险、健康保险和就业保险等。

在这里，本书将员工福利界定为：员工福利是薪酬体系的重要组成部分，是员工的间接报酬，是指在相对稳定的货币工资以外，企业根据国家法令，为达到激发员工工作积极性、增强员工对于企业的忠诚感和改善员工及其家庭生活水平等目的，依托企业自身的能力而支付的辅助性货币、实物或服务。

综合上述，员工福利显然具有以下特质。

第一，员工福利是基于广义的福利与雇主所支付的全部报酬的交叉概念。从广义福利的角度而言，员工福利是由企业雇主专门面向其内部雇员所提供的，用以改善雇员及其家庭生活水平的一种辅助性措施和公益性事业。从整体报酬的角度而言，员工福利是企业向员工支付的全部报酬的一部分，不以员工的工作时间为单位来计算的，不是工资、奖金的间接性薪酬支付。

第二，员工福利的给付形式多样，包括现金、实物、带薪假期及各种服务，而且可以采用多种组合方式，要比其他形式的报酬更为复杂，更加难以衡量和实施。

第三，员工福利中某些项目的提供要受到国家法律的强制性约束，如基本的社会保险、法定休假等，而企业所自行举办的其他一些福利因为可以获得政府最为优惠的税收待遇，而需要满足某些条件或规章制度，如各项企业补充保险等。

第四，无论企业的规模、性质如何，总会为员工提供一些福利，福利已经成为了某种制度化的东西。

二、影响员工福利的因素

影响员工福利的因素主要包括企业外部和内部两大因素。

（一）企业外部因素

影响员工福利的企业外部因素主要有以下内容。

1. 国家的法律法规

由于国家的法律法规对于企业的行为具有约束力，因此福利就具有强制性的特点，任何企业都必须遵守，企业对此只有有限的选择权和决策权，所以企业在制定福利计划时，要在法律规定的范围内进行活动。一般来说，国家法律法规影响的内容主要有：法定福利的水平及其内容的确定；法定福利的实施形式方面的规定；对企业福利实施的指导等。

2. 社会的物价水平

物价水平的波动主要是使员工的福利水平和企业的福利支出呈现相应的变化。

员工福利其最基本的功能就是保障员工的生活,因此对员工来说更有意义的是实际的福利待遇。其表现在于:当整个社会的物价水平上涨时,员工的福利水平就相应的下降了。为了保证员工的实际福利水平不变,企业就要支付更多的福利开支;反之亦然。

3. 劳动力市场的状况

在其他条件保持不变的情况下,福利水平主要取决于劳动力供给和需求的对比关系,如果企业的需求一定,当劳动力市场供小于求时,企业的薪酬福利水平就应当相应提高;反之,企业就可以维持甚至降低薪酬福利水平。

4. 整个行业的福利状况

竞争对手的福利状况对企业福利计划制定的影响是最为直接的,这是员工进行横向的公平性比较时非常重要的一个参照系,它几乎可以影响到福利计划所有内容的决策。当其他竞争对手的福利水平、福利内容、福利形式等发生变化时,为了保证外部的公平性,企业也要相应的对自己的福利计划做出调整,否则就会造成在职员工的不满意,当不满比较严重时甚至会造成员工的流失。同理,当整个行业的福利水平提高时,会吸引更多、更优秀的人才加入该行业。

(二)企业内部因素

影响员工福利的企业内部因素主要包括以下内容。

1. 企业的发展阶段

企业必须要经历不同的发展阶段。企业处于不同的发展阶段时,其经营的重点和面临的内外环境是不同的,包括福利在内的薪酬管理要随之变化。因此,企业在制定福利计划时要考虑到自身所处的发展阶段,从而制定更加符合企业实际的福利计划。

2. 企业的经济效益

企业的经济效益直接制约着福利水平的确定,它是福利计划各项决策得以实现的物质基础。良好的经济效益可以保证福利水平的竞争力和福利支付的及时性。一般来说,企业的经济效益与所在地区的经济发展状况有着密切的关系。

3. 员工个人的因素

除了企业自身的一些因素之外,员工个人的一些因素也会对福利计划的制订产生影响。这些因素主要有员工的需求、个人的绩效、工作的年限等等。员工的需求会影响到福利内容的确定。人们的行为都是受一定动机支配的,而动机又来源于需求,因此为了更好地激发员工的工作动机,企业就要根据员工的需求来提供福利,这样才能提高福利的针对性和有效性。目前,企业在福利管理中越来越多的采取了这种做法。工作年限越长的员工,企业提供的福利水平往往也越高。

三、员工福利对于企业和员工的效用

(一) 员工福利对企业的作用

福利对于雇主而言,具有一些特殊的效用,其优势主要表现在以下几点。

(1) 一方面,以员工福利形式支付的劳动报酬可以为雇主起到避税的作用;另一方面,可以减少雇主所应缴纳的法定社会保险费。因为根据法律规定,基本社会保险费中的雇主缴费是以工资为基数缴纳的,因此工资增加,意味着雇主所要缴纳的保险费也要随之增加。

(2) 有利于促进工会和企业之间的集体谈判。许多市场经济的国家都存在工会与企业之间的集体谈判机制。在这些国家中,工会可以代表员工就薪酬、工作时间、雇佣条件等一系列问题与企业或者企业联盟进行谈判。而在集体谈判中,无论是过去还是现在,常常是工会追求的关键目标之一,双方常常因为企业员工的福利问题而产生巨大的分歧。因此,企业实行良好的福利政策有利于集体谈判的顺利进行。

(3) 像带薪假期、休息日这样的福利有助于调整雇员的身心状态,减少差错的发生,间接降低企业成本。众所周知,每个人的精力都是有限的,连续紧张的工作往往会造成人们疲劳、精神受损等问题,在这种状态下工作最容易造成差错,甚至发生意外事故。

(4) 良好的福利有时比高工资更能吸引优秀员工,使许多可能流动的员工打消流动的念头。一方面,可以使员工得到更多的实惠;另一方面,使员工产生由衷的工作满意感,进而激发员工自觉为企业目标而奋斗的动力,从而提高企业的投资回报率。

(5) 能够提高员工的热情与干劲。良好的福利使员工全身心投入工作而无后顾之忧,使员工与企业同荣共辱,士气必然会高涨。

当然,对于雇主而言,福利的缺陷仍然不可避免,某些福利也会增加企业的成本支出,如带薪病假。这种福利有可能会增加雇员的缺勤率,使企业的总工时降低,间接增加企业成本。再如,雇主要实现其利润的最大化,不仅要考虑雇员的偏好,还应考虑福利计划的提供形式,适当控制福利工资的比例,以减少其为企业所带来的负效用。

(二) 福利对于员工的效用

员工福利对于雇员而言具有何种特殊的效用呢?可以从福利性工资本身所具有

的优势和局限性两方面来分析。

1. 福利工资所具有的优势

首先，福利性质所决定，它可以满足人们在生理上的低层次的物质需要。而从员工福利的具体项目来看，其中的重要的项目——各类社会保险和企业补充性保险，还可满足员工的安全需要。例如，养老保险和企业年金可以使员工免于为年老后的生活忧虑，失业保险可以减少人们由于失业而遭受到的经济损失，各类健康保险则能够在人们由于生病或受伤而暂时或永久丧失劳动收入时提供基本的生活保障。

其次，员工福利可以满足人们在情感上的社会需要。这主要体现在各式各样的实物性福利上。例如，目前许多企业都提供的带薪休假，这种福利形式可以使员工调整生活节奏，放松身心；还可以利用这段时间更多与家人、朋友相处，丰富感情生活。而各种精心策划的集体旅游、定期举办的各种宴会可以使公司员工在工作之外有更多的接触机会，从而能够增进员工之间的了解，融洽公司内部成员间的同事关系，培养公司内部的团队意识，也有助于人们获得感情上的满足感。

此外，一些诸如在公司内部提供理发和修鞋，以及免费早餐等服务表现出公司富有人情味的一面，使员工获得归属感。另外，某些员工福利项目还能在一定程度上使人们获得公平感和成就感及获得个税优惠。

2. 福利工资的局限性

虽然福利工资能为员工带来更多的效用，但福利也存在着一定的局限性，主要体现在以下几点。

（1）福利导致员工失去了对于其全部报酬的自由处置权。

（2）根据公认的经济理论准则，与实物、延期性的收入相比，人们宁愿得到的是相同数量的即期收入，即相同数量的现金。因为有了现金，人们可以随心所欲地购买不同的商品。

（3）员工更愿意看到自己的工作能获得及时的肯定，而不是过后的补偿。

综上所述，员工福利对于雇员和雇主而言均存在着有别于工资所带来的不同效用。员工福利对于雇员而言，虽然失去了对于部分现金的现期自由处置权，却得到了超过同等现金数量的实物享受；对于雇主而言，虽然有间接增加企业成本的可能性，却也为企业带来了不可忽略的正向效用。因此，员工福利像所有的商品一样，无论对于需求方还是供给方而言，都有其存在的意义。

四、员工福利的分类

从福利的界定及其内涵特征可知，福利本身具有复杂性，项目繁多，形式多样。为对福利有较为清晰和全面的了解，在此，根据不同的依据对其进行类别上的划分。

（1）据福利项目的提供是否具有法律的强制性，将其划分为法定福利和自愿性福利。前者包括法定休假、基本社会保险等；后者包括商业保险、住房福利、带薪休假、教育福利、员工持股、利润分享及其他服务项目等。

（2）以福利项目的实施范围为依据，可以将员工福利项目划分为全员性福利、特种福利及特困补助。全员性福利是为所有员工提供的福利；特种福利是为企业高层或有特殊贡献的人才设计的福利；特困福利是为企业困难员工提供的福利。

（3）以福利的接受者——员工对于福利项目是否具有可选择权，将其划分为固定性福利和弹性福利。前者是由企业所设定的、员工被动接受的福利计划；后者是由企业设定、允许员工按照自己意愿选择的福利项目。

（4）以福利的实施主体为依据，可以将员工福利划分为社会福利和企业福利。社会福利涉及人们物质生活和精神生活的各个方面，包含人们的衣、食、住、行、乐、环境、教育、卫生、就业等。社会福利包括社会救助、社会保险及全民福利。我国对社会福利持相对狭义的看法："社会福利是国家和社会为增进与完善社会成员尤其是困难者的社会生活而实施的一种社会制度，旨在通过提供资金和服务，保证社会成员一定的生活水平并尽可能提高他们的生活质量。"社会福利与社会保障体系中的社会救助、社会保险相比较，具有以下特征：保障对象的全民性、保障内容的福利性、权利与义务的不对等性。而企业福利是指企业自身为了员工的生活的提高而自行设立的福利。

五、员工福利项目设计

员工福利是薪酬体系的一个重要组成部分，是企业以福利的形式提供给员工的报酬。据统计，美国企业为员工所提供的福利大约占员工所获得的全部薪酬的20%～30%。员工福利管理是一个复杂的系统，本节以宏观分类为尺度，将福利分为法定福利和企业福利两个大部分，然后将其他分类形式分别置于这两个大范畴下进行论述。

（一）法定福利

法定福利是通过立法强制实施的、对所有的员工都实施的福利，包括社会保险和各类休假制度。

1. 社会保险概述

社会保险是国家通过立法手段建立的，旨在保障劳动者在遭遇年老、疾病、伤残、失业、生育及死亡等风险和事故，暂时或永久性的失去劳动能力或劳动机会，从而在全部或部分丧失生活来源的情况下，能够享受国家或社会给予的物质帮助，维持其基本生活水平的社会保障制度。社会保险制度在19世纪80年代出现，是当时工业化生产方式带来的社会风险，如工伤、失业、疾病等，而原有的家庭保障职能弱化，国家出面对工人的利益给予保护的产物，也是国家强制推行的对工人的福利政策。社会保险最早产生于德国，1883年德国颁布了《疾病社会保险法案》，标志着社会保险制度的诞生。该法案规定，对全体从事工业性经济活动的工人一概实行强制性疾病社会保险，工人负担保险费的2/3，企业主负担1/3。对参加保险的工人，其医疗和药品的费用由社会保险承担。

2. 社会保险的特点

（1）强制性。社会保险是国家立法强制实施的社会政策，被保险人必须参加，承保人（企业）必须接受。

（2）保障性。社会保险是一项收入补偿制度，其目标是保障被保险人的基本生活。

（3）互济性。社会保险基金通过收入再分配（保险费和税收）的手段筹集和建立，当被保险人发生风险时，可以享受社会保险待遇。因此，社会保险具有风险共担，互助互济的性质。

（4）公益性。与商业保险不同，社会保险不以营利为目的，注重社会效益。

（5）普遍性。工薪劳动者（在中国）或全体公民（发达国家）都可以参加社会保险。

3. 社会保险的类别

社会保险是由国家主导的第二次分配，其目的是风险预防。现代社会的生产和生活方式决定了社会保险的内容。市场经济中能够使人们收入中断、减少或丧失的风险有老年、疾病、工伤、生育、失业、残疾、死亡，从理论上说就有七大社会保险项目。

对于企业职工来说，主要是养老保险、医疗保险、失业保险、工伤保险和生育保险。

（1）养老保险。养老保险是社会保险的一个重要险种，也是企业员工的一项基本福利。养老保险是国家为劳动者或全体社会成员依法建立的老年收入保障制度。当劳动者或社会成员达到法定退休年龄时，由社会提供养老金，保障其基本生活。目前，世界上绝大多数的国家和地区建立了不同模式的养老保险制度。

目前各国的养老保险制度大体可以分为以下三种模式：普遍保障模式、收入关联模式和强制储蓄模式。

英国、北欧国家及英联邦国家普遍使用的养老金保障计划，其特点是：第一，无论个人有什么差别，达到法定退休年龄后均可领到相同的养老金；第二，它的覆盖面通常十分广泛，既包括本国全体公民，也包括居住在该国一定年限的外侨（如瑞典、丹麦等）；第三，养老保险金主要来源于国家的税收。

德国、法国和美国所实施的是收入关联模式，即缴费和养老金的多少与个人的工资水平直接相关。养老保险由雇主和雇员共同承担，一般缴费比例为雇员和雇主各占一半。当实际支付超过预测时，政府给予财政补贴。收入关联养老金的给付通常是根据劳动者的工资收入水平、就业年限、缴费期限、收入替代率及调节系数等基本要素共同确定的，侧重于体现收入关联和收入再分配的特征。

以新加坡的中央公积金制和智利的市场经营的个人账户制为代表的强制储蓄模式，是通过建立个人退休金账户的方式，逐渐积累养老保险基金。当劳动者达到退休年龄时，将个人账户储存的基金、利息和其他投资收入发还给账户本人作为养老金。新加坡的公积金制度是由雇主和雇员按照雇员工资的一定比例按月分别缴纳保险费，并全部记入雇员的个人账户，个人账户的资金由中央公积金局管理和运作；雇员的退休金就是个人账户积累的保险金。

OECD 发布的《2021 养老金概览》（以下简称《概览》）统计数据表明，在新冠肺炎危机期间，15 个经合组织国家的退休人员受到特殊的目标收入的支持，老年人的收入和养老金的权利得到保障。同时《概览》指出，为应对新冠肺炎危机和全球经济衰退的影响，部分国家开始进行养老金改革，保护工人和养老金领取者的收入，减少失业，但是对积累养老金权利的影响有限。改革的重点是调整退休年龄，如瑞典；扩大一级养老金以调整收入计划中的福利和缴款等，如加拿大。

我国的养老保险制度改革和发展的过程大致经历了以下几个阶段。

第一，初创阶段。1951 年颁布了《中华人民共和国劳动保险条例》（简称《劳保条例》），这是我国第一部社会保障法律，为全国建立统一的劳动保险制度确立了法律依据。根据《劳保条例》，职工个人不缴纳任何保险费，社会保险费全部由企业负担，缴费率为企业工资总额的 3%。在这部分基金中，30% 上缴中华全国总工会，作为社会保险统筹基金，70% 存于企业工会基层委员会。企业工会留用的资金，用于退休金、医疗保险、工伤保险救济金、丧葬补助等开支，资金不足支付时向上级工会组织申请弥补。关于养老保险待遇，根据《劳保条例》规定，退休条件是：男性年满 60 岁，女性年满 50 岁。

第二，发展阶段。1953 年，中国的经济状况有了根本好转，为了适应大规模经济建设的需要，劳动部对《劳保条例》作了修改，于 1953 年 1 月 2 日颁布《劳动保险条例实施细则修正案》。这次修订的主要内容是扩大了实施范围和提高了待遇标准。新《劳保条例》规定的退休条件是：男性年满 60 岁，女性年满 50 岁。本企业工龄 5 年，一般工龄男性 25 年，女性 20 年；从事井下、有毒有害工作的，男性年满 55 岁，女性年满 45 岁；退休金每月由保险金按本人工资 50%～70%支付。《劳保条例》一直实行了近 40 年。

第三，成熟阶段。随着我国经济体制的转轨和现代企业制度的建立，原有的制度已经不适应新形势发展的需要。经过改革开放四十多年的改革实践，终于形成了新型的社会养老保险制度。

1997 年国务院颁发的《国务院关于建立统一的企业职工基本养老保险制度的决定》（以下简称《决定》）建立起来。该《决定》统一企业和职工个人的缴费比例。企业缴费比例一般不得超过企业工资总额的 20%，具体比例由各省、自治区、直辖市人民政府确定；个人缴费比例 1997 年不低于本人缴费工资的 4%，以后每两年提高 1 个百分点，最终达到 8%。同时统一了基本养老金计发办法。基本养老金包括基础养老金和个人账户养老金两部分，基础养老金月标准为省、自治区、直辖市或地（市）上年度职工月平均工资的 20%，个人账户养老金月标准为本人账户储存额除以 120。

2005 年颁布了《国务院关于完善企业职工基本养老保险制度的决定》，要求劳动者个人的缴费比例为个人缴费工资的 8%，这部分缴费全部进入个人账户，单位缴纳的社会保险部分则进入社会统筹账户。同时提出，为建立多层次的养老保险体系，增强企业的人才竞争能力，更好地保障企业职工退休后的生活，具备条件的企业可为职工建立企业年金。企业年金基金实行完全积累，采取市场化的方式进行管理和运营。要切实做好企业年金基金监管工作，实现规范运作，切实维护企业和职工的利益。

2014 年，国务院发布《国务院关于建立统一的城乡居民基本养老保险制度的意见》（以下简称《意见》），《意见》指出，年满 16 周岁（不含在校学生），非国家机关和事业单位工作人员及不属于职工基本养老保险制度覆盖范围的城乡居民，可以在户籍地参加城乡居民养老保险，保险基金由个人缴费、集体补助、政府补贴构成。参加城乡居民养老保险的个人，年满 60 周岁、累计缴费满 15 年，且未领取国家规定的基本养老保障待遇的，可以按月领取城乡居民养老保险待遇。

2015 年，国务院印发《关于机关事业单位工作人员养老保险制度改革的决定》（以下简称《决定》），该《决定》指出：机关事业单位实行社会统筹与个人账户相结合的基本养老保险制度，由单位和个人共同缴费；改革基本养老金计发办法，待遇水平与缴费相关联，建立多缴多得、长缴多得的激励机制；建立基本养老金正常调整机制，统筹考虑机关、企事业单位退休人员和城乡居民的基本养老金调整；加强养老保险基金管理和监督，确保基金安全；做好养老保险关系转移接续工作，促进人员合理流动；同步建立职业年金制度，形成多层次的养老保险体系；建立健全养老保险筹资机制，确保待遇发放；逐步实行社会化管理服务，不断提高管理服务水平。标志着公务员和事业单位工作人员的基本养老保险体系正式建立。

（2）医疗保险。医疗保险是指按照强制性社会保险原则，由国家立法，由国家、用人单位和个人集资建立医疗保险基金，以便于分担疾病风险带来的经济损失而设立的一项社会保险制度。狭义的医疗保险只负担医疗费用的补偿；广义的医疗保险，则除了补偿医疗费用以外，还包括补偿因疾病引起的误工工资；对分娩、残疾及死亡给予经济补偿，以及用于预防和维持健康的费用。新中国成立初，我国的医疗保险制度属于狭义的概念，即只按规定负责补偿医疗费用的开支。根据《劳保条例》的规定，我国在 20 世纪 50 年代初建立了企业职工的劳保医疗制度。享受对象为全民所有制企业的正式职工及其直系家属，城镇集体企业参照执行。后来，国务院又下发了《政务院关于全国各级人民政府、党派、团体及所属事业单位的国家工作人员实行公费医疗预防的指示》，建立起完整的国家机关和事业单位的公费医疗制度，享受对象为机关事业单位职工和在校大学生。公费医疗的经费来自各级财政拨款。

原有医疗保险制度具有明显的先天不足：首先，公费和劳保医疗制度对医患双方缺乏有效的监管机制，致使医疗费用超高；其次，原有制度只覆盖了体制内的职工，不能适应社会发展的客观需要；最后，企业筹资来源不稳定，负担也不均衡，使各地区及各行业的企业职工得不到平等的保障。

经过十多年的改革发展，1998 年国务院颁发《关于建立城镇职工基本医疗保险制度的决定》（简称《决定》），形成了当前我国医疗保险制度的基本构架。其基本内容可以概括如下：

第一，确立了城镇职工基本医疗保险制度的"低水平，广覆盖"基本原则。

第二，确定了基本医疗保险的覆盖范围、统筹层次和缴费比例。

第三，基本医疗保险费由用人单位和职工双方共同分担，基本医疗保险基金实行社会统筹与个人账户相结合。

第四，明确了基本医疗保险统筹基金和个人账户基金的各自来源和使用范围。基本医疗保险基金由统筹基金和个人账户构成。职工个人缴纳的保险费全部计入个人账户；用人单位缴纳的保险费一部分用于建立统筹基金，一部分划入个人账户。统筹基金和个人账户的支付范围要分别核算，不能相互挤占。

第五，规定了统筹基金的起付标准和最高支付限额。

2016 年国务院发布《国务院关于整合城乡居民基本医疗保险制度的意见》，指出要统一基本制度政策的覆盖范围、筹资政策、保障待遇、医保目录、定点管理以及基金管理。同时要求理顺管理体制，整合经办机构、创新经办管理等。

为全面贯彻党的十九大和十九届二中、三中、四中、五中全会精神，国务院印发《国务院办公厅关于健全重特大疾病医疗保险和救助制度的意见》（简称《意见》），该《意见》聚焦减轻困难群众重特大疾病医疗费用负担，建立健全防范和化解因病致贫返贫长效机制，强化基本医保、大病保险、医疗救助（以下统称三重制度）综合保障。医疗救助公平覆盖医疗费用负担较重的困难职工和城乡居民，根据救助对象类别实施分类救助。对低保对象、特困人员、低保边缘家庭成员和纳入监测范围的农村易返贫致贫人口，按规定给予救助。对不符合低保、特困人员救助供养或低保边缘家庭条件，但因高额医疗费用支出导致家庭基本生活出现严重困难的大病患者（以下称因病致贫重病患者），根据实际给予一定救助。综合考虑家庭经济状况、医疗费用支出、医疗保险支付等情况，由省（自治区、直辖市）民政部门会同医疗保障等相关部门合理确定因病致贫重病患者认定条件。县级以上地方人民政府规定的其他特殊困难人员，按上述救助对象类别给予相应救助。救助费用主要覆盖救助对象在定点医药机构发生的住院费用、因慢性病需长期服药或患重特大疾病需长期门诊治疗的费用。由医疗救助基金支付的药品、医用耗材、诊疗项目原则上应符合国家有关基本医保支付范围的规定。基本医保、大病保险起付线以下的政策范围内个人自付费用，按规定纳入救助保障。除国家另有明确规定外，各统筹地区不得自行制定或用变通的方法擅自扩大医疗救助费用保障范围。

至 2022 年，我国医疗保险制度立足国情，不断完善，逐步发展成熟。

（3）失业保险。失业保险指的是对暂时中断收入的失业者，国家以立法形式集中建立失业基金，提供基本生活保障的社会保险制度。随着经济体制改革的深化，大批国有企业职工下岗或失业，客观上要求我国应该建立保护劳动者权益的失业保险制。1999 年，国务院颁布了《失业保险条例》，2017 年对其进行修订，这是我国目前执行的失业保险制度的法律依据。失业是世界性市场经济不可避免的问题。但世界上实施失业保险制度的国家并不多，远远少于养老保险、医疗保险和工伤保险。到 21 世纪初，全球只有 1/3 左右的国家建立了不同形式的失业保障制度。

（4）工伤保险。工伤保险是国家立法对因工伤致残，因从事有损健康的工作患职业病而丧失劳动能力的劳动者，以及因工伤死亡后无生活来源的遗属建立的物质帮助的社会保险制度。在世界范围内，工伤保险是产生最早、实施国家最多、制度设计最严密的社会保险制度，这是因为工伤保险关系到职工的生命安全和家庭的幸福。在现代工伤保险制度中，普遍实行"补偿不究过失原则"或"无责任补偿原则"。根据该原则，劳动者在负伤后，不管过失在谁，都可以获得收入补偿。且工伤保险费用只是由企业交纳，雇员个人是不用交纳的。其制度由基金运行、待遇给付和工伤职业病三部分构成。

（5）生育保险。生育保险是国家通过立法对生育子女期间暂时丧失劳动能力的职业妇女，给予一定的经济补偿、医疗服务和生育休假福利的社会保险制度。生育保险的内容一般包括：

产假。给予生育女职工不在工作岗位的假期，通常是产前和分娩后的一段时间。

生育津贴。在法定的生育假期内，对生育者的工资收入损失给予一定的经济补偿。

生育医疗服务。生育保险承担与生育有关的医疗服务费用，从女职工怀孕到产后享受一系列的医疗保健和治疗服务，如产前检查、新生儿保健、产褥期保健等。

近年来，为适应我够人口长期均衡发展的要求，生育保险制度不断完善，覆盖范围扩大。2021年7月，国家医疗保障局出台《关于做好支持三孩政策生育保险工作的通知》，要求各地将参保女职工生育三孩的费用纳入生育保险待遇支付范围。

4. 休假制度

社会福利还包括各类休假制度。世界各国都规定企业职工依法享有休息时间。在法定休息时间内，职工仍可获得与工作时间相同的工资报酬。《中华人民共和国劳动法》规定职工享有的休息休假待遇包括如下基本方面。

（1）劳动每日休息时间。

（2）每个工作日内的劳动者的工间、用膳、休息时间。

（3）每周休息时间，即公休假日。公休假日是劳动者工作满一个工作周后的休息时间。按《中华人民共和国劳动法》第38条的规定，用人单位应当保证劳动者每周至少休息一天。根据国务院1995年发布的《国务院关于职工工作时间的规定》，每周休假日为星期六和星期天。

（4）带薪年休假休息。

（5）特殊情况下的休息，如探亲假、病假休息等。其中探亲假是职工同分居两地，又不能在公休日团聚的配偶或父母团聚的带薪假期。《国务院关于职工探亲待遇的规定》（1981）第3条规定了职工探亲假期：职工探望配偶的，每年给予一方探亲假1次，假期为30天；未婚职工探望父母的，原则上每年给假1次，假期为20天；如果因为工作需要，本单位当年不能给予假期，或者职工自愿两年探亲一次的，可以两年给假一次，假期45天。已婚职工探望父母的，每4年给假一次，假期为20天。

（6）法定节假日，又称为法定休假日，是国家依法统一规定的休息时间。我国的法定节假日包括：元旦（新年）放假1天；春节放假3天；清明节放假1天；劳动节放假1天；端午节放假1天；国庆节放假3天；中秋节放假1天。法定节假日是带薪休假。在法定节假日，劳动者有权享受休息而工资照发。按《中华人民共和国劳动法》规定，如果在法定节假日安排劳动者工作，应支付不低于300%的劳动报酬。

（7）法律、法规规定的其他休假节日，如妇女节、中国人民解放军建军节、青年节等，相关人员可以休假半天或一天。

5. 我国法定福利事业的发展

目前国家立法和制定办法，强制企业参加的职工社会保险制度主要是养老保险、医疗保险、失业保险、工伤保险和生育保险。而发展比较快、制度相对比较完善的是前三项保险制度。社会保险制度是职工享受的社会福利，也是职工应有的权益，受到《中华人民共和国宪法》和《中华人民共和国劳动法》的保护。在中国经济转型时期，社会保险制度对保障职工的切身利益具有十分重要的作用。但同时，对于企业来说，5个保险都要求企业缴纳保险费，总体约占企业职工工资总额的30%，也是一笔不小的成本。

（二）企业福利

企业福利是指为满足职工的生活和工作需要，在工资收入之外，企业自主地向雇员本人及其家属提供的一系列福利项目，包括货币津贴、实物和服务等形式。企业福利计划种类灵活多样，主要包括收入保障计划、企业健康保健计划和其他福利计划。

1. 收入保障计划

收入保障计划，一般包括职业年金计划、住房贷款利息给付计划和住房补贴等，是旨在提高职工的现期收入或未来收入水平的福利计划。

（1）职业年金计划。职业年金计划是企业或行业自主发起的员工养老金制度。而对于企业来说，它已经成为人力资源管理战略的福利体系的一个重要组成部分，是延期支付的工资收入。企业年金一般由雇主缴费，或雇主和雇员共同缴费建立保险基金，经过长期积累和运营而成为退休雇员的补充养老金收入。国家鼓励企业开展企业年金计划，通过税收优惠政策吸引企业为职工建立补充养老金。大多数发达国家都建立了企业年金制度，甚至有一些国家通过立法，把企业年金变成了国家强制性的养老金制度。为了鼓励员工为企业长期工作，在雇员离开企业时都会取消雇员享受该项福利的权利。

（2）住房贷款利息给付计划。住房贷款利息给付计划包括住房贷款利息给付计划和住房补贴，是针对购房员工而言的，指企业根据其内部薪酬级别及职务级别来确定每个人的贷款额度，在向银行贷款的规定额度和规定年限内，贷款部分的利息由企业逐月支付，也就是说，员工的服务时间越长，所获利息给付越多。

（3）住房补贴。住房补贴则指无论员工购房与否，每月企业均按照一定的标准向员工支付一定额度的现金，作为员工住房费用的补贴。在我国实行的住房公积金制度，雇主和员工都要按照员工工资的一定比例缴纳住房公积金，计入职工的公积金账户。职工在购买住房时，可以使用公积金。

2. 企业健康保健计划

企业健康保健计划在发达国家已经成为企业的一项常见的福利措施，企业通过至少以下几种方式为员工提供健康福利计划。

（1）商业保险。美国没有全民的社会医疗保险制度，只有为老年人、残疾人和贫困人口建立的医疗照顾和医疗救助制度。一般大企业和政府部门都会为本单位员工选择一项健康保险计划，即参加由雇主和雇员共同缴纳保险费的商业医疗保险。

（2）加入健康保险组织。为了控制医疗费用的快速增长，美国在20世纪80年代出现了一种新型的医疗保险机构，比较知名的组织如"健康维持组织"，它是将医疗保险机构和医院的职能合二为一。它开办自己的合同医院和招收医师，直接为参保人提供医疗服务。参加者采用会员制的办法，定期缴纳一定的会费，患者就诊只能到指定的医院，不能随便选择医生和医院（急诊除外）。

（3）加入"选择服务者组织"。这是一种新兴的医疗保险组织，就服务收费与医院或医生进行谈判和讨价还价，最终选择同意降低收费价格，并愿意同接受监督的医院或医生签订合同。

（4）参加某个项目的保险，如牙科保险和视力保险。通常这两个项目自付医疗费用开支。因此，投保这两个保险，能减轻雇员的就医负担。

（5）雇员援助计划。这是一种治疗性福利措施，是针对员工酗酒、赌博、吸毒、家庭暴力或其他疾病造成的心理压抑等问题提供咨询和帮助的服务计划。该计划实施有以下三种形式：一是由内部工作人员在本企业进行的援助活动；二是公司通过与其他专业机构签订合同来提供服务；三是多个公司集中起来，共同制定一介援助计划。

（6）员工咨询计划。类似于员工援助计划。雇主从一个组织中为其雇员购买咨询时间，可由雇员匿名使用。在那里可以得到的服务范围包括：夫妇和家庭冲突问题的解决、瘾的戒除、丧亲之痛的缓解、职业生涯咨询、再就业咨询、法律咨询及退休咨询等。其中再就业帮助计划是为下岗和被解雇了的雇员提供技术和精神支持，帮助雇员寻找新的工作，其具体服务包括：职业评估、求职方法培训、简历和求职信的写作、面试技巧及基本技能的培训等。所有这些服务是作为雇员福利来提供的，目的是使雇员在她或他个人家庭生活出现问题时，可以将工作表现保持在一个可接受的水平上。

（7）培训福利计划。这是通过一定的教育或培训手段提高员工素质和能力的福利计划，分为内部援助计划和外部援助计划。前者主要是在企业内部进行培训，开设一些大学课程，如MBA课程，并聘请大学教授、大公司经营管理的专家来企业讲课。甚至有能力的企业自己开办大学，如华为公司就是自己办大学培训员工的。后者指社会上的培训机构，如大学或其他培训组织接受培训的员工的学费给予适当补偿的福利。现在培训福利越来越受到企业的重视和员工的欢迎。世界著名企业IBM的高层领导曾经在本企业做过一个调查，让员工在"有限的钱物"和"培训"这两种"福利待遇"中选择一种，结果98%的员工选择了培训。

（8）家庭援助计划。家庭援助计划是企业向雇员提供的照顾家庭成员的福利，主要是照顾老人和儿童。由于老龄化和双职工、单亲家庭的增加，员工照顾年迈父母和年幼子女的负担加重了。因此，为了保障员工安心工作，企业向员工提供家庭援助福利，主要有老年照顾服务和儿童看护服务。

企业提供的老年照顾福利包括：第一，弹性工作时间和请假制度。弹性工作时间是允许员工根据需要调整自己的上班时间和天数，如每天工作10~12小时，这样就可以每周多出1天到1天半时间用于照顾家庭。请假制度是允许雇员在上班时间请假去照顾亲属或处理突发紧急事件。此外，有些企业还允许雇员延长法定福利规定的请事假时间。第二，向雇员提供老人照顾方面的信息，推荐老人护理中心等。第三，公司对有老人住养老机构的员工进行经济补偿，或资助老年人照顾中心等。

儿童看护计划与老年人照顾计划类似，除了弹性工作时间和请假制度及信息服务外，有些企业还提供日托（Day care）服务。一种形式是资助儿童进社区托儿所，或为雇人看护儿童的员工提供补贴；另一种情况是企业自办托儿所看护儿童。多项调查都表明，提供老年人照顾和儿童看护服务的企业，员工的缺勤现象大大减少，劳动生产率也有一定程度的提高。据报道，在中国微软全球技术中心，有专门部门——行政部——负责料理员工的生活事物，承担"保姆"的职责。他们的工作包括：帮员工缴水电费、接外地来的亲戚、找房、租房、为信用卡充值、房屋按揭月缴款、私人物件快递等。只要是能叫人代办的私事，微软员工都可以请行政部安排人员去办。实行这项福利的目的，就是尽量减少员工不必要的麻烦，让他们更好地工作和休息。

3. 其他福利计划

除了上述福利计划外，企业还为员工提供交通服务、健康服务、旅游服务和餐饮服务等福利项目。一些雇主为雇员上下班提供交通费补贴，如公交汽车、地铁和火车的优惠票，还有的雇主提供上下班的班车接送服务。在不少企业，雇主为雇员提供健身房和各种健身器械，还为员工举办健康教育讲座，目的是改善和维持雇员身体和心理健康。组织员工春秋两个季节出外旅游，或为员工提供旅游假期并报销旅游费用。此外，企业还为员工提供餐饮服务，在公司内部建立的食堂，一般是非盈利性的，以低于成本的价格为雇员服务，有些食堂甚至是免费就餐的。对于没有食堂的公司，往往也会统一安排员工的工作餐，比如通过外卖的方式定购。提供饮水或自动售货机服务就更加普通了。以上所述的福利计划都属于全员性的福利计划,即所有员工都可以平等享受的福利。事实上,企业还有为不同职位和不同需求的员工提供的特种福利和特困福利。前者是指针对企业中的高级人才设计的,如高层经营管理人员或具有专门技能的高级专业人员等,这种福利的依据实际上是贡献率,是对这类人员的特殊贡献的回报。常见的特种福利有:高档轿车服务、出差时飞机、星级宾馆待遇服务、以及股票优惠购买权、高级住宅津贴等。特困福利是针对特别困难的员工及其家庭提供的,如工伤残疾、重病员工的生活补助等,主要以员工的需要为基础进行分配。

上述福利计划都可以归纳为固定福利的范畴,即企业所设定的,无论员工愿意与否都要参与和接受的项目。从传统上而言,以往的福利基本上都属于这种固定性的福利。员工一般不具有选择权,处于比较被动的接收者地位。但自20世纪70年代以来,弹性福利计划逐渐兴起,已使情况有所改善。目前,固定不变的项目主要是一些法定项目,如基本的社会保险和休假制度等。而弹性福利,即由企业所提供的,允许员工在规定的时间和现金范围内根据自己的需要自愿进行选择和调整的福利项目。在这些项目上,员工的自主权扩大,员工可以根据自己的生活变化而调整其所享受的福利待遇,如员工可以放弃企业所提供的汽车保险,而用这部分福利来抵消自己参加自我增值培训的支出。

第二节 员工福利管理

一、员工福利管理原则

作为薪酬管理的重要组成部分,员工福利管理同样应当遵循相应的原则。

1. 平等性

员工福利管理的平等性包括两个方面的含义:一是强调所有员工都应享有员工福利;二是所有员工享受的员工福利水平应差别不大,即使有差别也在很小的范围内。平等性主要强调的是员工拥有同样的权利,接受同样的管理方式和模式,不会因等级的差别和所在部门的差异有太大的区别。强调员工福利的平等性,也是有别于工资或奖金管理的地方。

2. 激励性

员工福利管理的平等性与员工福利管理的激励性并不矛盾。通过设置符合员工需要的福利项目、改进员工福利管理的方式方法、改善员工福利的效果及增加员工对福利的满意度等,一样可以达到激励员工的效果。因此,员工福利管理过程中,要重视和强化管理的激励功能。

3. 经济性

企业作为一个经济组织，追求利润最大化是其根本目标，应该每分钱都花在"刀刃"上，企业在强调竞争力和激励性的同时也要重视经济性，而尽量降低员工福利的管理成本，提高管理效率则是经济性原则在员工福利管理中的具体体现。

4. 透明性

员工福利具有福利性和普遍性的特点，它同工资奖金一样虽同属于薪酬系统，但又有所区别。区别之一就是它们的机密程度不同，许多企业将工资奖金列为商业秘密范畴，而对员工福利都一致采取透明化的原则。这样设置一是为了让员工全面了解福利体系，以便从中获益；二是为了更大范围的听取员工的意见，以改进员工福利的管理工作。

5. 先进性

先进性是对员工福利管理的方法和手段的技术要求，是指员工福利管理的方法和手段应使用科学技术的最新成果，体现时代特征，及时更新管理方法和手段，尽可能提高员工福利的管理效率。

6. 动态性

为了更好地实现福利目标，以适应现实经济环境的变化，必须实施员工福利的动态管理，尤其是适应劳动力结构及员工生活方式的变化等。员工福利管理的动态性一方面体现在员工福利计划必须是动态的。从广义上讲，劳动者年龄和性别会对员工所希望得到的福利类型有非常重要的影响。比如一支年龄偏大的员工队伍可能会对医疗保险覆盖范围、人寿保险及养老金等福利更关注；而对年轻的未婚员工而言，则对上述的福利项目不感兴趣，他们期望的是更高的工资和奖金。同时，员工的福利需求决定了某些福利项目的设置。反过来，福利项目及组合也对员工队伍的构成产生重要影响。如果某企业实现了非常有利的医疗保健福利，那么就会吸引和保留一些本身具有较高保健成本的人。因此，企业需要考虑福利组合所发出的信号是什么，以及这种信号对于劳动力队伍的构成会产生一种怎样的潜在影响，以便有效实施福利的动态管理。员工福利管理的动态性另一方面体现在管理理念、方法和手段的创新性、时代性和现代化方面，要在了解最新管理理念的基础上，结合具体情况灵活使用，并最大限度地享受科学技术进步带来的成果，提高管理效率。

二、员工福利计划的设计流程

员工福利属于激励因素中的保健因素，所以它的目的是让员工认识到他们正在享受企业为他们提供的福利。为此，各企业都根据自身的实际情况开发了员工福利

计划。企业员工福利计划的直接目的就是扩展薪酬计划以实现吸引、维持和激励员工并提高员工的工作积极性。员工福利计划的设计流程如下。

(一) 准备工作

不论什么企业在设计员工福利计划时，都应考虑以下几个问题：企业的宗旨、文化；企业的经营目标；员工队伍的性质，包括总人数、性别结构、年龄结构；福利计划的短期和长期成本。企业在制定福利计划前，必须围绕以上问题做一些必要的准备工作。其中最重要的是员工福利调查工作。首先企业要对员工队伍状况有大体了解，内容包括年龄结构、性别结构、文化结构等，因为不同的员工群体有不同的福利偏好。例如，年龄偏大的员工会对补充养老保险、补充医疗保险等福利项目十分关注；而年轻的员工关心的是带薪假期、住房补贴等。再如，结了婚但没有孩子的员工会对住房补贴感兴趣；而结了婚有小孩的员工会对孩子的入托费用、子女教育费用等福利更为关注。企业在制定福利计划时，要充分了解不同类型的员工在员工总人数中的比例，然后再考虑基于这些因素应该设计什么样的福利计划。尽管可以根据员工队伍的结构性质获得诸如以上的福利信息，但是它们都是大体上的、粗略的、浅层面的信息，还需要对员工的福利偏好有更详细的把握。而十分有效的路径就是在设计福利计划前对员工进行具体的福利调查。比如，企业可以通过个人访谈法、目标群体法、问卷法等询问员工一些诸如此类的问题：你最感兴趣的福利项目是什么？你认为哪一种福利项目对你最需要？你对企业现在的福利计划（福利制度）满意吗？有什么样的具体建议？通过收集、总结员工对以上问题的回答，企业可以对内部员工的福利态度及偏好有更深一步的了解，有助于企业将福利计划的内容、结构设计得更为合理。

企业还要对竞争对手的福利计划进行调查与了解。因为竞争对手大都是本行业的企业，在经营目的、竞争策略、员工队伍结构特征等方面，它们有着很大的相似性。如果竞争对手因某种福利项目的实施而取得了相对于本企业的竞争优势，势必会影响本企业生产经营目标的实现。所以，对竞争对手的福利计划的了解，对本企业有着直接的现实意义。需要注意的是，企业在根据企业员工队伍特征建立了企业员工福利计划以后，福利计划的实施又会对企业员工队伍的构成产生影响。如果一种福利计划中补充养老保险占很大比重，它会吸引企业外部年龄较大的员工加入企业，从而使企业员工队伍的年龄结构有增大的趋势；再如，某公司实行了有利的医疗保健福利，那么它会吸引和保留那些本身具有较高保健成本的员工；而如果某公司和某美容院联手，推出一种每月向公司员工免费提供价值若干元的美容卡的福利项目，那么它可能（或肯定）会吸引一部分年轻女性员工。在这些影响的基础上，员工就会有一定的流动，企业员工队伍构成会有一些变动。所以，企业在制定福利计划时，需要考虑其福利计划或计划的某个福利项目的实施对员工队伍的影响，并通过实施，及时发现、解决问题。

（二）沟通工作

沟通工作的根本目的是改进福利计划的投资回报率，它贯穿于福利计划工作甚至是整个人力资源工作的始终。沟通的方式多种多样，企业可以根据不同福利计划的性质、计划的不同阶段而采取不同的沟通方式。在计划的设计阶段，为了使员工对各个福利项目有更多了解，可以采取诸如福利培训、员工会议、福利宣传手册等方式；在计划实施的过程中，为了解员工对计划的满意程度，可以采用调查问卷法来获得反馈信息。研究表明，企业员工对于企业提供的大多数福利项目缺乏必要了解，所以，企业可以采取以上措施来弥补员工的福利知识。常见的员工福利的沟通方式有：采用板报的方式对于法律规定的福利项目进行宣讲，介绍其基本特点；利用企业报纸、刊物刊登一些关于福利的文章或专栏；以员工信件的方式（尤其是以电子邮件的方式）介绍企业福利计划的情况；在企业员工会议上讨论福利计划的实施和改进；定期或不定期地在企业的休息室或公共场所举办福利展示，宣传福利计划；以企业年报的形式对福利计划的实施进行公布等。

三、员工福利成本的控制

（一）员工福利成本的内容

员工福利成本包括两部分，一是与各项福利项目有关的直接费用，如保险金、带薪假期、各种补贴、养老金、教育费用报销等；另一部分是与各种福利项目有关的支持费用，包括福利工作人员的工资、设施设备费用、场地租赁的费用等。

（二）员工福利成本控制的因素

一个企业在考虑控制员工福利成本时，主要考虑以下几个因素：福利项目成本的增长率越高、成本越大，其节约成本的空间就越大；当企业有较大的自由度去设立某些福利时，可能会给企业带来较大成本；而项目越多时，控制福利成本的工作才会有较大的作用。对于大多数企业而言，国家法定的一些福利项目，如各种社会保险项目等，在一定程度上限制了企业控制福利成本的力度，但企业还可以采取一些灵活措施来降低这方面的费用成本。比如，企业的医疗保险付费逐渐成为企业福利成本控制的重点，其原因就是成本较大、成本的增长率较高，而且企业可以找到一些办法来降低这些福利的成本，比如前述员工健康保健计划就是其中较为成功的一种途径。

(三) 员工福利成本控制方法

福利成本的控制贯穿于福利计划实施的全过程。常见的福利成本控制方法有以下内容。

1. 在计划的设计过程中，向员工引入费用分担制

比如，在企业自行主办的各种补充保险中，可以让员工分担一部分缴费，即将一些原来免费的福利项目改为员工适当缴费，这样可以降低一些福利项目的成本。但是员工缴费的水平要适当，避免引起员工的抵触情绪。在较大的福利项目内适当地组合一些小的福利项目以形成小型的弹性福利计划。例如，在医疗保健福利中给出几种可供选择的医疗保健计划，满足不同类型员工的需要，以保证在个人需求基础上的最佳的医疗保健与费用比例。如果这种弹性福利计划是建立在历史经验基础上，那么它的成本较为稳定，有助于降低福利费用支出。

2. 将一些传统的福利项目进行变通，并与其他项目进行结合以降低成本

有的企业在补充医疗保险制度中规定，如果员工在一定的时期内不生病就会得到某种奖励，但是，奖励的货币金额不要太多，可以是印有企业标志的文化衫等象征性的物品奖励，也可以是企业主办的集体旅游等。也有一些企业将所有的休假、病假统筹考虑，限定一个总天数，如果在一定时期内（通常是年）员工的休假期不超过限定的总天数，员工就会得到某种奖励或另一种形式的福利项目，这样也有助于节约福利成本，而且增加了福利计划的灵活性，充分满足了不同类型员工的需要。

3. 在福利计划的管理上进行"分开处理"的原则

对于双职工家庭的员工来说，企业只处理本企业员工福利计划的支付部分，员工配偶的各种福利费用支出由员工配偶所在单位承担。

4. 开发一些福利项目或重新设计福利计划

有的企业在处理福利成本的问题时，目光不限于已有的福利项目，而是根据福利内容及其特点新开发出一些福利项目，并且重新组合、设计福利计划。员工健康保健计划就是其中之一。

在降低福利开支方面，企业还应根据最新科技的发展更新自己的福利策略，比如将福利计划的设计、制定与实施网络化结合起来，推出员工网上福利控制等。

第三节 "自助餐式"福利制度

一、"自助餐式"福利的内涵

"自助餐式"福利是对弹性福利制度的形象称谓，因为员工可以从公司所提供的各种福利项目的菜单中自由选择其所需要的福利，就跟吃自助餐一样。因此，"自助餐式"福利制度指组织提供一份福利菜单，福利菜单的内容由每一位员工选择，在一定的金额限制内，员工依照自己的需求和偏好可自由选择、组合，其中包含现金及指定福利在内的两项或两项以上的福利项目。因为每个人的具体情况不同，需要的福利也不同。例如，有的员工可能需要住房，有的关心医疗费用问题，有的担心长期就业问题。"自助餐式"福利制度是由公司根据每个员工的薪水层次设立相应金额的福利账户，每一时期拨入一定金额，列出各种可能的福利选项供员工选择，直至福利金额用完为止。

二、"自助餐式"福利的类型

由于企业经营环境的多样化和企业内部的特殊性，"自助餐式"福利制在实际的操作过程中逐渐演化为以下几种类型。

1. 附加型弹性福利计划

这是一种最普遍的弹性福利制，是在现有的福利计划之外，再提供其他不同的福利措施或扩大原有福利项目的水准，让员工去选择。例如，某家公司原先的福利计划包括房租津贴、交通补助费、意外险、带薪休假等，如果该公司实施此类型的弹性福利制，它可以将现有的福利项目及其给付水准全部保留当作核心福利，然后再根据员工的需求，额外提供不同的福利措施，如国外休假补助、人寿保险等，但通常都会标上一个"金额"作为"售价"。每一个员工都可以根据自己的工资水平、工龄、职位高低等因素，得到数目不等的福利限额，员工再以这个限额去认购所需要的额外福利。有些公司还规定，如果员工没有用完自己的限额，余额可以支付现金，不过现金部分于年底时必须合并其他所得课税；如果员工购买的额外福利超过限额，其超过的限额必须在自己的税前薪资中扣除。附加型的弹性福利计划的优点是，除了维持现行福利制之外，还提供额外福利，因此可增加员工的选择范围，进而满足员工需求。不过，因为组织所提供的福利计划较多导致行政作业繁杂，因而

成本将增加。

2. "核心+选择型"的弹性福利计划

该计划由"核心福利"和"弹性选择福利"所组成。"核心福利"是每个员工都可以享有的基本福利，不能自由选择，可以随意选择的福利项目则全部放在"弹性选择福利"之中，这部分福利项目都附有价格，可以让员工选购。核心加选择型弹性福利计划和附加型的弹性福利计划最大的不同在于核心福利部分。后者的核心福利完全取自原有的福利项目，附加的选择福利项目则是新增的。而前者等于是重新设计一套福利制度，如果公司早就有员工福利制度的话，那么旧有的福利项目将全部被检讨调整，决定存废增减及被放在核心福利或弹性选择福利的范围之内。

3. 弹性支用账户

员工每一年可从其税前总收入中拨取一定数额的款项作为自己的"支用账户"，并以此账户去选择购买雇主所提供的各种福利措施。拨入支用账户的金额不需扣缴所得税，不过账户中的金额如未能于年度内用完，余额就归公司所有；既不可在下一个年度中并用，亦不能够以现金的方式发放。各种福利项目的认购款项如经确定就不能留用。此制度的优点是福利账户的钱免缴税，相对地增加净收入，对员工极有吸引力。不过其缺点是行政手续较为烦琐，每一个员工的支用账户必须随时登入资料，以保持其正确性。

4. 福利套餐型计划

这是一种由企业同时推出不同的"福利组合"，每一个组合所包含的福利项目或优惠水准都不一样，员工只能选择其中一个"组合"的弹性福利制。在规划此种弹性福利制时，企业可依据员工群体的背景（如婚姻状况、年龄、有无眷属、住宅需求等）来设计。此制度的优点是行政作业比较简单，缺点为选择弹性较小。

5. 选高择低型计划

该福利计划一般会提供几种项目不等、程度不一的"福利组合"给员工做选择，以组织现有的固定福利计划为基础，再据以规划数种不同的福利组合。这些组合的价值和原有的固定福利相比，有的高，有的低。此一类型的弹性福利，员工至少有三种选择：第一，所选择的福利范围较大，需从员工薪资中扣除一定的金额来补足；第二，所选择的范围和价值相当于原有的固定福利措施；第三，所选择的福利价值较低，但可获得现金补助的差额，唯该项现金补助必须纳税。很明显，选高择低弹性福利计划与套餐式弹性福利计划相比，前者对员工较为有利，不过人力资源部门的行政作业程序将大为增加。

三、"自助餐式"福利制度的设计原则

"自助餐式"福利制度的设计一般应遵循以下规则。

1. 物质和非物质的统一

"自助餐式"福利因其提供的受益项目是可选性的,而组织成员的需要也是形式各异和不断变化的,所以在福利项目的设置时,要做到物质与非物质的搭配,经济手段与非经济手段的结合。

2. 个人需要与组织目标的统一

个人需要是多种多样,也是变化多端的,但企业在"自助餐式"福利制度的设计中要考虑到组织目标的导向、组织文化、社会生活习俗的要求,并根据员工们的需求而进行调整,最终达到组织目标的实现和组织成员需要相统一的双赢局面。

3. 公平与效率的统一

根据福利制度的内在特征,组织福利制度是建立在基本薪酬和绩效薪酬之上的间接性薪酬,其更倾向于组织内的公平性或至少在组织的某个层次上的公平,但组织的任何制度都离不开实现组织目标和满足组织成员需要两方面的要求。在"自助餐式"福利制度的设计过程中,组织目标的实现和成员之间的分配都离不开以效率作为标准,因此它内在地包含了公平和效率的统一。

4. 保障与激励的统一

在福利项目的设计中,首先要保证对组织成员的保障作用和功能,而同时在这个服务体系中还要形成层次分离,做到在保障的基础上能有效地激励组织成员和团队绩效,实现保障与激励的结合。

四、"自助餐式"福利制度的设计步骤

使福利计划的设计更加切合员工的个体需要,从而更好地发挥其激励与保障功能,这是引入弹性福利计划的根本目的。为此,企业在设计弹性福利计划时,一般可以参考以下步骤。

第一,系统清点企业目前所拥有的所有法定的和自行设计福利项目。

第二,查明自行设立的福利项目及这些福利是否与企业文化、企业宗旨、生产经营目的相冲突。

第三,对向员工个人和员工整体按规定提供和自行设立的福利项目进行精确的年度预算。包括绝对数值和所占的百分比(如占工资总额、销售额、赢利和行业平均数的比例)。

第四,定期开展企业内部的福利调查。为了克服项目设计与员工需求脱节的问题,企业必须了解员工对各种福利项目的重要性和满意程度的意见和建议,从而规划出多数员工认为最需要和最合理的福利,企业不应当提供已经过时的或只有少数人选择的福利项目。

第五，定期将本企业的福利政策与工会和其他行业协会政策及人力资源市场上存在竞争关系的公司政策（依据相关的薪酬和福利调查）进行比较。

第六，根据内外部报酬福利调查的结果，并结合企业实际情况对福利计划进行适当调整、改进与完善。

第七，为保证福利政策和实践的统一，必须将其整体计划编写到员工手册中。

五、"自助餐式"福利制度的优缺点

对企业而言，采用"自助餐式"福利制度有一定的益处，但是也有一定的弊端，并不是每一个企业都能适用，应根据企业自身的特点灵活运用。因此，每个公司都应当认真检查其福利制度的激励作用，从正面和负面加以分析。

1. "自助餐式"福利制度的优点

"自助餐式"福利制度的优点在于以下几点。

（1）便于控制福利成本，易于编列公司年度福利预算。

（2）提升企业形象与公司竞争力。

（3）调整公司人力结构并减低福利规划人员的心理负担。

（4）作为激励制度的新方法，使企业福利资源达到最有效地运用。

（5）满足员工个人福利需求，增进员工对福利制度的了解，提升员工的工作满足感。

2. "自助餐式"福利制度的缺点

"自助餐式"福利制度的缺点有以下几点。

（1）一系列的员工福利需求分析、调查、物品的采购、保管等，给公司人力资源部门带来新的工作任务，加大管理工作的复杂性。这一不足主要是在福利计划实施初期，可通过管理人员的经验积累来弥补。

（2）员工可能为了实现福利金额最大化而选择自己不要的福利项目，即"逆向选择"。这可以通过完善福利点兑换机制来弥补。

（3）员工自由进行选择可能会造成福利项目实施不统一，这样会减少统一福利模式所具有的规模效应。

福利在传统上已被视为报酬中的重要元素，在雇主的观点上，金钱的给付就是赋予员工的实质成本，但员工的观点则是得到更多的金钱酬劳或更多非金钱的福利。"自助餐式"福利制度是一个比较新的观念，在国外实施的企业越来越多，可证明这是一个既被资方喜爱亦受劳方欢迎的制度。一位希望塑造更好的企业文化的雇主，必须同时注重福利与报酬。企业组织必须顺应时代的潮流，从一个全新的角度正视和思索员工福利的问题。

"自助餐式"福利计划是一种"基于业绩和能力的动态福利计划",它要求员工要为其获得的一切付出努力。这样既能提高员工的工作积极性,也能重新发挥福利制度激励功能。通过对相关激励理论的分析,可将"自助餐式"福利计划的设计原则归纳为:竞争、经济、公平和合法原则。在实践中,管理者应该根据企业的具体情况选择适合企业发展的福利制度,并对福利制度进行动态调整,使其成为企业的核心竞争力。

本章小结

员工福利是员工的间接报酬,指在相对稳定的货币工资以外,企业依法或依社会发展要求支付给员工的辅助性货币、实物或服务。员工福利具有交叉性、多样性、强制性和制度化等特征。员工福利管理是近几十年才引起社会各界关注的话题,它同样要求在管理中体现公平、激励、动态和先进性原则,并要求在具体的管理中有计划、有步骤、可控制地实现科学、有效而又低成本的员工福利管理。当前最受业界推崇的福利管理制度是"自助餐式"福利制度,这种制度的内涵、特点、优缺点和设计都有着自己独特的个性。

思考题:

1. 简述员工福利和员工福利管理的内涵。
2. 简述法定福利和社会福利的主要内容。
3. 简述员工福利管理的计划与控制的关系。
4. 试述"自助餐式"福利制度的主要内容。
5. 简要设计一份"自助餐式"福利计划方案。

参考文献

[1] 李特尔. 福利经济学评述［M］. 陈彪如，译. 北京：商务印书馆，1965.

[2] 郝万禄，刘智勇. 简明西方经济学词典［M］. 北京：中国国际广播出版社，1990.

[3] 张有仁，李克纲. 社会主义经济理论发展史［M］. 北京：北京大学出版社，1991.

[4] 洪远朋，王克忠. 经济理论的轨迹［M］. 沈阳：辽宁人民出版社，1992.

[5] 王垒. 组织管理心理学［M］. 北京：北京大学出版社，1993.

[6] 奥斯特，夏莱特. 雇佣合同［M］. 王南，译. 北京：中国对外翻译出版社，1995.

[7] 顾海良. 在马克思经济学道路上［M］. 保定：河北大学出版社，1997.

[8] 甘兆炯. 现代企业劳动合同制度运作实务［M］. 广州：广东旅游出版社，1997.

[9] 王全兴. 劳动法［M］. 北京：法律出版社，1997.

[10] 王学力. 工资与工资争议［M］. 北京：人民法院出版社，1997.

[11] 栾立冰. 劳动者权益保护丛书：女工［M］. 北京：法律出版社，1999.

[12] 李新建. 企业雇员薪酬福利［M］. 北京：经济管理出版社，1999.

[13] 孙剑平. 薪酬管理［M］. 长春：吉林人民出版社，1999.

[14] 韩伯棠. 经济管理基础［M］. 北京：清华大学出版社，2000.

[15] 时正新. 社会福利黄皮书［R］. 中国社会福利与社会进步报告，2000.

[16] 谌新民. 薪酬设计技巧［M］. 广州：广东经济出版社，2002.

[17] 李剑. 薪酬管理操作实物［M］. 郑州：河南人民出版社，2002.

[18] 刘军胜. 薪酬管理实务手册［M］. 北京：机械工业出版社，2002.

[19] 李强. 管理心理学［M］. 北京：北京工业大学出版社，2002.

[20] 刘昕. 薪酬管理［M］. 北京：中国人民大学出版社，2002.

[21] 李严锋，麦凯. 薪酬管理［M］. 大连：东北财经大学出版社，2002.

[22] 杨剑，白云. 激励导向的薪酬设计［M］. 北京：中国纺织出版社，2002.

[23] 俞文钊. 管理心理学 [M]. 3版. 大连：东北财经大学出版社，2002.

[24] 马尔托奇奥. 战略薪酬 [M]. 周眉，译. 北京：社会科学文献出版社，2002.

[25] 刘昕. 薪酬管理 [M]. 北京：对外经济贸易大学出版社，2003.

[26] 李新建. 企业薪酬管理 [M]. 天津：南开大学出版社，2003.

[27] 刘英骥. 世界著名经济学管理学理论百家评解 [M]. 北京：企业管理出版社，2003.

[28] 克劳德. 微笑管理 [M]. 戴君明，译. 天津：中国纺织出版社，2003.

[29] 唐华，王占平. 企业如何进行职位评价 [J]. 人才瞭望，2003（9）：22.

[30] 王长城. 薪酬构架原理与技术 [M]. 北京：中国经济出版社，2003.

[31] 王琪延. 企业人力资源管理 [M]. 北京：中国物价出版社，2003.

[32] 徐厚道. 心理学概论 [M]. 北京：北京工业大学出版社，2003.

[33] 邹海燕. 社会心理学 [M]. 长沙：湖南大学出版社，2003.

[34] 张建国. 薪酬体系设计 [M]. 北京：北京工业大学出版社，2003.

[35] 朱瑜. 企业薪资福利设计指引：学习型组织赢得竞争优势的行动方案 [M]. 广州：广东经济出版社，2003.

[36] 赵慧英，林泽炎. 组织设计与人力资源战略管理 [M]. 广州：广东经济出版社，2003.

[37] 陈维政，余凯成，程文文. 人力资源开发与管理高级教程 [M]. 北京：高等教育出版社，2004.

[38] 仇雨临. 员工福利管理 [M]. 上海：复旦大学出版社，2004.

[39] 盖勇，马恩. 薪酬管理 [M]. 济南：山东人民出版社，2004.

[40] 孙宗虎. 薪资管理 [M]. 北京：中国言实出版社，2004.

[41] 王玺，王东旭，仇丽娜. 最新职位分析与职位评价实务——人力资源管理的得力助手 [M]. 北京：中国纺织出版社，2004.

[42] 文跃然. 薪酬管理原理 [M]. 上海：复旦大学出版社，2004.

[43] 晓光，宁川. 新管理现代经理人不可不知的管理新知识 [M]. 北京：中国纺织出版社，2004.

[44] 杨林. 人力资源开发与管理 [M]. 北京：科学出版社，2004.

[45] 周文霞. 管理中的激励 [M]. 北京：企业管理出版社，2004.

[46] 格哈特，瑞纳什. 薪酬管理——理论、证据与意义 [M]. 朱舟，译. 上海：上海财经大学出版社，2005.

[47] 陈树文. 组织管理学 [M]. 大连：大连理工大学出版社，2005.

[48] 杜晓力，屠庆忠，邵明华. 职位评价及其运用 [J]. 农业发展与金融，2005

(11)：65-68.

[49] 冯宪. 薪酬管理［M］. 杭州：浙江大学出版社，2005.

[50] 克尔. 薪酬与激励［M］. 边婧，钱晓强，张烨，译. 北京：机械工业出版社，2005.

[51] 龚大来. 公共部门人力资源开发与管理［M］. 北京：经济出版社，2005.

[52] 刘李豫，肖鸣政. 企业工作评价中的常见问题及其解决方法［J］. 中国人力资源开发，2005（6）：26-28.

[53] 刘胜军. 薪酬管理实务手册［M］. 北京：机械工业出版社，2005.

[54] 米尔科维奇，纽曼. 薪酬管理［M］. 董克用，译. 北京：中国人民大学出版社，2005.

[55] 孙柏瑛，祁光华. 公共部门人力资源开发与管理［M］. 北京：中国人民大学出版社，2004.

[56] 孙金利. 薪酬管理［M］. 天津：天津教育出版社，2005.

[57] 苏列英. 薪酬管理［M］. 西安：西安交通大学出版社，2005.

[58] 王长城，姚裕群. 薪酬制度与管理［M］. 北京：高等教育出版社，2005.

[59] 姚裕群. 人力资源开发与管理概论［J］. 2版. 北京：高等教育出版社，2005.

[60] 张银龙. 马克思按劳分配理论在当代我国的运用和发展［J］. 河南城建学院学报，2005（7）.

[61] 李贵强. 员工薪酬福利管理［M］. 北京：电子工业出版社，2006.

[62] 李新建. 企业薪酬管理概论［M］. 北京：中国人民大学出版社，2006.

[63] 金萍. 薪酬管理［M］. 大连：东北财经大学出版社，2006.

[64] 于飞. 我国民营企业薪酬管理存在的问题及对策［J］. 经济纵横，2006（10）：47-50.

[65] 尹隆森，孙宗虎. 岗位评价与薪酬体系设计实务［M］. 北京：人民邮电出版社，2006.

[66] 周斌. 现代薪酬管理［M］. 成都：西南财经大学出版社，2006.

[67] 赵永乐. 工作分析与设计［M］. 上海：上海交通大学出版社，2006。

[68] 泰勒. 科学管理原理［M］. 居励，胡苏云，译. 成都：四川人民出版社，2017.

[69] 方振邦，邹定国. 人力资源管理［M］. 北京：人民邮电出版社，2017.

[70] 罗明亮. 组织行为学［M］. 3版. 南京：南京大学出版社，2017.

[71] 张颖. 互联网企业薪酬管理［M］. 北京：人民邮电出版社，2017.

[72] 程德俊. 高绩效组织中的社会资本及其人力资源实践创新［M］. 南京：南京

大学出版社，2018.

［73］冯喜良，张建国，詹婧，等. 灵活用工［M］. 北京：中国人民大学出版社，2018.

［74］李刚. 浅谈闭环管理与 HR 创新［M］. 武汉：武汉大学出版社，2018.

［75］杨狄. 职业经理人制度的引入［M］. 北京：中国政法大学出版社，2018.

［76］程德俊. 组织中地位竞争与领导方式变革［M］. 南京：南京大学出版社，2019.

［77］丁守海. 人力资源管理实操十一讲［M］. 北京：中国人民大学出版社，2019.

［78］李志，潘丽霞. 公共部门人力资源管理［M］. 重庆：重庆大学出版社，2019.

［79］闫培林. 人力资源管理模式的发展与创新研究［M］. 南昌：江西高校出版社，2019.

［80］赵中利，马彩凤. 人力资源管理［M］. 南京：南京大学出版社，2019.

［81］陈国海，罗国栋，刘晓琴. 薪酬管理［M］北京：清华大学出版社，2020.

［82］傅雄，金桂生. 企业价值链管理［M］. 杭州：浙江工商大学出版社，2020.

［83］黄建春，罗正业. 人力资源管理概论［M］. 重庆：重庆大学出版社，2020.

［84］任康磊. 人力资源管理实操从入门到精通［M］. 北京：人民邮电出版社，2020.

［85］郑志刚. 国企混改：理论、模式与路径［M］. 北京：中国人民大学出版社，2020.

［86］刘洪，张正堂. 薪酬管理［M］. 南京：南京大学出版社，2021.

［87］刘昕. 薪酬管理［M］. 6 版. 北京：中国人民大学出版社，2021.

［88］唐贵瑶，陈志军. 集团公司人力资源管理［M］. 北京：中国人民大学出版社，2021.

附 录

高等教育自学考试

薪酬管理
自学考试大纲

(2022年制定)

一、课程性质与设置目的要求

薪酬管理课程是人力资源管理专业（独立本科）的必修课，是人力资源管理学科的一门核心课程，强调理论性与实践性的结合。

本课程内容大体上可以分为三篇。第一篇（含第一章至第三章）系统阐述了薪酬管理的基础理论，介绍了薪酬的概念与构成、薪酬的功能与分类、薪酬管理及其基本内容；讨论了西方薪酬理论、马克思主义薪酬理论及薪酬管理的发展趋势；分析了薪酬管理的基本原则与法律制度。第二篇（含第四章至第七章）对薪酬管理工作流程进行了全面梳理。其中，第四章主要介绍了薪酬水平确定、薪酬市场调查、薪酬满意度调查等内容；第五章介绍了职位评价概述、职位评价的工作程序及职位评价主要方法等内容；第六章介绍了薪酬结构设计概述、薪酬结构基本体系设计、宽带型薪酬结构设计等内容；第七章则介绍了薪酬控制概述、薪酬控制的基本程序、薪酬支付、人工成本管理等内容。第三篇（含第八章至第十章）强调了薪酬管理的设计与应用。其中，第八章介绍了基本薪酬概述、基本薪酬的构成要素及基本薪酬的主要制度；第九章介绍了绩效薪酬概述、个人绩效薪酬制度、团队绩效薪酬制度和长期绩效激励制度；第十章介绍了员工福利概述、员工福利管理、"自助餐式"福利制度。本课程的重点内容是薪酬管理的基础理论、薪酬水平与薪酬调查、职位评价、薪酬结构设计、基本薪酬的制度设计、绩效薪酬的设计、员工福利的设计与管理。

学习本课程的主要目的是在于使学员在对薪酬管理基础理论充分理解和领会的基础上，把握薪酬管理工作流程的脉络，根据薪酬管理设计原则，对薪酬管理的各类设计方法能够加以灵活运用，从而达到理论与实践的统一和融会贯通。通过本课程的学习，一方面为学员全面掌握薪酬管理理论打下必要的基础，另一方面期望为人力资源管理工作者提供指导和参考。

鉴于课程的性质和特点，在自学过程中，学员应该理论联系实际，密切关注中外薪酬管理理论和实践的新问题、新发展，大胆创新、勇于探索，在理论与实践的循环反复中，不断提高薪酬管理的能力，进而不断提高人力资源管理理论与工作水平。

二、课程内容与考核要求
（考核知识点、考核要求）

第一篇　基础理论篇

本篇包括薪酬与薪酬管理概述、薪酬管理的理论研究与发展、薪酬管理的基本原则与法律制度等三章内容。

第一章　薪酬与薪酬管理概述

一、学习目的与要求

通过本章学习，着重掌握：薪酬的概念与构成、薪酬的功能与分类、薪酬管理及其基本内容。

二、课程内容

第一节　薪酬的概念与构成

（一）薪酬概念的发展历史
（二）薪酬的概念和本质
（三）薪酬的构成和影响因素

第二节　薪酬的功能与分类

（一）薪酬的功能，薪酬之于政府、企业、雇员的不同功能和意义
（二）薪酬的分类

第三节　薪酬管理及其基本内容

（一）薪酬管理的发展历史
（二）薪酬管理的内涵及基本内容
（三）薪酬管理的过程及影响因素
（四）我国薪酬管理存在的问题及薪酬管理展望

三、考核知识点

（一）薪酬的概念与构成
（二）薪酬的功能与分类
（三）薪酬管理及其基本内容

四、考核要求

（一）薪酬的概念与构成
识记：薪酬的概念
理解：①薪酬的本质；②薪酬的构成；③薪酬的影响因素
（二）薪酬的功能与分类
识记：薪酬的功能
理解：薪酬的分类
（三）薪酬管理及其基本内容
识记：薪酬管理的内涵
理解：薪酬管理的基本内容
简单应用：结合实际说明薪酬管理的影响因素
综合运用：结合实际说明薪酬管理的过程

第二章　薪酬管理的理论研究与发展

一、学习目的与要求

通过本章学习，着重掌握：西方薪酬理论、马克思主义薪酬理论、薪酬管理理论的新发展

二、课程内容

第一节　西方薪酬理论概述

（一）西方薪酬理论的经济学研究，包括相关经济学理论及研究成果
（二）西方薪酬理论的管理学研究，包括相关管理学理论及研究成果
（三）西方薪酬理论存在的问题

第二节　马克思主义薪酬理论

（一）传统的马克思主义工资理论

（二）社会主义按劳分配理论

（三）我国社会主义薪酬理论的新发展

第三节　薪酬管理的发展趋势

（一）当代薪酬管理的研究主题

（二）未来薪酬管理理论的发展趋势

三、考核知识点

（一）西方薪酬理论概述

（二）马克思主义薪酬理论

（三）薪酬管理的发展趋势

四、考核要求

（一）西方薪酬理论

理解：①西方薪酬理论的经济学研究；②西方薪酬理论的管理学研究

综合运用：通过对西方薪酬理论的经济学、管理学研究主体的学习，系统说明西方薪酬理论存在的问题。

（二）马克思主义薪酬理论

识记：传统的马克思主义工资理论

理解：①社会主义按劳分配理论；②我国社会主义薪酬理论的新发展

（三）薪酬管理的发展趋势

理解：当代薪酬管理的研究主题

简单应用：未来薪酬管理理论的发展趋势

第三章　薪酬管理的基本原则与法律制度

一、学习目的与要求

通过本章学习，着重掌握：薪酬管理的基本原则及薪酬管理的法律制度。

二、课程内容

第一节　薪酬管理的基本原则

（一）公平性原则

（二）竞争性原则

（三）合法性原则

（四）激励性原则

（五）补偿性原则

（六）透明性原则

（七）经济性原则

第二节 薪酬管理的法律制度

（一）劳动工资立法，主要涵盖最低工资保障、工资支付保障、工时法、劳动保障法等

（二）劳动合同制度

（三）工资集体协商制度

（四）工资指导线制度

三、考核知识点

（一）薪酬管理的基本原则

（二）薪酬管理的法律制度

四、考核要求

（一）薪酬管理的基本原则

理解：①公平性原则；②竞争性原则；③合法性原则；④激励性原则；⑤补偿性原则；⑥透明性原则；⑦经济性原则

（二）薪酬管理的法律制度

理解：①劳动工资立法；②劳动合同制度；③工资集体协商制度；④工资指导线制度

第二篇 工作流程篇

本篇包括薪酬水平与薪酬调查，职位评价，薪酬结构设计，薪酬控制、薪酬支付与人工成本管理等四章内容。

第四章　薪酬水平与薪酬调查

一、学习目的与要求

通过本章学习，着重掌握：薪酬水平确定、薪酬市场调查以及薪酬满意度调查。

二、课程内容

第一节　薪酬水平确定

（一）薪酬水平的含义。薪酬水平是薪酬体系的重要组成部分

（二）影响薪酬水平的因素。影响薪酬水平的因素可以从内部、外部区分

（三）薪酬水平策略

第二节　薪酬市场调查

（一）薪酬市场调查的含义与功能。薪酬市场调查具备的五大功能

（二）薪酬市场调查的内容

（三）薪酬市场调查的工作程序

第三节　薪酬满意度调查

（一）薪酬满意度调查的含义

（二）薪酬满意度调查的功能

（三）薪酬满意度调查的设计

三、考核知识点

（一）薪酬水平确定

（二）薪酬市场调查

（三）薪酬满意度调查

四、考核要求

（一）薪酬水平确定

识记：薪酬水平的含义

理解：影响薪酬水平的因素简单应用：薪酬水平策略

（二）薪酬市场调查

识记：薪酬市场调查的含义

理解：①薪酬市场调查的功能；②薪酬市场调查的内容；③网络调查方式给薪酬调查带来的机遇和挑战

综合运用：薪酬市场调查的工作程序

（三）薪酬满意度调查

识记：薪酬满意度调查的含义

理解：薪酬满意度调查的功能

综合运用：薪酬满意度调查的设计

第五章　职位评价

一、学习目的与要求

通过本章学习，着重掌握：职位评价的含义与作用、职位评价的工作程序以及职位评价的主要方法。

二、课程内容

第一节　职位评价概述

（一）职位评价的含义。职位评价是通过系统化的过程确定职位相对价值的用于解决薪酬公平性问题的一项人力资源管理技术

（二）职位评价的作用

（三）职位评价的相关术语

第二节　职位评价的工作程序

（一）目标选择与组织

（二）方案设计

（三）情报收集与分析

（四）结果表达与运用

第三节　职位评价主要方法

（一）排序法

（二）分类法

（三）要素计点法
（四）要素比较法
（五）海氏职位评价系统

三、考核知识点

（一）职位评价的含义与作用
（二）职位评价的工作程序
（三）职位评价的主要方法

四、考核要求

（一）职位评价概述
识记：①职位评价的含义；②职位评价的相关术语
理解：职位评价的作用
（二）职位评价的工作程序
理解：①目标选择与组织；②方案设计；③情报收集与分析；④结果表达与运用
（三）职位评价的主要方法
理解：①排序法；②分类法；③要素计点法；④要素比较法综合运用：海氏职位评价系统

第六章 薪酬结构设计

一、学习目的与要求

通过本章学习，着重掌握：薪酬结构设计的基本内容、薪酬结构基本体系设计及宽带型薪酬结构设计。

二、课程内容

第一节 薪酬结构设计概述

（一）薪酬结构的基本内容
（二）薪酬结构设计的基本原则。确保对内公平性与对外竞争性、注重战略性与激励性，便于操作、易于理解，符合现行法规
（三）薪酬结构设计的方法与步骤

第二节　薪酬结构基本体系设计

（一）薪酬横向结构设计
（二）薪酬纵向结构设计

第三节　宽带型薪酬结构设计

（一）宽带薪酬的内涵
（二）宽带薪酬的功能。宽带薪酬结构的优、缺点
（三）宽带薪酬的设计要点

三、考核知识点

（一）薪酬结构设计的基本内容
（二）薪酬结构基本体系设计
（三）宽带型薪酬结构设计

四、考核要求

（一）薪酬结构设计的基本内容
识记：薪酬结构的基本内容
理解：薪酬结构设计的基本原则综合运用；薪酬结构设计的方法与步骤
（二）薪酬结构基本体系设计
理解：①薪酬横向结构设计；②薪酬纵向结构设计
（三）宽带型薪酬结构设计
识记：宽带薪酬的内涵
理解：①宽带薪酬的功能；②宽带薪酬的设计要点

第七章　薪酬控制、薪酬支付与人工成本管理

一、学习目的与要求

通过本章学习，着重掌握：薪酬控制的基本内容、薪酬控制的基本程序、薪酬支付及人工成本管理。

二、课程内容

第一节 薪酬控制概述

（一）薪酬控制的含义。薪酬控制贯穿于薪酬管理全过程

（二）薪酬控制的功能

（三）薪酬控制的方法

第二节 薪酬控制的基本程序

（一）薪酬预算。薪酬预算是管理者在薪酬管理过程中进行的一系列成本开支方面的权衡和取舍。薪酬预算属于事前控制

（二）薪酬体系的诊断

（三）薪酬体系的调整

第三节 薪酬支付

（一）薪酬支付原则

（二）薪酬支付艺术

第四节 人工成本管理

（一）人工成本的含义与构成

（二）人工成本分析指标

（三）人工成本管理程序

三、考核知识点

（一）薪酬控制的基本内容

（二）薪酬控制的基本程序

（三）薪酬支付

（四）人工成本管理

四、考核要求

（一）薪酬控制的基本内容

识记：薪酬控制的含义

理解：薪酬控制的功能简单应用：薪酬控制的方法

（二）薪酬控制的基本程序

理解：薪酬预算
简单应用：薪酬体系的诊断
综合运用：薪酬体系的调整

（三）薪酬支付
理解：薪酬支付原则
应用：薪酬支付艺术

（四）人工成本管理
识记：人工成本的含义与构成
理解：人工成本分析指标
综合运用：人工成本管理程序

第三篇　设计应用篇

本篇包括基本薪酬的制度设计、绩效薪酬的设计及员工福利的设计与管理等三章内容。

第八章　基本薪酬的制度设计

一、学习目的与要求

通过本章学习，着重掌握：基本薪酬概述、基本薪酬的构成要素及基本薪酬的主要制度。

二、课程内容

第一节　基本薪酬概述

（一）基本薪酬的内涵。基本薪酬是员工的稳定性劳动报酬
（二）基本薪酬的特点。常规性、导向性、基准性、稳定性、综合性
（三）基本薪酬的设计步骤

第二节　基本薪酬的构成要素

（一）计时工资
（二）计件工资

（三）技能工资

（四）年功工资

（五）资历工资

（六）工作津贴与补贴

（七）协议工资

第三节　基本薪酬的主要制度

（一）结构工资制

（二）岗位技能工资制

（三）岗位薪点工资制

（四）技术等级工资制

（五）岗位等级工资制

（六）职能等级工资制

三、考核知识点

（一）基本薪酬概述

（二）基本薪酬的构成要素

（三）基本薪酬的主要制度

四、考核要求

（一）基本薪酬概述

识记：基本薪酬的内涵

理解：基本薪酬的特点简单应用：基本薪酬的设计步骤

（二）基本薪酬的构成要素

理解：①计时工资；②计件工资；③技能工资；④年功工资；⑤资历工资；⑥工作津贴与补贴；⑦协议工资

（三）基本薪酬的主要制度

简单应用：①结构工资制；②岗位技能工资制；③岗位薪点工资制；④技术等级工资制；⑤岗位等级工资制；⑥职能等级工资制

第九章　绩效薪酬的设计

一、学习目的与要求

通过本章学习，着重掌握：绩效薪酬概述、个人绩效薪酬制度、团队绩效薪酬制度及长期绩效激励制度。

二、课程内容

第一节 绩效薪酬概述

（一）绩效薪酬的内涵。绩效薪酬是随着个人、团队或者组织绩效的评价指标而变化的一种报酬

（二）绩效薪酬的特点。绩效薪酬的优、缺点

（三）绩效薪酬的作用

第二节 个人绩效薪酬制度

（一）个人绩效薪酬制度的内涵

（二）个人绩效薪酬的表现形式

（三）个人绩效薪酬的优缺点

第三节 团队绩效薪酬制度

（一）团队绩效薪酬制度概述

（二）团队绩效薪酬的表现形式

（三）团队绩效薪酬的优缺点

第四节 长期绩效激励制度

（一）长期绩效激励制度的内涵及设计要点

（二）长期绩效激励的作用

（三）长期绩效激励的种类与方式：股票期权计划；福利性期权计划；报酬性期权计划；核心雇员期权计划；员工持股计划。

三、考核知识点

（一）绩效薪酬概述

（二）个人绩效薪酬制度

（三）团队绩效薪酬制度

（四）长期绩效激励制度

四、考核要求

（一）绩效薪酬概述

识记：绩效薪酬的内涵。

理解：①绩效薪酬的特点；②绩效薪酬的作用

（二）个人绩效薪酬制度

识记：个人绩效薪酬制度的内涵理解：①个人绩效薪酬的表现形式；②个人绩效薪酬的优缺点

（三）团队绩效薪酬制度

识记：团队绩效薪酬制度的含义理解：①团队绩效薪酬的表现形式；②团队绩效薪酬的优缺点

（四）长期绩效激励制度

识记：长期绩效激励制度的内涵。

理解：①长期绩效激励制度的设计要点；②长期绩效激励的作用；③长期绩效激励的种类；④长期绩效激励制度的方式

第十章　员工福利的设计与管理

一、学习目的与要求

通过本章学习，着重掌握：员工福利概述、员工福利管理、"自助餐式"福利制度等内容。

二、课程内容

第一节　员工福利概述

（一）员工福利的内涵。福利是薪酬体系的重要组成部分，是员工的间接报酬。

（二）影响员工福利的因素

（三）员工福利对于企业和员工的效用

（四）员工福利的分类

（五）员工福利项目设计

第二节　员工福利管理

（一）员工福利管理原则

（二）员工福利计划的设计流程

（三）员工福利成本的控制

第三节 "自助餐式"福利制度

（一）"自助餐式"福利的内涵
（二）"自助餐式"福利的类型
（三）"自助餐式"福利制度的设计原则
（四）"自助餐式"福利制度的设计步骤
（五）"自助餐式"福利制度的优缺点

三、考核知识点

（一）员工福利概述
（二）员工福利管理
（三）"自助餐式"福利制度

四、考核要求

（一）员工福利概述

识记：员工福利的内涵。

理解：①影响员工福利的因素；②员工福利对于企业和员工的效用；③员工福利的分类

简单应用：员工福利项目设计。

（二）员工福利管理

理解：员工福利管理原则。

综合运用：①员工福利计划的设计流程；②员工福利成本的控制

（三）"自助餐式"福利制度

识记："自助餐式"福利的内涵。

理解：①"自助餐式"福利的类型；②"自助餐式"福利制度的设计原则；③"自助餐式"福利制度的优缺点

综合运用："自助餐式"福利制度的设计步骤。

三、有关说明和实施要求

为了使本大纲的规定在个人自学、社会助学和考试命题中得到贯彻和落实，下面对有关问题进行解释和说明，并提出相应的实施要求。

一、关于考核目标的说明

为使考试内容具体化和考试要求标准化，本大纲各章分为学习目的与要求、考核内容、考核知识点和考核要求等四方面内容，使自学应考者能够进一步明确考试内容和要求，有目的地系统学习教材；使社会助学者能够更全面地、有针对性地分层次进行辅导；使考试命题范围更加清楚明确，更准确地安排试题的知识能力层次和难易度。

本大纲在考核要求中，按照认知能力，分为识记、理解、简单应用和综合运用四个层次。四个能力层次存在着由低到高的递进等级关系，其中低一层次是高一层次的基础，高一层次又包含低一层次的内容和变化。各认知层次的含义如下。

识记：能正确认识和表述科学事实、原理、术语和规律。知道该课程的基础知识，并能进行正确的选择和判断。

理解：能将所学知识加以解释、归纳。能领悟某一概念或原理与其他概念或原理之间的联系，理解其引申意义，并能做出正确的表述和解释。

简单应用：能用所学的概念、原理、方法正确分析和解决较简单的问题，具有分析和解决一般问题的能力。

综合运用：能灵活运用所学过的知识，分析和解决比较复杂的问题，具有一定解决问题的能力

二、关于自考教材

本课程使用教材为《薪酬管理》，姜晓萍、范逢春主编，四川大学出版社 2007 年出版，2022 年改版。

三、自学方法的指导

本课程的整体框架和思路非常明确和清晰。第一篇概括了薪酬管理的基础理论，第二篇阐述了薪酬管理工作流程，第三篇侧重介绍薪酬管理的各类设计、应用原理和方法。因此，自学者需要在充分理解薪酬管理基础理论的基础上，深刻把握薪酬管理的全部工作流程，进而掌握薪酬管理的各类设计原理，达到灵活应用的目的。这是应试者在自学时应当掌握的学习思路与方法。

薪酬管理这门课程，相对而言实践性较强。为此，本大纲希望广大应考者在自学的时候，最好能够做到以下几点要求：

1. 首先要掌握和理解相关的概念和术语，特别要搞清楚概念的正确内涵，注意概念之间的区别和联系。

2. 了解和掌握各种薪酬管理方法和原理，注意区分各类方法的适用条件，做

到灵活运用。

3. 要把学习知识同解决实际问题结合起来，做到活学活用，以不断激起学习薪酬管理理论的兴趣。

4. 注意联系实际做些练习，通过反复练习，能够帮助我们进一步熟悉和掌握管理的科学方法。

四、对社会助学的要求

考虑到薪酬管理这门课程的特殊性和考生的实际情况，举办适当的社会助学很有必要。开展社会助学应注意以下几个事项：

1. 社会助学者应该根据本大纲的各项规定和要求，系统地学习和钻研教材，理出难点和重点，既要实施有效的、有针对性的辅导，同时又要掌握好正确的社会助学方向，引导他们避免自学中的各种偏向。

2. 要正确处理基础知识和应用能力的关系，努力引导自学考试者将标记、理解同应用联系起来，把基础知识和理论围绕化成应用成力，在全面辅导的基础上，这种着重培养和提高自学应考者的分析问题和解决问题的能力。

3. 要正确处理重点一般的关系。课程内容有重点和一般之分，但考试内容是全面的，而且重点与一般是相互联系的，不是截然分开的。社会助学者应指导自学应考者全面系统地学习教材，掌握全部考试内容和考核知识点，在此基础上再突出重点。总之，要把重点学习同兼顾一般结合起来，切勿孤立地抓重点、把自学应考者引向猜题押题。

4. 要适当地布置一些练习题，并且要认真批阅，针对应考者在学习中出现的问题，耐心地进行辅导。

五、关于命题考试的若干规定

1. 本课程的命题考试，应根据本大纲所规定的考试内容和考试目标来确定考试范围和考核要求，不要任意扩大或缩小考试范围，提高或降低要求。考试命题要覆盖到各章，并适当突出重点章节，体现本课程的内容重点。

2. 本课程在试题中对不同能力层次要求的分数比例一般为：识记占20%，理解占30%，简单应用占30%，综合运用占20%。

3. 试题要合理安排难度结构。试题难易度可分为易、较易、较难、难四个等级。每份试卷中，不同难易度试题的分数比例一般为：易占20%，较易占30%，较难占30%，难占20%。必须注意，试题的难易度与能力层次是一个概念，在各能力层次中都会存在不同难度的问题，切勿混淆。

4. 本课程考试采用的题型有：单项选择题、填空题、名词解释题、简答题、论述题、计算题等。各种题型的具体形式可参见本大纲附录。

5. 本课程的考试方式为闭卷、笔试，考试时间为 150 分钟。试题分量以中等水平考生在规定时间内答完全部试题为度。评分采用百分制，60 分为及格。

题型举例

一、单项选择题

在每小题列出的四个备选项中只有一个是符合题目要求的，请将其代码填写在题后的括号内。错选、多选或未选均无分。

1. 住房补贴属于（　　）的构成项目。
   A. 奖金　B. 津贴　C. 补贴　D. 福利
2. 以下哪个节日不属于目前我国规定的属于全体公民的法定节日。（　　）
   A. 春节　B. 国庆节　C."三八"妇女节　D. 国际劳动节

二、填空题

1. 薪酬管理的基本原则主要包括、_____、_____、_____激励性原则、补偿性原则、透明性原则以及经济性原则。
2. 海氏职位评价系统的三个薪酬因素是：_____、_____、_____。

三、名词解释

1. 宽带薪酬
2. 欠薪索赔制度
3. 人工成本

四、简答题

1. 简述影响薪酬水平的因素。
2. 个人绩效薪酬的表现形式主要有哪些？

五、论述题

1. 请列举三种主要的职位评价方法，分别说明它们的基本内容、优缺点及其适用范围。
2. 试述薪酬市场调查的内容及其工作程序。

六、计算题

某公司去年用于劳动保险的人均支出为 1800 元，用于有薪假期的人均支出为 1000 元，用于公积金计划的人均支出为 3200 元，其他福利项目人均支出为 1600 元。该公司去年薪酬总额为 950 万元，有员工 500 人。

试计算：

（1）福利项目开支占全部薪酬的百分数；
（2）每个员工每小时的福利成本。

后　记

《薪酬管理》自 2007 年出版后，得到了广大学员的认可与好评，这让编者得到了很大的安慰与鼓励。

近些年来，人力资源管理实践飞速发展，薪酬管理方面也出现了诸多新变化、新趋势，特别是数字化对传统酬薪管理的冲击很大。薪酬管理需要根据世界之变、时代之变，积极应对新挑战、迎接新机遇，推动创新和变革。基于此，编者对《薪酬管理》教材进行了修订。

这次修订，由范逢春教授牵头制定修订方案与计划，由付源溟具体负责完成修订。在修订中，保留了第一版的基本框架，对一些不适应新情况的内容进行全面更新，同时增加了一些反映新时代薪酬管理趋势的新论述。

编者总是希望把工作做得更完美一点，但是受制于能力与水平，理想与现实可能还存在一些差距。希望广大读者提出宝贵的意见与建议，推动本书持续完善。

编者

2022 年 10 月 24 日